Karla Krieger

Gewächs-häuser

KOSMOS

Inhalt

Vorwort

Als die Menschen vor gut 10.000 Jahren im mesopotamischen Zweistromland sesshaft wurden und mit dem systematischen Pflanzenanbau begannen, mehrten sich bald Reichtum und Wohlstand und die Wohlhabenden jener Zeit konnten sich in den neu entstandenen Städten große Paläste errichten, die sie mit ausgedehnten Gartenanlagen umgaben. Auch das Sammeln exotischer Pflanzen aus fernen Ländern kam bald in Mode.
Der Garten entwickelte sich zu einem Hobby der Wohlhabenden sowie der einfachen Leute. Die „Gartenkultur" und der „Hobbygärtner" waren geboren.
Die Griechen importierten um 300 vor Christus die orientalische Gartenkultur und mit ihr viele der im Orient kultivierten Pflanzen nach Westen. Vor gut 2.000 Jahren verfeinerten die Römer und später die Araber ihre Kenntnisse vom Gartenbau und schufen herrliche Gartenanlagen in Italien, Spanien und Südfrankreich. Im Mittelalter schließlich gelangte diese Gartenkultur auch in die Länder nördlich der Alpen.
Wir wissen heute nicht, welcher Pflanzennarr zuerst auf die Idee verfiel mit Hilfe von durchsichtigem Baumaterial für seine Pflanzen eine „Sonnenfalle" zu bauen. Wir dürfen aber annehmen, dass es vor allem die Römer waren, die sich mit der Konstruktion von Gewächshäusern befassten, um fremdländische Pflanzen kultivieren zu können. In Pompeji wurden Reste eines alten Gewächshauses gefunden. Die Eindeckung erfolgte allerdings nicht mit Glas, sondern mit dünn geschnittenen Scheiben eines durchscheinenden Steines oder auch mit gewachstem Pergamentpapier. Die römischen Gewächshäuser dienten der Anzucht von Rosen, Obst und Frühgemüse.
Bis auch nördlich der Alpen Gewächshäuser gebaut wurden, sollten nochmals 1.500 Jahre vergehen. Diese waren zunächst aus Stein gebaut und verfügten nur an der Südseite über große, verglaste Fenster. Diese „Orangerien" dienten der Überwinterung von Zitrus- und Orangenpflanzen.
Parallel entwickelte sich bald das Gewächshaus im heutigen Sinne, also ein Gebäude ganz aus Glas mit dem vornehmlichen Zweck der ganzjährigen Unterbringung von Wärme liebenden Pflanzen, denn mit den Seefahrern des 16. und 17. Jahrhunderts gelangten unvorstellbare Pflanzenschätze aus Südamerika und Asien nach Europa. Orchideen, Kakteen, Kamelien, Ananas,

Pfirsiche, Aprikosen, Pflaumen, Feigen oder Kirschen wurden Mitte des 19. Jahrhunderts unter Glas kultiviert.
Die Weiterentwicklung der technischen Möglichkeiten ließen im 18. und 19. Jahrhundert vor allem in England wahre Wunderwerke der Bautechnik entstehen. Das große Konservatorium von Chatsworth Castle, die Palmenhäuser in Kew Gardens, London und der berühmte Londoner Kristallpalast seien stellvertretend genannt.
In England konnte der Hobbygärtner bereits 1880 Gewächshäuser in verschiedenen Stilrichtungen „von der Stange" kaufen. In Deutschland hat sich das Kleingewächshaus für den Hobbygärtner erst nach dem zweiten Weltkrieg durchgesetzt.
Im Zeitalter der industriellen Fertigung von Lebensmitteln dient es der Erzeugung möglichst frischer und vor allem schmackhafter Salate, Gemüse und Kräuter. Zudem bietet ein Gewächshaus den immer beliebter werdenden Kübelpflanzen beste Bedingungen für eine erfolgreiche Überwinterung.
Nicht zuletzt bietet das Gewächshaus jedem Hobbygärtner eine Oase der Ruhe und Entspannung und Freude im Umgang mit Pflanzen in Zeiten zunehmender Hektik und Unruhe.
In diesem Sinne sei den Lesern dieses Buch als Einstieg in Theorie und Praxis der Gewächshausgärtnerei an die Hand gegeben.

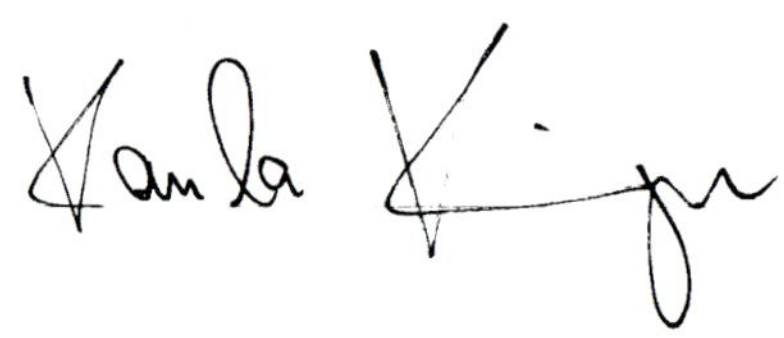

Gewächshäuser

Bauformen

Ein Blick in Gartenzeitschriften oder Gartenbücher zeigt, dass Gewächshäuser in den verschiedensten Bauformen erhältlich sind. Neben der klassischen frei stehenden Form und dem Anlehngewächshaus gibt es runde, mehreckige, rechteckige, einschiffige, mehrschiffige, angebaute oder halb in die Erde versenkte Modelle. Nehmen Sie sich Zeit, um die für Ihren Garten beste Lösung zu finden. In den Katalogen der Gewächshaushersteller sind üblicherweise die Standardmodelle abgebildet. Sollten Sie andere Vorstellungen haben, ist oft mit wenig Aufwand auch eine individuelle Lösung zu realisieren. Die Fotos auf den folgenden Seiten geben Anregungen für Ihr Idealgewächshaus.
Zur Bauform gehört auch die Dachneigung. Satteldächer haben üblicherweise eine Neigung von etwa 26°, Anlehngewächshäuser etwa 18°. Deutlich steilere Dächer sind ungünstig, da die Gesamthöhe zu hoch wird, sich die Energie unter dem First sammelt und ungenutzt entweicht. Flachere Neigungen behindern zudem den Selbstreinigungseffekt der Eindeckung. Schnee gleitet nicht ab und belastet die Konstruktion. Außerdem wird bei zu geringer Dachneigung im Winter ein großer Teil des ohnehin spärlichen Sonnenlichtes ungenutzt reflektiert.

▸ Frei stehende Gewächshäuser

Einschiffiges Gewächshaus Die klassische Form eines freistehenden Gewächshauses, auch Satteldachhaus genannt, hat senkrechte Stehwände auf einem niedrigen Sockel und ein Satteldach. Die Konstruktion besteht heute üblicherweise aus Aluminium, seltener aus Stahl oder Holz. Frei stehende Gewächshäuser für den privaten Garten sind in verschiedenen Größen zwischen rund 2 m und 5 m Breite erhältlich. Die Länge ist meist beliebig. Grundsätzlich gilt, je kompakter die Bauform, desto besser das Klima. Die Heizkosten werden ebenfalls günstig beeinflusst.

Zweischiffiges Gewächshaus Wird ein Haus mit großer Grundfläche oder ein besonders breites Haus (breiter als 4 bis 5 m) benötigt, ist ein zweischiffiges Haus oft die bessere Lösung. Je breiter das Haus, desto höher wird der First. Im Dachraum sammelt sich die Wärme und entweicht dort ungenutzt. Wünscht man zwei verschiedene Klimabereiche im Gewächshaus, können die Schiffe durch eine Längswand unterteilt werden.

Gewächshaus am Hang Auch auf einem Hanggrundstück ist die Aufstellung eines Gewächshauses gut möglich. Es bietet sich eine gestaf-

***Einschiffiges** Gewächshaus*

***Zweischiffiges** Gewächshaus*

felte Bauweise an oder eine Einsenkung in den Hang. Stellen Sie dem Gewächshaushersteller eine Skizze mit den wichtigsten Maßen und möglichst auch ein Foto zur Verfügung und bitten Sie ihn um ein konkretes Angebot für eine solche Spezialanfertigung. Der Unterbau muss in einem solchen Fall besonders gut ausgeführt werden.

Erdhaus Das gute alte Erdhaus, um die Jahrhundertwende eine gebräuchliche Bauform für Gewächshäuser, kommt bei Gartenfreunden wieder zu Ehren. Das Erdhaus wird in den Boden eingesenkt. Der Baukörper fällt dadurch insgesamt niedriger aus. Die Anschaffungskosten sind etwas geringer, besonders wenn man den Unterbau selbst errichtet. Auch die Heizkosten lassen sich durch die Isolierwirkung des Erdreiches geringfügig reduzieren. Diesen Effekt sollte man aber nicht überschätzen, da Wärme bekanntlich nach oben steigt und somit zu einem großen Teil durch das Dach entweicht.

Das Erdhaus wird gern für die Kultur von klein bleibenden Pflanzen wie alpinen Stauden, Kakteen oder Bonsais genutzt. Zu überlegen ist, ob der Zugang über eine Rampe statt eine Treppe erfolgen kann, um mit einer Schubkarre in das Gewächshaus gelangen zu können. Sehr wichtig ist es, für eine Entwässerungsmöglichkeit oder Überdachung des Eingangsbereiches zu sorgen, da sich dort bei starken Regenfällen sehr viel Wasser sammelt.

TIPP **Das Erdhaus bietet sich an, wenn Nachbarn Einwände gegen ein normales Gewächshaus haben.**

Einfaches Gewächshaus *für die Nutzung von Frühjahr bis Herbst zur Anzucht und für Sommerkulturen.*

Dutch Light House Bei Erdhäusern und bei herkömmlichen Gewächshäusern ist es gelegentlich üblich, schräge Seitenwände zu verwenden. Diese besondere Bauform, die auf den frühen holländischen Erwerbsgartenbau zurückgeht, wird in England auch heute noch als Dutch Light House (Holländisches Lichthaus) genannt.

Der Name weist schon auf den Vorteil hin, den es dem Gärtner bot. Durch die schrägen Seitenwände konnte vor allem im Winter auf Wein, Tomaten, Gurken oder Melonen mehr Licht einfallen. Das ursprüngliche Dutch Light House war aus Holz. Stehwand und Dachflächen waren nicht fest verglast, sondern die Scheiben waren in Holzrahmen eingesetzt, die wie bei einem Frühbeet abgenommen werden konnten.

Im Verhältnis zur Grundfläche bietet dieser Gewächshaustyp weniger Nutzraum; Tische und Hängeborde können kaum sinnvoll aufgestellt werden. Der leicht verbesserte Lichteinfall wiegt diese Nachteile nicht auf. Interessant wird diese Bauform allerdings für den Einsatz als „begehbares Frühbeet“ mit abnehmbaren Glasrahmen. Licht- und luftbedürftige Pflanzen wie alpine Stauden und Kakteen, die im Winter lediglich frostfrei gehalten werden müssen, können auf diese Weise günstige Kulturbedingungen erhalten. Fertig zu kaufen gibt es solche Konstruktionen aber nicht,

***Nur im Gewächshaus** wachsen Schlangengurken zu solcher Größe heran.*

so dass diese Variante besonders für handwerklich begabte Pflanzenfreunde interessant ist. Statt Glas würde man heute leichte und bruchfestere Stegdoppelplatten verwenden.

Asymmetrisches Gewächshaus
Ein frei stehendes Gewächshaus in asymmetrischer Ausführung ist die klassische Grundform für ein Solargewächshaus. Auf diesen interessanten Gewächshaustyp wird auf Seite 12 ausführlicher eingegangen.

Pavillon, rundes oder mehreckiges Gewächshaus Runde und mehreckige Gewächshäuser werden fast ausschließlich aus optischen Gründen errichtet. Sie dienen als geschützter Sitzplatz im Garten. Zur Kultur von Salaten, Gemüsen und Kräutern ist ein Pavillon fast zu schade. Da Rund- oder Mehreckgewächshäuser bautechnisch nicht ganz einfach zu lösen sind, sollte man sich vor dem Kauf gerade diese Häuser besonders gut ansehen. Soll der Pavillon auch zur Pflanzenkultur oder als Überwinterungsquartier für Kübelpflanzen dienen, muss er beheizbar sein und über eine gute Be- und Entlüftung verfügen. Da Pavillons meist deutlich teurer als ein Gewächshaus sind, kann ein herkömmliches Gewächshaus, welches man in quadratischer Form errichtet, ähnliche Funktionen übernehmen und dabei technisch und preislich die bessere Lösung darstellen.

▸ Anlehngewächshäuser

Ein Anlehngewächshaus, auch Pultdachgewächshaus genannt, ist im Prinzip ein halbiertes Gewächshaus, welches an eine bestehende Wand angelehnt wird. Wenn es die örtlichen Voraussetzungen erlauben, können die zwei wesentlichen Vorteile dieser Bau-

***Schmuckelemente** machen dieses Gewächshaus zu einer Zierde im Garten. Vorsicht: kaum Wärmedämmung durch die Verwendung von Ein-Scheibenglas.*

form genutzt werden: der geringere Anschaffungspreis und die Energieersparnis.

Normales Anlehngewächshaus

Die Anschaffungskosten für ein Anlehngewächshaus sind etwa 10 % niedriger als für ein freistehendes Haus bei gleicher Grundfläche. Bei einem Anlehnhaus kann der Isolier- und Wärmespeichereffekt der massiven Rückwand genutzt werden. Der Jahres-Energieverbrauch ist bis zu 20 % geringer als bei einem frei stehenden Gewächshaus gleicher Grundfläche.

Bei einer Nutzung als Temperiertes Haus oder Warmhaus sollte das Anlehngewächshaus an die Hausheizung angeschlossen werden. Wird es an einen bestehenden Balkon angebaut, kann der Platz unter dem Balkon mitgenutzt werden. Ein Anlehnhaus kann auch um eine Hausecke herum gebaut oder über das Haus hinaus verlängert werden. Eine weitere Möglichkeit ist das Anlehnhaus einfach über die Hauswand hinaus zu verlängern und die offene Rückseite zu verglasen.

Es sei auch noch auf die Möglichkeit verwiesen, ein frei stehendes Gewächshaus mit seiner Giebelseite gegen eine vorhandene Wand anzubauen. Diese Lösung wird häufig dann gewählt, wenn es sich um ein Gewächshaus mit relativ großer Grundfläche handelt, denn die Konstruktionsbreite der meisten Anlehnhäuser endet aus statischen Gründen bei 3,5 bis 4 m. Mit einem giebelständigen Haus kann man dann problemlos 4 oder 5 m vorbauen.

***Anlehnhaus** – solide Konstruktion, doch fehlt die Seitenlüftung.*

Ein Anlehngewächshaus kann als preiswerte Alternative zu einem Wohnwintergarten dienen.

Den Pflanzen bietet das Anlehngewächshaus meist bessere Bedingungen als der Wohnwintergarten.

Asymmetrisches Anlehnhaus

Dieser Haustyp eignet sich ideal zum Anbau an niedrige Gebäude wie zum Beispiel Garagen, Schuppen, niedrige Mauern oder auch Wohnhäuser mit einem Flachdach. Ein normales Anlehnhaus würde bei solch einer Gelegenheit mit dem First über das Gebäude hinausragen, bzw. bei einer Verkürzung der Stehwände verbliebe zu wenig Kopfhöhe für den Benutzer.

Bei einem solchen Haus ist der Innenraum optimal nutzbar. Es ist auch die Möglichkeit gegeben, eine Doppeltür im Stehwandbereich einzubauen, so dass ein freier Ausblick in den Garten gewährleistet ist.

Balkongewächshaus/ Minigewächshaus Als Balkongewächshäuser bezeichnet man im Prinzip Kleinstgewächshäuser meist in der Form eines schmalen Anlehngewächshauses, die auf einem Balkon oder einer Terrasse Platz finden. Sie weisen die gleichen Konstruktionsmerkmale auf wie ein herkömmliches Gewächshaus. Sie verfügen über Lüftungsmöglichkeiten und eine Tür. Balkongewächshäuser dienen als Überwinterungsquartier für Kübelpflanzen und können im Sommer natürlich auch als Tomatenhaus oder für Wärme liebende Gemüse genutzt werden. Auf Grund des geringen Volumens muss bei Balkongewächshäusern besonders auf eine ausreichende Lüftung und Luftumwälzung geachtet werden. Bei starker Sonneneinstrahlung muss dieses Haus trotz der Verwendung von Stegdoppelplatten gelegentlich schattiert werden, da es sich sonst zu stark aufheizt.

Minigewächshaus

Auf Grund der geringen Bautiefe wird es eher wie ein Schrank genutzt. Pflanzen können im Balkongewächshaus auch bedingt übereinander angeordnet werden. Solch ein Minigewächshaus ist zur Platz sparenden Überwinterung einer Duftgeranien-, Kakteen-, Fuchsien- oder Bonsaisammlung ideal.

Solargewächshaus Als Solargewächshaus werden Gewächshäuser bezeichnet, die sich ganz oder zu einem großen Teil unabhängig von Primärenergie wie Öl oder Gas frostfrei (selten mehr) betreiben lassen. Dies wird erreicht durch die Kombination bestimmter Konstruktions- und Ausstattungsmerkmale. Entweder nutzt man ein selbst gebautes Wärmespeichersystem oder man erwirbt eine thermische Solaranlage, bestehend aus Solarmodul, Warmwasserspeicher und Pumpe. Jeder, der Interesse an ökologischem Bauen verspürt, kann sich mit der Technik eines Solargewächshauses auseinander setzen und eventuell ein solches für seinen Garten vorsehen. Sicher sind von einem Solargewächshaus keine energietechnischen Wunder zu erwarten. Doch selbst ein Gewächshaus ist ja schon eine Art Solaranlage an sich, die weiter optimiert werden kann.

Da im Handel Komplettlösungen für Solargewächshäuser derzeit nicht angeboten werden, ist ein Solargewächshaus etwas für Gartenfreunde mit besonderem Interesse an ökologischer Energieverwendung und handwerklichem Geschick.

Die Grundprinzipien des Energiesparens werden im Kapitel Gewächshaustechnik auf der Seite 55 dargestellt. Sicher lässt sich einiges davon in jedem Gewächshaus umsetzen.

TIPP

Wenn im Garten kein Platz für ein Gewächshaus ist, kann ein Treppenabgang vom Keller zum Garten mit Gewächshausprofilen überdacht werden. So können einige Kübelpflanzen überwintert und vom Keller bequem kontrolliert und gegossen und auch eine Heizmöglichkeit angeschlossen werden.

Standort und Lage

Üblicherweise wird man ein Gewächshaus dort aufstellen, wo es sich in den bestehenden Garten am ehesten einfügt und die besten Vorraussetzungen zur Pflanzenkultur gegeben sind. Ein Anlehnhaus muss natürlich an eine bestehende Haus- oder Garagenwand angebaut werden. Für frei stehende Gewächshäuser gibt es einige spe-

Ein Gewächshaus *macht den Balkon auch im Winter bewohnbar.*

zielle Standortmöglichkeiten, bedingt durch die örtlichen Gegebenheiten, die bestimmen, wo im Garten oder am Wohnhaus ein Gewächshaus gebaut werden kann.

Kurze Wege

Wenn möglich sollten Sie Ihr Gewächshaus in der Nähe des Wohnhauses aufstellen. So fallen die Anschlusskosten für Wasser, Strom und eine eventuelle Heizung geringer aus. Auch kann man schnell während des Kochens ein paar Kräuter ernten. Und nicht zuletzt ist die regelmäßige Kontrolle von Klima und Feuchtigkeit umso lästiger, je weiter der Weg ist. Besonders im Winter macht sich ein kurzer Weg sehr angenehm bemerkbar.

Dachgarten, Garage, Terrasse

Eine sehr Platz sparende Möglichkeit ist die Aufstellung eines Gewächshauses auf einem Dachgarten, einer Terrasse oder auf einem bisher ungenutzten Garagendach. Es sollte aber immer ein Bauingenieur zurate gezogen werden, um zu prüfen, ob die Unterkonstruktion tragfähig genug ist. (s. Abb. S. 30)

Lage am Hang

Eine Lage am Hang ist ebenfalls möglich. Der Untergrund muss besonders gut befestigt werden. Entweder wird das Haus teilweise in den Hang hineingesetzt, es kann aber auch in gestaffelter Form errichtet werden. Fragen Sie beim Gewächshaushersteller nach, ob er die Konstruktion, falls notwendig, entsprechend anpassen kann.

***Wenn sich im Winter** der Schnee türmt, ist man froh, wenn der Weg zum Gewächshaus nicht zu weit ist.*

Himmelsrichtung

Eine Ost-Westausrichtung des Gewächshauses ist wegen der höheren Lichtausbeute im Winter wünschenswert aber nicht zwingend erforderlich.
Für Anlehngewächshäuser sind Süd-Ost, Süd, Süd-West und Westlagen sinnvoll. Weniger günstig sind Nord-Ost- und Nord-Westlagen. Eine reine Nordlage sollte möglichst vermieden werde, ist aber, falls überhaupt kein anderer Platz zur Verfügung steht, auch möglich. Für die Gemüsekultur sind reine Nordlagen allerdings nicht empfehlenswert. Es ist aber immer noch besser, Kübelpflanzen in einem etwas ungünstig belichteten Gewächshaus zu überwintern als in einem zu warmen und zu dunklen Keller. Es gibt nicht wenige Kübelpflanzen, die sich mit einem halbschattigen Standort zufrieden geben, wie zum Beispiel Fuchsien oder Kamelien.

Lage und Energieverbrauch

Nicht nur die winterlichen Außentemperaturen, sondern auch die Menge des einfallenden Sonnenlichtes und die Windverhältnisse entscheiden über den Energieverbrauch des Gewächshauses.
Deshalb sollte man den Platz möglichst schon im Winter vor dem Gewächshauskauf auf die Lichtverhältnisse hin prüfen. Jeder einfallende Sonnenstrahl verwandelt sich in Wärme! Gegen starke Winde kann eine Hecke gepflanzt werden. Auf jeden Fall ist bei einer windexponierten Lage eine zusätzliche Isolierung mit Noppenfolie im Winter sinnvoll.

***Auch am Hang** lässt sich ein Gewächshaus aufstellen.*

Die richtige Größe

Über die richtige Größe entscheiden vornehmlich die Nutzungswünsche aber natürlich auch die Grundstücksgröße, die Anschaffungs- und Unterhaltskosten und gegebenenfalls die Vorschriften des Baugesetzes. Wird das Haus zu klein gewählt, können nicht alle Pflanzen darin untergebracht werden. Gerade Kübelpflanzen nehmen von Jahr zu Jahr an Umfang zu und hat es sich erst einmal herumgesprochen, dass man ein Gewächshaus besitzt, wird man sicher bald reichlich mit weiteren Exemplaren beschenkt. Überlegen Sie zunächst, wozu das Gewächshaus überwiegend genutzt werden soll. Ist in der Zukunft eher mit einem höheren oder einem niedrigeren Platzbedarf zu rechnen? Das Gewächshaus sollte nur so groß wie unbedingt nötig werden. Zu gegebener Zeit kann man von der Möglichkeit eines Anbaus Gebrauch machen.

***Trittplatten aus Stein** speichern die Wärme und geben sie nachts an die Pflanzen ab.*

Wintergarten

▸ Überlegungen zur Größe

Die meisten Gewächshäuser werden zur Anzucht von Jungpflanzen und zur Überwinterung von Kübelpflanzen genutzt. Dazu muss das Gewächshaus beheizt werden können. Dementsprechend spielt die Fähigkeit zur Wärmedämmung eine große Rolle bei den Folgekosten. Wählen Sie also eher ein etwas kleineres aber dafür hochwertiges Gewächshaus mit Stegdoppelplatten von 16 mm Stärke. Sollten Sie größere Mengen Sommerblumen oder wärmeliebender Gemüse wie Tomaten oder Paprika anbauen wollen, dann nutzen Sie das Gewächshaus vor allem als Anzuchthaus und investieren in ein zusätzliches kleines Foliengewächshaus. Es bietet für einen verhältnismäßig günstigen Preis viel Fläche zur geschützten Kultur ab März. Im Folienhaus werden die im Gewächshaus warm vorkultivierten Pflanzen ausgepflanzt bzw. abgehärtet. Haben Sie eine erste Vorstellung von der Größe des Gewächshauses, lassen Sie sich von den Anbietern den genauen Wärmebedarf berechnen. Ein Bedarf von 2.000 bis 3.000 Watt lässt sich gut mit den angebotenen fertig anschließbaren Elektro- und Gasheizgeräten decken. Darüber hinaus sind umfangreichere Heizanlagen erforderlich, die mit entsprechend höheren Anschluss- und Energiekosten verbunden sind. Wie Sie den Wärmebedarf selbst berechnen steht auf Seite 43.

Der Rauminhalt Die Größe des Gewächshauses wird nicht nur von der Grundfläche (m^2) sondern auch vom Rauminhalt (m^3) bestimmt. Wird der Preis nur auf Grund der Flächenangaben verglichen, ist dies irreführend, denn scheinbar preiswerte Gewächshäuser haben oft nur eine geringe Stirnwandhöhe von 1,2 bis 1,4 m. Dies reicht für eine sinnvolle Nutzung kaum aus. Die Pflanzen müssen vorzeitig gekappt werden und so fällt die Ernte geringer aus. Zudem kann die Höhe eines Gewächshauses auch nicht bis unter die Scheiben ausgenutzt werden, denn trotz ausreichender Lüftung entstehen unmittelbar unter den Scheiben so hohe Temperaturen, dass Blätter und Früchte verbrennen. Der Mindestabstand der Pflanzen zum Dach soll 30 cm betragen. In der Anzuchtzeit können in ausreichend hohen Gewächshäusern die Pflanzen für eine gewisse Zeit auch übereinander kultiviert werden.

Die Breite Die Breite eines Gewächshauses sollte möglichst nicht unter 2 m liegen. Sonst fällt die Nutzfläche im Verhältnis zu den Anschaffungskosten zu gering aus. Wenn nicht mehr möglich ist, sollte man eventuell ein Frühbeet bevorzugen. Um links und rechts neben der Tür Tische oder Beete in der bewährten Breite von 70 bis 80 cm einrichten zu können, ergibt sich unter Berücksichtigung der Türbreite eine Gewächshausbreite von rund 2,5 m. Bei dieser Breite können problemlos zwei Tomaten, Gurken oder ähnliche Pflanzen hintereinander gepflanzt werden. Bei mehr als 80 cm Tiefe ist der hintere Bereich schwer zu erreichen. Gewächshäuser bis etwa 4 m Breite können noch von einem Gang aus bewirtschaftet werden. 4 bis 5 m breite Häuser erhalten zwei Gänge.

***Einfache Holzlatten** als Mittelweg bergen eine gewisse Rutschgefahr*

Ohne festen Weg *wachsen die Pflanzen bald durch das ganze Haus.*

▸ Richtwerte für Gewächshausgrößen

Jungpflanzenanzucht Wer Sommerblumen oder Gemüsejungpflanzen selber zieht, braucht Stellfläche für Schalen und Töpfe. Deshalb sollten möglichst 80 cm breite Tische gewählt werden. Ergänzend können bei entsprechender Raumhöhe auch Konsolen über den Tischen angebracht werden. Denken Sie an einen Platz für Vermehrungsbeete und eine Arbeitsfläche zum Topfen und Pikieren. Richtgröße: 6 bis 9 m².

Gemüsekultur Zur Versorgung einer vierköpfigen Familie mit Gemüse benötigt man 8 bis 10 m² Grundfläche. Ein 12 bis 14 m² großes Haus bietet mehr Spielraum für ein erweitertes Repertoire an wärmeliebenden Kübelpflanzen. Eine große Rolle spielt die Höhe des Hauses. Wenn Tomaten- oder Gurkenpflanzen vorzeitig gekappt werden müssen, wirkt sich dies auf die Erntemengen natürlich negativ aus. Auch das Raumklima ist deutlich besser in einem höheren Haus. Richtgröße: 8 bis 12 m², Höhe Stehwand: ca. 1,5 bis 1,7 m.

Überwinterung Ein Überwinterungshaus kann eigentlich nicht groß genug sein. Beengte Platzverhältnisse begünstigen Schädlingsbefall und Pilzerkrankungen. Entscheidend für die Heizkosten ist das Isoliervermögen der Außenhaut. Deshalb kann ein hochwertiges Gewächshaus durchaus größer gewählt werden. Die Energiekosten halten sich dennoch in Grenzen. Ein Überwinterungshaus sollte möglichst etwas breiter gewählt werden, da dann mehr Höhe zur Verfügung steht. Richtgröße: mindestens 10 bis 12 m².

Paprika *gehört zu den Wärme liebenden Gemüsearten.*

TIPP

Beim Vergleich der Angebote für ein Gewächshaus nicht nur die Quadratmeterzahl beachten, sondern auch die Raumhöhe. In entsprechend höheren Häusern kann durchaus übereinander kultiviert werden. Vergleichen Sie die m³-Angaben!

Gärtnern auf kleinstem Raum Auch Besitzer kleiner Gärten müssen auf ein Gewächshaus nicht verzichten. Die Anzucht geringer Mengen von Sommerblumen und Überwinterung kleinwüchsiger Pflanzensammlungen wie Fuchsien, Kakteen, Bonsai oder Kräutern ist in einem Haus von 2 m Breite und Länge bereits möglich. Sind die Stehwände mindestens 1,6 m hoch, erlaubt das Haus die Nutzung auf zwei Ebenen mit Hilfe von 40 cm tiefen Konsolen. Der Abstand der Konsolen untereinander ist groß genug, um auch für die unteren Pflanzen noch eine ausreichende Belichtung zu gewährleisten. Im Sommer eignet sich dieses Haus vorzüglich als Tomatenhaus. Richtgröße: 4 bis 6 m².

Gewächshaus im Kleingarten In den meisten Kleingartenanlagen sind Gewächshäuser nur bis zu einer Größe von 6 oder 8 m² erlaubt. Diese recht geringe Grundfläche kann man durch eine entsprechend größere Raumhöhe wieder ausgleichen. Ein Haus von 2 m Breite und 2 bis 2,5 m Länge erlaubt schon erstaunliche Ernten auf kleinstem Raum. Die Kultur erfolgt sinnvollerweise vermehrt in Containern und Kästen. Richtgröße: 6 bis 8 m².

Konstruktion

Das Konstruktionsmaterial und die Verarbeitung entscheiden wesentlich über die Haltbarkeit Ihres Gewächshauses. Deshalb ist es wichtig, die Vor- und Nachteile der verschiedenen Materialien zu kennen.

▸ Aluminium

Von den hervorragenden Eigenschaften dieses Leichtmetalls profitiert der Gewächshausbesitzer in verschiedenster Hinsicht. Ein qualitativ hochwertiges Aluminiumgewächshaus können Sie durchaus 30 Jahre und mehr nutzen. Durch eine Reaktion des Aluminiums mit dem Sauerstoff der Luft entwickelt das Metall eine dunkelgraue Patina, die als dauerhafte Schutzschicht gegen weitere Korrosion wirkt. Der zweite Vorteil des Aluminiums sind die Profile selbst, die sich im Gegensatz zu Stahl und Holz so ausformen lassen, dass sie verschiedene Eindeckungsmaterialien aufnehmen können und an fast allen Stellen des Gewächshauses Befestigungsmöglichkeiten für Konsolen, Rankhilfen, Topfaufhänger, Ampeln und Ähnliches bieten. Das Anbringen zusätzlicher Lasten setzt natürlich voraus, dass die Profile statisch ausreichend bemessen sind. Die Legierung, das heißt das Mischungsverhältnis der Bestandteile, die dem Rohaluminium beigegeben werden, bestimmen die Härte des Materials. Dieser Qualitätsunterschied ist optisch allerdings nicht wahrnehmbar. Aluminium hat die beiden Werkstoffe Stahl und Holz nahezu vollständig ersetzt.

***Aluminium** ist das ideale Baumaterial für Hobby-Gewächshäuser.*

▸ Stahl

Stahlgewächshäuser sind ursprünglich ein Produkt für den gewerblichen Gartenbau. Seitdem Stahl billig produziert werden konnte, löste er die pflegeaufwändigeren Holzkonstruktionen ab. Die großen Glaspaläste des 19. Jahrhunderts wurden zunächst aus Holz dann auch vielfach aus Gusseisen errichtet. Da Eisen jedoch rostet, muss es nach der Bearbeitung feuerverzinkt werden. Anschließend darf diese Schutzschicht nicht mehr beschädigt werden. Das ist allerdings in der Praxis kaum zu gewährleisten. Bohrungen und andere Beschädigungen führen zu Rost, der mühsam entfernt werden muss. Wer bereit ist, regelmäßige Schutzanstriche, die eventuell mit einem kompletten

***Eine Stahlkonstruktion** bildet das Grundgerüst für diesen großzügigen Wintergarten.*

Ausglasen verbunden sind, in Kauf zu nehmen, kann an den Konstruktionskosten eines Gewächshauses ein paar Euro sparen. Die flexible Anbringung von Konsolen, Hängeborden, Rankhilfen und anderen Aufhängevorrichtungen oder der nachträgliche Einbau von Lüftungsfenstern gestaltet sich im Stahlgewächshaus problematisch. Die Eindeckung erfolgt mit Gartenblankglas oder Gartenklarglas (Nörpelglas), gelegentlich sind auch Stegdoppelplatten vorgesehen. Stahlgewächshäuser sind häufig ein „Nebenprodukt" der Hersteller von großen Anlagen für den Erwerbsgartenbau. Das Stahlgewächshaus empfiehlt sich vor allem für erfahrene Hobbygärtner, wenn größere Flächen für den geschützten Anbau unter Glas genutzt werden sollen und Foliengewächshäuser nicht zur Anwendung kommen. Während Aluminiumgewächshäuser meist für den Selbstaufbau gedacht sind, empfiehlt sich bei Stahlgewächshäusern eher eine Montage durch die Herstellerfirma. Dann allerdings kann der Preisvorteil schnell zunichte gemacht werden.

Holz

Als kostengünstiges Baumaterial, welches zudem relativ leicht zu verarbeiten war, kam für den Gartenfreund früher praktisch nur Holz infrage. Auch heute sieht man vielerorts mitunter sehr eigenwillige, selbst gebaute Gewächshauskonstruktionen aus Holz, oft unter Wiederverwendung von ausrangierten alten Holzfenstern. Für Gartenbesitzer, die über Fantasie und handwerkliche Fähigkeiten verfügen, sind diese Eigenkonstruktionen durchaus eine gute Möglichkeit, um eine preiswerte Behausung für Tomaten, frühe Salate, Kräuter und Gemüse zu schaffen. Hinsichtlich der Haltbarkeit und der technischen Ausstattung wie Lüftung und Beheizbarkeit sind bei einem solchen Haus aber sicher Abstriche zu machen. Auch die Zeit, die für einen Eigenbau benötigt wird, wird häufig unterschätzt. Dass ein Holzgewächshaus sich automatisch gut in den Garten einfügt, wie die Werbung für Fertig-Holzgewächshäuser oft verspricht, ist sicher nur bei hochwertigen Häusern dieser Art gegeben. Die Tatsache, dass Holzgewächshäuser nur über eine begrenzte Haltbarkeit verfügen und deshalb nur aus hochwertigen Hölzern bestehen sollten, macht sie auch nicht unbedingt preiswerter als andere Materialien.

In England werden schon seit dem Ende des 19. Jahrhunderts Holzgewächshäuser für Hobbygärtner in Serie produziert. Es wurde und wird dazu das haltbare Holz der Kanadischen Zeder verwendet, welches die Engländer aus ihrer kanadischen Kolonie preisgünstig beziehen konnten. Auch heute noch werden solche Gewächshäuser hergestellt. Besonders schön sehen sie aus, wenn sie auf einem hohen Sockel aus rustikalen Ziegeln errichtet werden. Zu bedenken ist aber, dass die Angaben zur Haltbarkeit sich meist auf das englische, weniger raue Klima beziehen.

Wer sich ein Holzgewächshaus zulegt, muss sich auf einige Wartungs- und Pflegearbeiten einstellen. Vor dem Kauf sollte man Holzgewächshäuser unbedingt ansehen und sich möglichst ein Referenzobjekt nennen lassen, welches schon ein paar Jahre genutzt wird.

Qualitätskriterien für Baumaterialien

Material	darauf müssen Sie achten
Aluminium	*statische Belastbarkeit der Profile* *Legierung* *Profilausformung/Befestigungsmöglichkeiten*
Stahl	*Stahl muss feuerverzinkt sein, eine zweimalige Lackierung stellt keinen ausreichendenden Schutz vor Korrosion dar*
Holz	*nur Zedernholz oder Tropenholz, unter keinen Umständen Nadelholzausführungen wählen* *bei Tropenholz auf Umweltschutzzertifikate achten*

Dieses historische Gewächshaus *fügt sich harmonisch in den Garten ein.*

Die Eindeckung

Während die Konstruktion eines Gewächshauses vor allem über seine Stabilität und Haltbarkeit entscheidet, hat die Eindeckung maßgeblichen Einfluss auf die Wärmedämmung und das Pflanzenwachstum. Verschiedene Eindeckmaterialien aus Glas und Kunststoff sind im Handel erhältlich. Qualitätskriterien sind vor allem die Lichtdurchlässigkeit, die Wärmedämmfähigkeit und die Haltbarkeit. Um hier vor ärgerlichen Fehlentscheidungen bewahrt zu werden, soll das Thema der Eindeckungen an dieser Stelle ausführlicher erläutert werden. Neben Eigenschaften wie Lichtdurchlässigkeit oder Bruchsicherheit spielt auch der so genannte k-Wert (Wärmedurchgangskoeeffizient) eine Rolle. Je kleiner der k-Wert ist, desto besser ist das Isoliervermögen eines Materials.

▸ Glas

Da Licht einer der wichtigsten Wachstumsfaktoren für Pflanzen ist, war die Verfügbarkeit von preiswertem, industriell hergestelltem Glas der Beginn für die zunehmende Beliebtheit von Gewächshäusern auch unter Hobbygärtnern. Weil Glas anfangs nur in kleinen Tafeln hergestellt werden konnte, entstanden im 19. Jahrhundert in ganz Europa filigrane Gewächshaus- und Wintergartenkonstruktionen aus Holz oder Stahl und Glas, die wir noch heute so bewundern. Glas war lange Jahre das einzige Material, welches man zum Eindecken von Gewächshäusern nutzen konnte. Für den einen großen Vorteil der Lichtdurchlässigkeit nahm man gern die Nachteile dieses Materials in Kauf. Es gab ja auch nichts anderes. Erst heute, da neue Eindeckmaterialien aus Kunststoff zur Verfügung stehen, können wir abwägen, welches Material für welchen Zweck das günstigste ist.

Gartenblankglas Glas ist erhältlich als einfaches, durchsichtiges „Gartenblankglas" in 4 mm Stärke.

Gartenklarglas Nörpelglas kann der Gärtner als lichtbrechende Alternative einsetzen. Seine Licht brechende Wirkung ist allerdings nicht so hoch, wie es das Material vermuten lässt. Es ist bruchempfindlicher als Blankglas.

Diese oben beschriebenen Ein-Scheibengläser sind zwar relativ preiswert, werden aber heute kaum noch eingesetzt. Die Nachteile für die Pflanzenkultur sind zahlreich. Sie sind sehr bruchempfindlich und stellen eine Gefahr zum Beispiel für spielende Kinder dar. Glasscherben müssen mühsam aus den Grundbeeten entfernt werden, bilden sie doch eine Verletzungsgefahr beim Arbeiten in der Erde. Auch gegen Hagel, starke Schneelast und Sturm ist Ein-Scheibenglas sehr empfindlich. Das direkt einfallende Sonnenlicht führt zu Verbrennungen an den Pflanzen und zwingt zu Schattierungsmaßnahmen, so dass den Pflanzen trotz Gewächshaus zu wenig Licht zur Verfügung steht. Ein weiterer entscheidender Nachteil ist die schlechte Wärmedämmung, die Einfachglas bietet. Der Wärmeverlust ist mehr als doppelt so hoch wie der einer 16-mm-Stegdoppelplatte. Das heißt, dass zur Beheizung des Gewächshauses doppelt so viel Energie eingesetzt werden muss. Einfachglas empfiehlt sich also nur bei Gewächshäusern, die auf keinen Fall beheizt werden sollen. In der Praxis sieht es aber oft so aus, dass nach einer anfänglichen

***In alten Gewächshäusern** wurde Einfachglas verwendet.*

***Moderne Plexiglas-Stegdoppelplatten** sind fast transparent.* *(siehe auch Seite 21)*

Rote Passionsblume

Nutzung als ungeheiztes Haus schnell der Wunsch entsteht in dem Gewächshaus auch Kübelpflanzen zu überwintern. Nachrüsten ist dann oft nicht möglich oder sehr aufwändig und kostenintensiv. Auf keinen Fall sollte man ein Gewächshaus kaufen, bei dem die Einfachglasscheiben als geteilte Scheiben geliefert werden.

Zwei-Scheiben-Isolierglas Dieses Material wird häufig eingesetzt, wenn ein Wintergarten oder ein Anlehngewächshaus beheizt werden soll, aber gleichzeitig der freie Blick in den Garten gewünscht wird. Isoliergläser sind etwas teurer als Plexiglas-Stegdoppelplatten, ihr Wärmeverlust ist nur geringfügig höher. Unter Isolierglas versteht man zwei auf Abstand miteinander verschweißte Floatglasscheiben, zwischen denen eine isolierende Luftschicht verbleibt. Ein gravierender Nachteil von Isolierglas ist das deutlich höhere Gewicht gegenüber Stegdoppelplatten. Die üblichen Gewächshauskonstruktionen sind statisch für ein mit schwerem Isolierglas eingedecktes Dach nicht ausgelegt. Wenn aus optischen Gründen Isolierglas gewünscht wird, bietet sich ein Kompromiss in der Form an, dass Stegdoppelplatten im Dach und Isoliergläser in den Stehwänden verwendet werden. Diese Kombination kommt auch den Pflanzen entgegen, die unter Stegdoppelplatten bessere Wachstumsbedingungen erhalten.

▸ Kunststoff

In den letzten Jahrzehnten hat sich sowohl bei professionellen wie auch bei Hobbygewächshäusern die Verwendung von Kunststoff als Bedachungsmaterial durchgesetzt. Die Vorteile, insbesondere für die Pflanzenkultur, sind vielfältig. Bewährt haben sich vor allem die hochwertigen Stegdoppelplatten (SDP) aus Plexiglas. Dieses Material wurde ursprünglich für den Flugzeugbau entwickelt. Unter bestimmten Voraussetzungen wird auch Makrolon verwendet. Die isolierende Wirkung der Scheiben wird erzielt, indem zwei Kunststoffplatten mittels kleiner Stege auf Abstand gehalten werden. So entsteht eine isolierende Luftschicht. Welche Vorteile bieten Stegdoppelplatten dem Gewächshausbesitzer? Sie sind leicht und wenig empfindlich gegen Hagelschlag. Geht doch einmal eine Scheibe zu Bruch, ist meist nur die äußere Platte zerstört, die Scheiben können also zunächst weiter genutzt werden

***Damit der Blick** auf die Pflanzen ungetrübt ist, sind die Stehwände aus Glas.*

bis Ersatz beschafft wird. Besondere Vorteile bietet die Marken-Plexiglas-Stegdoppelplatte in der Ausführungsart „Alltop". Durch eine Spezialbeschichtung dieser Platten fließt sowohl an der Ober- und Unterseite sowie in den Hohlkammern das sich bildende Kondenswasser als Film ab und tropft nicht auf die Blätter der Pflanzen. Verbrennungen sind so weitgehend ausgeschlossen. In den Hohlkammern führt diese Beschichtung dazu, dass sie deutlich weniger verschmutzen und veralgen. Da Stegdoppelplatten durch ihre Beschaffenheit das einfallende Sonnenlicht streuen, ist eine Schattierung von lichtliebenden Pflanzen überflüssig. „Alltop"-Platten sind zudem durchlässig für ultraviolettes Licht. Diese Eigenschaft fördert die Farbausbildung von Blättern und Früchten und soll auch den Geschmack von Früchten und Gemüse verbessern.
Bewährt haben sich in der gärtnerischen Praxis Plexiglas-Stegdoppelplatten in einer Stärke von 16 mm, wie sie auch im Erwerbsgartenbau vielfach eingesetzt werden. Die Lichtdurchlässigkeit beträgt 91 %, die von Zwei-Scheiben-Isolierglas 83 %. Plexiglas-Stegdoppelplatten bieten insgesamt ein sehr gutes Preis-Leistungsverhältnis. Platten in Stärken von 4, 6, oder 8 mm sind allerdings keine ernsthafte Alternative zu den 16 mm-Platten, denn k-Wert und Stabilität lassen auf Dauer zu wünschen übrig. Wenn eine besondere Isolierwirkung gewünscht wird, können Stegdreifachplatten aus Makrolon verwendet werden. Es ist aber fraglich,

Frühbeet *mit 4-mm-Stegdoppelplatten*

TIPP

Bei Stegdoppelplatten sind neben den Original-Produkten (siehe Adressen), verschiedene No-Name-Produkte im Handel. Sie vergilben und verspröden oft schon nach wenigen Jahren. Dies führt zu Lichtverlust und Bruchgefahr. Stegdoppelplatten sollten mit einer Garantie von 10 Jahren gegen Vergilbung ausgestattet sein.

16-mm-Plexiglasplatte *„ALLTOP-System"*

16-mm-Polycarbonatplatte *„Longlife-Plus"*

Eigenschaften der verschiedenen Eindeckmaterialien

Eigenschaft	Gartenblankglas	Stegdreifachplatte MAKROLON	Stegdoppelplatte RESIST	Stegdoppelplatte ALLTOP	Isolierglas Floatglas
Stärke mm	*4*	*16*	*16*	*16*	*16,5*
Gewicht kg/m²	*6,3*	*2,8*	*5*	*5*	*20*
UV-Durchlässigkeit	*nein*	*nein*	*nein*	*ja*	*nein*
Lichtbeständigkeit	*sehr gut*	*gut*	*sehr gut*	*sehr gut*	*sehr gut*
Hagelfestigkeit	*gering*	*sehr gut*	*hervorragend*	*sehr gut*	*gut*
Bruchsicherheit	*gering*	*sehr gut*	*sehr gut*	*sehr gut*	*gering*
Tropfenresistenz	*gering*	*gut*	*gut*	*sehr gut*	*gering*
Wärmedurchgang	*6*	*2,5*	*2,5*	*2,5*	*0,7 – 1,3*

ob der um nur 0,4 höhere k-Wert die verminderte Lichtdurchlässigkeit von 72 % rechtfertigt. Zudem vergilben Makrolon-Platten auch schneller als Plexiglas, so dass dieser Wert nach kurzer Zeit noch ungünstiger wird. Makrolon ist allerdings unentbehrlich, wenn Belange des Brandschutzes zum Tragen kommen. Dies ist immer dann der Fall, wenn ein Wohnwintergarten errichtet wird, welcher baurechtlich gesehen zum „dauernden Aufenthalt von Menschen" vorgesehen ist. Makrolon ist im Gegensatz zu Plexiglas durch die Bauaufsichtsbehörden für diese Verwendung in der Regel zugelassen. Handelt es sich aber lediglich um ein „angelehntes" Gewächshaus zur Aufnahme von Pflanzen, entfällt diese Auflage. Welche rechtlichen Grundlagen in Ihrem speziellen Fall gelten, sollten Sie bereits bei der Planung mit dem Gewächshaushersteller oder mit einem Statiker abklären. Unter dem Aspekt der Pflanzenkultur sind Plexiglas-Stegdoppelplatten das Material der ersten Wahl.

***In Stegdoppelplatten** minderer Qualität fließt Schwitzwasser, das eine Veralgung fördert, nur langsam ab.*

Türen

▸ Flügeltüren

Über die Tür wird das Gewächshaus betreten und im Sommer kann bei großer Hitze auch zusätzlich Frischluft zugeführt werden. Auch bei klarem Wetter im Frühjahr sollte man die Tür tagsüber ruhig offen lassen. Allerdings wird bei der Berechnung der erforderlichen Gesamtlüftungsfläche die Tür nicht miteinbezogen. Deshalb ist eine zweigeteilte Tür zu Lüftungszwecken nicht unbedingt erforderlich. Sämtliche Materialien wie zum Beispiel schwere Erdsäcke oder Kompost für die Grundbeete müssen durch die Tür hineingeschafft werden. Aus diesem Grund soll die Breite der Tür mindestens 75 bis 80 cm betragen, um auch mit einer Schubkarre hindurchzugelangen. Ist sie deutlich breiter als 80 cm besteht aber die Gefahr, dass die Tür instabil wird und sich im Laufe der Zeit verzieht.

▸ Doppelflügeltür

Wenn besonders große und empfindliche Kübelpflanzen zur Überwinterung hineingetragen werden müssen, empfiehlt sich eine Doppelflügeltür. Gerne wird eine Doppelflügeltür auch bei Anlehngewächshäusern in der dem Garten zugewandten Stehwand eingebaut. Sie kann bei gutem Wetter geöffnet werden und verleiht dem Wintergarten einen großzügigen Charakter.
Eine lichte Durchgangshöhe von mindestens 1,8 m hat sich bewährt. Im geöffneten Zustand sollte die Tür mit einem Haken oder einem Magnetfeststeller festgestellt werden können, damit sie durch eine Windböe nicht zuschlagen kann.
Da die Türen mechanisch noch stärker beansprucht werden als die Fenster, muss auf eine stabile Ausführung geachtet werden. Sonst besteht die Gefahr, dass sich die Tür verzieht und nicht mehr dicht schließt.

▸ Schiebetüren

Auf Schiebetüren, die häufig bei Gewächshäusern einfacher Bauart anzutreffen sind und auf den ersten Blick sehr verlockend erscheinen, sollte man besser verzichten. Leider gibt es kaum eine Schiebetür im Handel, die über längere Zeit den Anforderungen gewachsen ist, die an ihre Stabilität gestellt werden müssen. Sie schließen häufig schlecht und sind nicht winddicht, was sich merklich auf die Energiekosten niederschlägt. Bei Frost kommt es vor, dass die Bürstendichtungen einfrieren und die Tür nicht mehr zu öffnen ist. Hochwertige Schiebetüren, die auf Anfrage zu haben sind, haben ihren Preis. Wird ein Gewächshaus mit Schiebetür angeboten, sollte man sehr aufmerksam auch die Qualität der übrigen Bauteile prüfen.

Breite Gewächshäuser *sollten mit einer Doppelflügeltür ausgestattet sein.*

Große Dach- und Seitenfenster *gewährleisten eine ausreichende Belüftung.*

Fenster

Unter Sonneneinstrahlung kann sich ein unzureichend gelüftetes Gewächshaus schnell auf 30, 40 oder gar 50 °C aufheizen. Temperaturen von über 45 °C führen zu Wachstumsstörungen bis hin zum Absterben der Pflanzen. Um ein optimales Klima im Gewächshaus zu gewährleisten, muss es über ausreichende Lüftungsmöglichkeiten verfügen. Dies sind in der Regel Fenster. Nur in Ausnahmefällen ist eine Zwangslüftung oder Kühlvorrichtung erforderlich. Ein Luftumwälzer, auf den aus verschiedenen Gründen nicht verzichtet werden sollte, ergänzt die Lüftung, indem er durch ständige Luftbewegung einen Hitzestau im Dachbereich verhindert.
Bei besonderem Bedarf, wie zum Beispiel in einem Alpinenhaus, können die Fenster vom Hersteller auch größer dimensioniert werden. Eine Schattierung ist für den Gemüseanbau unter Glas bei ausreichend bemessenen Lüftungsöffnungen und Verwendung von Stegdoppelplatten normalerweise nicht erforderlich.

▸ Fensterfläche

Die Fensterfläche soll mindestens etwa 10 % der Umfassungsfläche des Gewächshauses ausmachen, nicht der Grundfläche. Es müssen mindestens zwei Fenster vorhanden sein, von denen eins in der Stehwand, möglichst auf der Schattenseite, und eins in der gegenüberliegenden Dachfläche, möglichst auf der Sonnenseite, liegt. Die Tür wird bei der Berechnung nicht mit einbezogen, denn der Gewächshausbesitzer ist ja nicht immer anwesend, um die Tür bei Bedarf zu öffnen und zu schließen. Die Fenster dürfen in ihrem Querschnitt nicht durch zu starken Bewuchs eingeengt werden. Pflanzen Sie also vor das Fenster keine hochwachsenden Pflanzen oder schneiden Sie das Fenster bei Bedarf frei.

Große Fenster *zur Belüftung.*

TIPP

Die Fensterfläche soll mindestens 10 % der Umfassungsfläche (Glasfläche in m²) betragen. Es soll mindestens je ein Fenster im Dach und eines in der gegenüberliegenden Stehwandenthalten sein. Achten Sie bei Gewächshausangeboten nicht nur auf die Zahl der im Preis eingeschlossenen Fenster, sondern auch auf deren Größe!

▸ Automatische Fensteröffner

Bei manchen Gewächshausherstellern ist im Preis bereits ein automatischer Fensteröffner inbegriffen. Wenn dies nicht der Fall ist, sollten Sie diese auf jeden Fall zusätzlich erwerben. Sie verhindern wirkungsvoll eine Überhitzung, aber auch eine zu starke Abkühlung des Gewächshauses, da sie bei sinkenden Temperaturen die Fenster schließen. Sie sparen also Energie.
Automatische Fensteröffner funktionieren ohne Strom nach einem verblüffend einfachen Prinzip. In einem Metallzylinder befindet sich ein Spezialwachs oder -öl, welches sich bei Wärme ausdehnt und dabei einen Kolben bewegt, der so viel Kraft besitzt, dass er den Fensterflügel hebt. Die automatischen Fensteröffner heben je nach Ausführung verschieden schwere Fenster. Sie können in den meisten Fällen auch nachträglich eingebaut werden. Der Öffner sollte über eine Sturmsicherung verfügen.

Gestaltung

Gelegentlich werden Stimmen laut, ein Gewächshaus sei ja schön und gut, aber es verunstalte den Garten. Mit ein paar gestalterischen Tricks kann ein Gewächshaus durchaus eine Bereicherung für den Garten darstellen.

Form

Ein nach seinen funktionellen Kriterien durchdacht konstruiertes Gewächshaus wirkt bereits durch seine der Funktion angemessene Form. Billigkonstruktionen wirken auch im Garten „billig". Soll sich das Gewächshaus historischen Vorbildern annähern, so können die Sprossenabstände, die heute oft 1 m betragen, reduziert werden. Das Haus wirkt dann eleganter, besonders wenn es mit verkürzter Stehwandhöhe auf einem erhöhten Sockel aufgestellt wird.

Sockel

Gelegentlich werden Gewächshäuser auf einem erhöhten Ziegel- oder Natursteinsockel errichtet. Die Stehwandhöhe kann dann entsprechend niedriger ausfallen. Diese Kombination von einem niedrigen Gewächshaus auf hohem

***Aus Ziegelsteinen** gemauerter Sockel*

***Anlehnhäuser** sollten in der Farbe zum Haus passen.*

Sockel weckt Erinnerungen an alte englische Gewächshäuser, die sich durch diese Bauform sehr harmonisch in den Garten einfügen. Günstig ist es, wenn man für den Sockel das gleiche Steinmaterial benutzt wie es am Wohnhaus oder für die Gartenwege oder Gartenmauern verwendet wurde.

Fußboden

Soll das Gewächshaus ganz oder teilweise mit einem Fußboden versehen werden, wirkt ein Ziegel- oder Natursteinbelag angenehmer als ein Bodenbelag aus Beton. Wer handwerklich begabt ist, kann selbst Hand anlegen. Wird das Gewächshaus über den Winter frostfrei gehalten, müssen auch keine allzu hohen Kriterien an eine frostsichere Verlegung des Pflasters gestellt werden. Der Weg im Gewächshaus kann aus imprägnierten Holzlatten bestehen, die auf zwei starke, quer liegende Holzbretter genagelt werden. Trittplatten aus Gusseisen oder unregelmäßig behauene Bruchsteinplatten sehen auch sehr gut aus.

Farbe

Die Farbe ist sicher eines der wichtigsten Gestaltungselemente des Gewächshauses. Theoretisch können die Profile mit allen gewünschten RAL-Farben beschichtet werden. Doch ist Vorsicht bei der Farbwahl geboten. Farben sehen im Katalog oder auf Farbkarten oft anders aus als in der Realität. Am besten versucht man ein Farbmuster zu besorgen, bei dem die Farbe auf das tatsächlich verwendetet Material aufgebracht wurde. Ein angenehmes Rot im Katalog kann im Garten schrill wirken.
Ein Blick nach England, in das Kernland der Gartenkultur, lehrt uns,

dass weniger oft mehr ist. Neben der klassischen Farbe Weiß, die sich bei Bauteilen im Garten fast immer gut macht, sollte man gedeckte Farben wie Moosgrün, dunkles Rot, Weinrot oder Friesenblau wählen. Farben, die am Wohnhaus verwendet wurden, können sich am Gewächshaus wiederholen. Ein Anlehngewächshaus kann die Farbe der Wohnhausfenster übernehmen. Während die Farbbeschichtung der Aluminiumprofile in der Regel sehr dauerhaft ist, muss man bei den Kunststoffabdeckleisten, die die Verglasung fixieren, im Laufe der Jahre außer bei Weiß mit einem Ausbleichen der Farben rechnen. Hier kann man sich sehr gut selbst helfen. Man lässt die Leisten fertig zugeschnitten von einer Autolackiererei in der gewünschten Farbe lackieren. Die Farbe hält relativ gut auf den Leisten, wenn man diese anschließend nicht knickt oder zu stark biegt.

▸ Gestaltung der Umgebung

Ist ein direkter Blick auf das Gewächshaus nicht erwünscht, kann man mit etwas Abstand zum Haus ein Rankgerüst aufstellen und dieses entsprechend bepflanzen. Dazu eignen sich Wicken, Schwarzäugige Susanne und viele andere Kletterpflanzen. Die Berankung wirkt gleichzeitig als natürliche Schattierung im Sommer. Wichtig ist die Entfernung der Pflanzen und die gründliche Reinigung im Herbst. Auch der Blick auf das Gewächshaus durch eine Pergola, mildert den technischen Charakter des Glashauses.

***Von üppigen Pflanzen** umgeben, fügt sich dieses Gewächshaus gut in den Garten ein.*

▸ „Englisches" Gewächshaus

So genannte „Englische" Gewächshäuser sind seit einiger Zeit auch bei uns in Mode gekommen. Typisch ist die leichte Konstruktionsweise, die Eindeckung mit Gartenblankglas, enge Sprossenstellung, Bögen zwischen den Sprossen und Zierleisten auf dem First und an den Traufen; Merkmale, die sich aus den historisch zur Verfügung stehenden technischen Möglichkeiten entwickelt haben. Die enge Sprossenstellung kam zustande, da Glas nur in schmalen Platten zur Verfügung stand. Die Bögen dienten der Aussteifung der Konstruktion, die aus schmalen Holz- oder Gusseisenprofilen bestand. So bildeten Wohngebäude und Gewächshaus eine stilistische Einheit.
Ein „Englisches" Haus sollte nur unter bestimmten Voraussetzungen gewählt werden. Besonders gut eignet sich ein „Englisches" Gewächshaus natürlich für die Umgebung älterer Wohnhäuser und für großzügige Gärten.
Hüten sollte man sich auf jeden Fall vor Billighäusern, die durch aufgeklebte Ornamente auf „englisch" getrimmt werden. Sie wirken auch im Garten aufgesetzt. Die Funktion preiswerter genauso wie hochwertiger englischer Modelle ist auf Grund mangelnder Wärmedämmung (Einfachglas) und Lüftungsmöglichkeiten (keine Fenster im Dach) oft stark beeinträchtig. Gute englische Häuser haben berechtigterweise ihren Preis, der oft deutlich höher liegt als der eines zeitgemäß konstruierten Gewächshauses.

Fundament

Ein stabiles Fundament und ein stabiler Sockel sind unentbehrlich für die Stabilität und Standfestigkeit eines Gewächshauses. Beide müssen sorgfältig ausgeführt werden, damit Sie lange Freude an Ihrem Haus haben.

▸ Frostfrei gegründetes Fundament

Das Fundament schafft eine ebene Unterlage zum Aufsetzen der Gewächshauskonstruktion. Setzungen durch Eigengewicht und Frost werden durch ein Fundament ausgeschlossen. Es garantiert das nötige Gefälle zum Ablauf des Regenwassers und stellt die notwendige Verankerungsmöglichkeit im Boden dar, die besonders bei Sturm wichtig ist. Bei entsprechender Isolierung verringert es die Wärmeverluste an das umgebende Erdreich. Es ist unbedingt empfehlenswert, das Gewächshaus mit einem 80 cm tiefen frostfrei gegründeten Streifenfundament aus bewehrtem Beton zu versehen. Diese Lösung ist allen anderen auf Dauer vorzuziehen. Das Fundament sollte dann an der Innenseite mit 6 bis 8cm starken Styrodurplatten (nicht Styropor) isoliert werden, damit die Bodenwärme vor allem im Frühjahr und Herbst nicht entweicht.
Das Fundament wird in Längsrichtung mit einem Gefälle (0,2 %) in Richtung des Dachrinnenablaufes ausgerichtet. Der Gewächshaushersteller sollte Ihnen einen maßgenauen Fundamentplan zur Verfügung stellen.

▸ Beton- oder Holzbohlenfundament

Für kleinere, leichte Gewächshäuser empfiehlt sich ein Fundament aus Beton- oder imprägnierten Holzbohlen, welche in ein Sandbett verlegt werden. Diese Lösung empfiehlt sich z.B. in einer Kleingartenanlage.

▸ Aluminium-Fertigfundament

Manche Hersteller liefern ein so genanntes Aluminium-Fertigfundament zusammen mit dem Gewächshaus. Es stellt keinen Ersatz für ein frostfrei gegründetes Fundament dar, sondern dient lediglich der ebenen Auflage der Gewächshauskonstruktion.
Es ist bedingt empfehlenswert, wenn ein normal gegründetes Fundament nicht möglich ist, wie zum Beispiel auf einer Dachterrasse, in einem gemieteten Garten oder einem Schrebergarten.

***Eine gute Isolierung** des Fundaments spart Heizkosten.*

Sockel

Der Sockel ist der oberirdische Teil des Fundamentes. Er schützt den unteren Bereich der Gewächshauskonstruktion vor Verschmutzung und die Stegdoppelplatten vor Veralgung. Die Breite sollte mindestens 12 cm betragen. Um Rippenrohrheizkörper oder andere Heizkörper am Sockel zu befestigen, sollte dieser mindestens 30 cm hoch sein, sonst reichen 10 bis 20 cm. Man kann Sockel und Fundament in einem Arbeitsgang aus Beton herstellen. Allerdings ist ein gemauerter Sockel aus Ziegeln oder Natursteinen optisch ansprechender. Die Sockelhöhe muss dem Gewächshaushersteller angegeben werden, damit die Türabsenkung berechnet werden kann. Die Scheibe über der Tür fällt dann entsprechend größer aus. Zwischen dem Sockel und der Aluminiumkonstruktion wird ein Bitumendichtband verlegt. Es verhindert eine schädliche chemische Reaktion zwischen dem Aluminium und dem Beton beziehungsweise dem Zement.

Elektroanschlüsse

Ein Elektroanschluss sollte, wenn es die örtlichen Gegebenheiten erlauben, möglichst immer im Gewächshaus vorhanden sein. Zu beachten ist, dass alle Geräte, Kabel, Anschlüsse und Steckdosen für die Verwendung in Feuchträumen geeignet sind. Das ist auch der Grund für den oft höheren Preis von äußerlich scheinbar gleichen Produkten wie Heizungen, Lampen oder Schaltuhren. Der Anschluss wird möglichst vor dem Aufbau verlegt. Um nachträgliche Erdarbeiten zu vermeiden, sollte man sich vor Beginn der Bauarbeiten eine Liste mit den Geräten machen, die im Gewächshaus Verwendung finden sollen. Dazu notiert man auch die Anschlusswerte der verschiedenen Elektrogeräte in Kilowatt, um den Anschluss ausreichend zu bemessen. Die Werte entnimmt man entweder den Katalogen der Gewächshauslieferanten oder fragt dort nach.
Häufig wird unterschätzt wie viele verschiedene Elektrogeräte in einem Gewächshaus im Laufe der Zeit angeschlossen werden. Die Tabelle auf dieser Seite gibt einen

***Praktische Montageleiste** für Elektroinstallationen*

Hinweis auf die Anzahl der möglichen Geräte.
Rippenrohheizkörper mit einem Anschlusswert über 2 KW benötigen einen so genannten Leistungsschütz, um die Kontakte des Temperaturreglers zu schützen.
Bei einer sehr umfangreichen Ausstattung des Gewächshauses mit technischen Geräten, wie zum Beispiel in Orchideengewächshäusern, empfiehlt es sich, vom Elektriker eine Schalttafel anbringen zu lassen, von der aus alle Geräte übersichtlich geschaltet und kontrolliert werden können. Bei einer normalen Ausstattung (Heizung, Licht) werden Schalter und Steuergeräte am besten auf einer Montageleiste zusammengefasst.

Wasseranschlüsse

Ein Wasseranschluss im Gewächshaus ist zwar nicht zwingend notwendig, aber sehr praktisch. Man kann gesammeltes Regen- oder Leitungswasser auch mit einer Gießkanne in das Gewächshaus transportieren, besonders aber im Sommer ist dies eine sehr aufwändige Beschäftigung. Man sollte auch daran denken, dass das Gewächshaus während der Urlaubszeit der Obhut hilfsbereiter Nachbarn oder Freunde überlassen werden muss, so dass ein Wasseranschluss die Hilfsbereitschaft sicher fördert.
Denken Sie aber daran, dass es für die Pflanzen nicht günstig ist, wenn sie mit Wasser direkt aus der Leitung gegossen werden. Es ist zum einen zu kalt, zum anderen sollte eventuell vorhandenes Chlor entweichen können. Auch Leitungswasser sollte in einem Behälter zwischengelagert und vorgewärmt werden.
Sollten Sie ein automatisches Bewässerungssystem installieren, kann dies sowohl über ein handbefülltes Vorratsgefäß betrieben werden, aber auch mit Hilfe eines

Elektrogeräte im Gewächshaus

Heizung und Lüftung	Beleuchtung	Bewässerung	Sonstige
Luftumwälzer	*Arbeitslicht*	*Wasserpumpe*	*Zeitschaltuhr*
Heizung	*Pflanzen-Zusatzbelichtung*	*Pumpautomat für Gießwasser*	*Automatische Schattierung*
Frostwächter		*Bewässerungscomputer*	*Vermehrungsbeet*
Bodenheizkabel		*Luftbefeuchter*	
Wärmematten			

TIPP

Wenn ein Wasseranschluss verlegt wird sollten Sie gleich zwei Anschlüsse vorsehen. Einen für den Wasserschlauch oder die automatische Bewässerungsanlage, den anderen zum Reinigen und Händewaschen. So muss der Schlauch nicht immer abgenommen werden.

Druckminderers direkt an eine Wasserleitung angeschlossen werden. Dies ist für die Urlaubszeit sehr empfehlenswert. Ferner ist es hilfreich, benutzte Gerätschaften und Arbeitsmaterialien direkt vor Ort reinigen zu können.

Gewächshauskauf

Grundsätzliche Überlegungen

Die Anschaffung eines Gewächshauses will gut überlegt sein, möchte man es doch über viele Jahre hinweg nutzen und Freude daran haben. Eine Nutzungsdauer von 20 bis 30 Jahren ist durchaus realistisch, setzt allerdings voraus, dass es sich nicht um ein Billigprodukt handelt, welches spontan als scheinbar günstiges Angebot gekauft wurde. Die Probleme beginnen dann oft bereits beim Aufbau und setzten sich bei der Nutzung fort – eine instabile Konstruktion, keine dicht schließenden Türen, vergilbende Stegdoppelplatten, Sturmschäden, zu wenig Nutzraum, keine wirtschaftliche Beheizung, eingeschränktes Zubehörangebot, die Liste könnte noch viel länger sein. Diese Nachteile können den Spaß an der Gewächshausgärtnerei schnell verleiden. Dabei bietet ein Gewächshaus faszinierende Möglichkeiten bei der Pflanzenkultur. Qualität sollte also das maßgebliche Kriterium beim Gewächshauskauf sein.

Rechtliche Fragen

Wie die meisten Dinge des Lebens ist auch der Kauf eines Gewächshauses mit rechtlichen Aspekten verbunden. Die Bestimmungen sind aber im Bereich der Hobbygärtnerei nicht allzu streng und sollten den Gartenliebhaber nicht davon abhalten, seinen Garten durch ein Gewächshaus zu bereichern. Ganz wichtig ist es aber, alle rechtlichen Fragen *vor* dem Gewächshauskauf zu klären.

TIPP

Ein hochwertiges Gewächshaus hat eine Nutzungsdauer von mindestens 20 bis 30 Jahren. Auch bei einem Umzug macht sich ein stabiles Haus bezahlt. Es lässt sich auseinandernehmen und an anderer Stelle wieder aufbauen. Hochwertige Häuser erzielen auch gebraucht noch gute Preise. Bewahren Sie deshalb alle Unterlagen, besonders die Aufbauanleitung, auf.

Landesbauordnungen Jedes Bundesland verfügt über eine eigene Landesbauordnung, die auch die Genehmigungspflicht von Gewächshäusern regelt. Gewächshäuser in den üblichen Dimensionen eines Hobbygärtners sind in vielen Fällen genehmigungsfrei. Da die Gesetze Änderungen unterwor-

***Bei der Planung** eines so großen Gewächshauses sind die Abstände zum Nachbarn zu beachten.*

fen sind, können die Vorschriften hier nicht im Detail erläutert werden. Informationen erhält man beim Bauamt der Gemeinde oder man sucht sich die entsprechende Landesbauordnung im Internet heraus.

Grenzabstand Ein Abstand von 3 m zur Grenze des Nachbarn ist üblicherweise einzuhalten. In Absprache und mit schriftlicher Genehmigung des Nachbarn sind Ausnahmen möglich.

Brandschutz Wenn Sie einen Wintergarten planen, der vorwiegend zum Aufenthalt von Menschen gedacht ist, stellt dies rechtlich eine Erweiterung des Wohnraumes dar. Sie benötigen dann einen Bauantrag. Die Behörde wird prüfen, ob die entsprechenden Sicherheitsbestimmungen eingehalten werden. Dies betrifft die Stabilität der Konstruktion aber auch den Brandschutz. Konkret kann dies bedeuten, dass Sie die üblicherweise verwendeten Stegdoppelplatten aus Acryl (Plexiglas) durch Makrolon-Platten ersetzen müssen, die in brandschutzrechtlicher Hinsicht Vorteile bieten.

Denkmalschutz Gelegentlich kann die Errichtung des Gewächshauses durch Bestimmungen des Denkmalschutzgesetzes berührt werden. Entweder ist das Wohnhaus denkmalgeschützt und damit oft auch die unmittelbare Umgebung oder aber der Bauplatz liegt in einem denkmalgeschützten Bereich. Das Denkmalschutzgesetz verbietet Baumaßnahmen nicht grundsätzlich, sondern behält sich durch die grundsätzliche Genehmigungspflicht aller Baumaßnahmen ein Mitspracherecht, besonders hinsichtlich der Gestaltung, vor. Eine Skizze, möglichst verbunden mit Fotos und einer Computeranimation, sollten noch vor Einreichen eines Antrages mit dem örtlichen Denkmalschützer besprochen werden. Möglicherweise bedarf es nur kleiner Veränderungen wie der Farbwahl oder der Bauhöhe, um die erforderliche Genehmigung zu bekommen. Ein persönliches Gespräch mit dem zuständigen Mitarbeiter bei der Gemeinde hilft hier oft weiter. Jedes Bundesland hat eigene Denkmalschutzgesetze. Informationen dazu erhält man bei der zuständigen Gemeindeverwaltung.

Eigentümerversammlungen Die Errichtung eines Gewächshauses im Bereich einer Eigentumswohnung, sei es im dazugehörigen Garten, auf einer Dachterrasse oder Garage, bedarf für gewöhnlich der Genehmigung durch die Eigentümergemeinschaft. Da es sich bei den Miteigentümern meist um Laien in Sachen Bautechnik handelt, die Zeichnungen nur schwer interpretieren können, hat es sich bewährt, dem Antrag eine Computeranimation beizulegen, die die zukünftige Ansicht fotorealistisch zeigt. Selbstverständlich ersetzt eine Genehmigung durch die Eigentümergemeinschaft nicht einen eventuell erforderlichen Bauantrag nach den örtlich geltenden Bauvorschriften.

***In Eigentumsanlagen** muss ein solches Gewächshaus von der Eigentümerversammlung genehmigt werden.*

Bundeskleingartengesetz In vielen Kleingartenanlagen sind Gewächshäuser nur mit Einschränkungen erlaubt. Meist dürfen sie nicht größer als 6 oder 8 m² sein, eine bestimmte Höhe nicht überschreiten und über kein festes Fundament verfügen. Wird der Kleingarten aufgegeben, muss der alte Zustand wieder hergestellt werden. Hochwertige Gewächshäuser kann man bei Aufgabe des Kleingartens problemlos weitergeben, an anderer Stelle wieder aufbauen oder auch gebraucht verkaufen.

Bauantrag Wird das Gewächshaus die genehmigungsfreie Größe überschreiten, muss ein Bauantrag gestellt werden. Der Antrag kann von allen bauvorlageberechtigten Bauingenieuren oder Architekten eingereicht werden und wird üblicherweise auch genehmigt. Leider entstehen durch den Bauantrag zusätzliche Kosten.

Erkundigen Sie sich vor Einreichen des Antrages bei der Gemeinde, welche Unterlagen genau erforderlich sind. Die erforderlichen Angaben zur Statik erhalten Sie vom Gewächshaushersteller.

Was gehört in einen Bauantrag für ein Gewächshaus?

- *Zeichnung mit Maßangaben (Grundriss, Ansicht, Schnitt)*
- *Lageplan*
- *Statischer Nachweis*
- *Nachweis des Architekten über seine Bauvorlageberechtigung*
- *Nachweis des Architekten über seine Berufs-Haftpflichtversicherung*

Pflanzenschutzmittel Nicht für die Errichtung des Gewächshauses aber für die spätere Arbeitspraxis ist es wichtig in Grundzügen über das Pflanzenschutzmittelgesetz informiert zu sein. Es regelt die Handhabung von Schädlingsbekämpfungs- und Unkrautvernichtungsmitteln und dient dem Schutz von Mensch und Umwelt vor giftigen Stoffen. Es legt fest, welche Mittel bei welchen Pflanzen in welcher Form angewendet werden dürfen. Im eigenen Interesse sollte man diese Hinweise unbedingt befolgen. Man muss das umfangreiche Gesetz nicht selbst durcharbeiten. Die wichtigsten Angaben stehen auf den Begleitzetteln der Pflanzenschutzmittel.

▸ Kostenüberblick

Ein hochwertiges Gewächshaus von etwa 10 m² kostet je nach Erstausstattung rund 4.000 bis 5.500 €. Sehr einfache Gewächshäuser in dieser Größenordnung sind bereits ab 500 € als Mitnahmeobjekt im Baumarkt zu haben. Diese zunächst beträchtlich wirkenden Preisunterschiede liegen im Detail begründet. Qualität hat eben ihren Preis, der sich aber auf Dauer auch bezahlt macht. Auf Seite 35 finden Sie eine Übersicht an Qualitätskriterien.
Hinsichtlich der Qualität sollte man möglichst keine Kompromisse eingehen. Sonst setzt man sich der Gefahr aus, schnell die Lust an der Gärtnerei unter Glas zu verlieren. Das Gewächshaus verkommt dann schnell zum Geräteschuppen. Die Kosten von Qualitätsgewächshäusern kann man durchaus auf eine Nutzungsdauer von 20 Jahren und mehr umrechnen. So ergeben sich durchschnittliche Kosten von etwa 16 bis 20 Euro pro Monat. Dazu werden die monatlichen Betriebskosten wie Heizung, Arbeitsmittel, Reinigung, Dünger, Verschleißteile, Pflanzenschutzmittel und Saatgut gerechnet. Bei sparsamer Beheizung (im Winter frostfrei) und weitgehender Nutzung von Regenwasser entstehen nochmals Kosten von rund 20 bis 30 Euro pro Monat. Diese reduzieren sich ein wenig durch die geernteten Früchte und Gemüse. Doch sollte man diesen Gewinn realistischerweise nicht zu hoch ansetzen. Es soll aber auch Gewächshausbesitzer geben, die einige Sommerblumen und Gemüsejungpflanzen mehr heranziehen und diese auf den örtlichen Pflanzenflohmärkten oder in der Nachbarschaft verkaufen.

TIPP

Dünger und Pflanzenschutzmittel müssen an einem kindersicheren Ort in einem abschließbaren Schrank aufbewahrt werden.

***Tropische Pflanzen**, wie diese Bromelien, gedeihen im Gewächshaus am besten.*

Im mitteleuropäischen Klima *gelangen wärmeliebende Gemüse wie diese Melonen nur im Gewächshaus zu voller Reife.*

Finanzierung

Es gibt verschiedene Möglichkeiten, der Finanzierung eines Gewächshauses. Prüfen Sie genau, welche für Ihre Verhältnisse am optimalsten ist.

Barzahlung Haben Sie sich für ein bestimmtes Gewächshaus entschieden, können Sie beim Hersteller anfragen, ob er Ihnen einen Rabatt einräumt. 2 bis 3 % Skonto sind bei prompter Begleichung der Rechnung meist drin. Erwerben Sie ein relativ großes Haus mit umfangreichem Zubehör, ist der Spielraum für Rabatt sicherlich ein anderer als wenn Sie sich für ein bereits reduziertes Sondermodell ohne Zubehör entscheiden. Lieber wird statt eines geldwerten Rabattes auf die Kaufsumme vom Lieferanten eine Zugabe von Zubehör gewährt. Rabattwunder sind aber sicher nicht zu erwarten, denn Qualität hat auch in der heutigen Zeit ihren Preis.

Finanzierung durch die Bank Vor allem wenn ein Wintergarten oder Anlehnhaus errichtet werden soll, sollte man bei seiner Bank anfragen, ob es Finanzierungsmöglichkeiten im Rahmen eines bestehenden Bausparvertrages gibt. Dies ist grundsätzlich möglich, wenn bestimmte Bedingungen erfüllt sind. Nachfragen lohnt sich.

Gebrauchtkauf Gelegentlich bietet sich die Möglichkeit, ein Gewächshaus mit entsprechendem Preisnachlass gebraucht zu kaufen. Von solch einem Angebot sollte man Gebrauch machen. Dabei handelt es sich in der Regel um Ausstellungshäuser oder nicht mehr genutzte Häuser von Privat. Der Nachteil ist, dass man oft längere Zeit auf das Gewächshaus warten muss und möglicherweise entspricht das Haus nicht ganz der gewünschten Größe. Meist ist mit dem Preisnachlass die Pflicht verbunden, dass Gewächshaus selbst abzubauen und abzutransportieren. Dadurch weiß man aber beim Aufbau bereits wie es geht und einige Teile sind bereits vormontiert.

Hochwertige Gewächshäuser: *überstehen auch einen Gartenumzug oder lassen sich noch gebraucht verkaufen.*

Wahl der Anbieter

Um sich in der Fülle der angebotenen Gewächshäuser zurechtzufinden, ist eine gründliche Recherche und Information vor dem Kauf unabdingbar. Ein Spontankauf im Baumarkt erweist sich oft nicht als das Schnäppchen, das man erwartet hatte und bringt deshalb oft mehr Ärger, den man sich leicht ersparen könnte. Es gibt verschiedene Möglichkeiten, vor dem Kauf an Informationen zu kommen, um zu wissen, worauf es ankommt.

Kataloge anfordern

Adressen von Gewächshausherstellern finden Sie im Bezugsquellenteil ab Seite 150 oder im Anzeigenteil großer Gartenzeitschriften. Die Kataloge erhalten Sie in der Regel kostenlos zugeschickt.

Internet

Internetadressen finden Sie in der Regel auch in den Anzeigen oder durch Suchmaschinen. Die Gartenzeitschriften halten aber auch auf ihren Internetseiten aktualisierte Bezugsquellenverzeichnisse bereit. Die Internetseite sagt schon einiges über die Firmenphilosophie aus. Gut, wenn auf der Seite außer Produktinformationen auch Serviceleistungen angeboten werden, wie Informationen über Veranstaltungen, Pflanzenkulturen, Pflanzenschutz, Diskussionsforen, Links und Ähnliches.

Qualitätskriterien

Der Infokasten auf Seite 35 zeigt Ihnen in übersichtlicher Form, welche Details und Kriterien für ein Gewächshaus maßgeblich sind.

***Informationsveranstaltungen** der Gewächshaushersteller sind eine wichtige Entscheidunghilfe bei der Wahl des Anbieters.*

Häuser besichtigen

Die beste Möglichkeit, etwas über die tatsächliche Qualität eines Gewächshauses zu erfahren, ist sicherlich eine Besichtigung vor Ort. Interessiert Sie ein Gewächshaus besonders, so erfragen Sie

Hilfreiche Angaben für ein individuelles Angebot

- *Größe des Hauses*
- *Maßabweichungen von den Standardmaßen*
- *Brauchen Sie eine Sonderanfertigung?*
- *Nutzung (Anzucht, Gemüsekultur, Kübelpflanzenüberwinterung, Spezialkulturen)*
- *Gewünschte Temperatur im Winter*
- *Ist ein Stromanschluss vorhanden?*
- *Ist ein Wasseranschluss vorhanden?*
- *Ist bereits ein Fundament vorhanden?*
- *Wird Farbbeschichtung gewünscht?*
- *Wird eine Montage gewünscht?*
- *Wie lang ist die Lieferzeit?*
- *Besondere Situationen, die Anpassungsarbeiten erfordern, wie Hanglage, Nordlage, Kleingarten, Aufbau auf einer Terrasse oder Garage etc.*
- *Ein Foto des zukünftigen Standorts*
- *Telefonnummer und/oder Email für Rückfragen*

***Vor der Lieferung** sollte das Fundament fertig sein. Hier ein Fundament aus imprägniertem Hartholz.*

beim Hersteller, wo ein solches Haus zu besichtigen ist. Hat der Hersteller selbst ein Ausstellungsgelände? Ist er auf einer Gartenausstellung vertreten? Und besonders nützlich, kann er Ihnen ein Referenzobjekt in Ihrer Nähe nennen, so dass Sie ein Haus sehen können, das bereits eine Weile genutzt wurde?
Sie sollten besonders auf die Stehwandhöhe, die Stärke der Profile, Dachrinnenbreite, Anzahl und Größe der Fenster sowie die Tür und das Türschloss achten.

Angebote einholen Nach dem Studium der Kataloge, der Entscheidung über die Größe und den Qualitäts- und Ausstattungsstandard, können Sie sich ein ausführliches Angebot erstellen lassen.

Serviceleistungen vergleichen Sehr angenehm ist es, wenn Sie nach dem Gewächshauskauf mit Ihrem neuen Gewächshaus nicht allein gelassen werden. Gärtnern unter Glas stellt auch den erfahrenen Gartenfreund zunächst vor ungewohnte Probleme. Von einer sinnvollen Erstausstattung über die richtige Handhabung der Klimageräte, das sichere Erkennen von gewächshaustypischen Schädlingen oder Krankheiten, der richtigen Auswahl von gewächshaustauglichen Gemüse-, Tomaten- oder Salatsorten, bis hin zur erfolgreichen Überwinterung wertvoller Kübelpflanzen gibt es viele Fragen. Deren fachmännische Beantwortung bewahrt vor allem in der ersten Zeit vor unnötigen Rückschlägen und Pflanzenverlusten. Oft genügt ein kurzer Anruf und das Problem ist behoben. Diesen Aspekt des Kundenservices sollte man gerade bei einem Gewächshaus nicht unterschätzen. Einige Firmen veranstalten jedes Jahr im Frühling ein Treffen der Pflanzenfreunde. Ein solches Forum für Gartenfreunde lädt zum regen Austausch über Garten-, Pflanzen- und Gewächshausthemen aller Art ein.

TIPP

Sehen Sie sich verschiedene Gewächshäuser vor dem Kauf an. Fragen Sie den Hersteller nach einem Referenzobjekt in Ihrer Nähe oder verbinden Sie die Besichtigung mit dem Besuch einer Gartenausstellung. Vergleichen Sie die Häuser von mindestens zwei Herstellern.

***Kübelpflanzen** wie diese* Tibouchina *überwintern am besten im hellen, kühlen Gewächshaus.*

Vorbereitungen nach dem Kauf

Ist das Gewächshaus bestellt, können Sie endlich zur Tat schreiten, um mit den Vorbereitungen zu beginnen. Diese nehmen sicher 2 bis 3 Wochen in Anspruch.

Zunächst sollte ein Elektriker die notwendigen Leitungen den Vorschriften entsprechend verlegen. Bei Unklarheiten sollte er sich direkt mit dem Gewächshaushersteller in Verbindung setzen.

Der Auftragsbestätigung liegt üblicherweise ein Fundamentplan mit detaillierten Maßangaben bei. So kann jetzt das Fundament errichtet werden. Vergessen Sie auf keinen Fall das Gefälle von 0,2 %, welches für ein sicheres Ablaufen des Regenwassers sorgt. Das Fundament kann nur bei frostfreiem Wetter errichtet werden. Will man

Qualitätskriterien zum Gewächshauskauf

Information und Service	**Konstruktion und Eindeckung**	**Sonstiges**
Ist der Katalog informativ und übersichtlich gestaltet? ☐	*Größe Quadratmeter (m^2)* ☐	*Garantieleistungen Konstruktion, Eindeckung und Zubehör* ☐
Ist die Preisgestaltung transparent? ☐	*Größe Kubikmeter (m^3)* ☐	*Zubehörangebot* ☐
Ist eine informative Internetseite (mit Serviceleistungen) vorhanden ? ☐	*Höhe Stehwand (Traufenhöhe)* ☐	*Kann eine Computeranimation geliefert werden (z. B für Nachbarn oder für die Eigentümerversammlung)?* ☐
Ist die Mehrwertsteuer im Preis enthalten? ☐	*Höhe First* ☐	
Erfolgt die Lieferung frei Haus? ☐	*Dachrinne – Querschnitt? Großer Ablauf für Regenwasser?* ☐	
Sind Anpassungen oder individuelle Lösungen möglich? ☐	*Anzahl der Fenster?* ☐	
Lieferzeiten ☐	*Gesamtfläche der Fenster* ☐	
Liegt eine Wärmebedarfsberechnung vor? ☐	*Automatischer Öffner im Preis enthalten?* ☐	
Qualität Fundamentplan ☐	*Tür einflügelig?* ☐	
Qualität Aufbauanleitung ☐	*Schiebetür? (möglichst aus dem Profigewächshausbau)* ☐	
Eigenes Ausstellungsgelände ☐	*Doppeltür möglich?* ☐	
Referenzobjekt, welches besichtigt werden kann ☐	*Türbreite? (80 cm „Schubkarrenbreite“)* ☐	
Beratung (Technik und gärtnerische Belange) ☐	*Tür abschließbar?* ☐	
Werkseigener Montageservice durch Fachkräfte ☐	*Zweigeteilte Tür möglich?* ☐	
	Stegdoppelplatten-Stärke *4 mm* ☐ *6 mm* ☐ *8 mm* ☐ *16 mm* ☐	
	Stegdoppelplattenqualität ☐	

***Achten Sie** auf dicht schließende, stabile Türen.*

***Keine Lüftungsflächen** in den Stehwänden, dieses Haus wird sich im Sommer stark aufheizen.*

das Gewächshaus im zeitigen Frühjahr nutzen, sollte man es bereits im Herbst aufbauen, auf jeden Fall aber das Fundament vor dem Winter fertig stellen und abdecken.

▸ So sparen Sie beim Gewächshauskauf

- Prüfen Sie, ob die Möglichkeit für ein Anlehngewächshaus besteht. Die Anschaffungs- und Betriebskosten bei gleicher Quadratmeterzahl fallen mindestens 10 % niedriger aus als bei einem frei stehenden Haus.
- Fragen Sie beim Hersteller nach, ob in absehbarer Zeit Preiserhöhungen anstehen. Diese können Sie umgehen, wenn Sie sofort bestellen und einen späteren Liefertermin vereinbaren.
- Sparen kann man zunächst bei der Inneneinrichtung. Man kann die einzelnen Ausstattungsteile nach und nach erwerben oder sie auf den Weihnachts- und Geburtstagswunschzettel setzen. Auch Tische und Konsolen sind gelegentlich als Ausstellungstücke zu haben. Darauf müssen Sie eventuell eine Weile warten. Einen Tisch kann man möglicherweise auch zunächst selbst zusammenbauen.
- Ein sparsamer Energieverbrauch ist immer eine gute Sparmöglichkeit. Noppenfolie ist relativ preiswert, und spart zusätzlich 10 bis 20 % Energie. Noppenfolie lohnt sich auch bei Verwendung von 16-mm-Stegdoppelplatten. Bei geringeren Plattenstärken oder bei starker Windbelastung ist sie unbedingt empfehlenswert.
- In der Anzuchtphase, wenn höhere Temperaturen erwünscht sind, können Sie das Gewächshaus mit Noppenfolie einfach in zwei Klimazonen unterteilen. Die so entstandene Anzuchtkabine kann dann etwas höher beheizt werden.
- Sammeln Sie Regenwasser und lagern Sie es, wenn möglich, in schwarzen oder schwarz gestrichenen Tonnen innerhalb des Gewächshauses. Es spart Wasserkosten, verhindert Algenwuchs und dient als Wärmespeicher in der Übergangszeit.
- Die Nutzung von Solarenergie ist erstrebenswert, besonders wenn man sie auf passive Weise betreibt. Da fertige Systeme nicht im Handel erhältlich sind, muss der Gewächshausbesitzer sich über die Prinzipien der passiven Solarenergienutzung informieren und dann eigene Wege zur Umsetzung suchen. Im Anhang sind einige Literaturhinweise zu diesem Thema aufgeführt.
- Unförmige Teile wie Noppenfolie, Regentonnen oder Aufhängerohre sollten Sie direkt mit dem Gewächshaus bestellen, so sparen Sie später Frachtkosten, die für solch sperrige Teile unverhältnismäßig hoch sind. Die Gewächshauslieferung erfolgt in der Regel frachtfrei. Erkundigen Sie sich vor dem Kauf.
- Investieren Sie zunächst in eine hochwertige Konstruktion. Technisches Zubehör und die Inneneinrichtung lassen sich im Laufe der Zeit ergänzen. Auf keinen Fall sollten Sie auf einen ausreichend dimensionierten Luftumwälzer verzichten. Er verbraucht relativ wenig Energie und hält die Pflanzen gesund.

Paradiesvogelblume

Klimasteuerung im Gewächshaus

Ist es draußen kalt, stürmisch und nass ist der Gartenbesitzer zur Untätigkeit verurteilt und verkriecht sich am besten hinter dem Ofen. Das Wetter bestimmt seinen Jahreslauf. Ganz umgekehrt ist es, wenn der Gartenfreund ein Gewächshaus sein eigen nennt. Hier ist der Gärtner selbst für das Klima verantwortlich. Er wird unversehens zum Wettermacher.

▸ Wachstumsfaktoren

Es ist für den Gewächshausgärtner viel leichter das richtige Wohlfühlklima für seine Pflanzen zu schaffen, wenn er die Faktoren kennt, die für ein gesundes Pflanzenwachstum von Bedeutung sind. Das richtige Klima entscheidet zusammen mit den Bodenverhältnissen und dem Nährstoffangebot über das Wohlergehen der Pflanzen. Alle Faktoren sollten in einem gesunden Gleichgewicht zueinander stehen. Um die Wachstumsfaktoren in seinem Sinne zu beeinflussen, sollte der Gärtner über die Möglichkeiten der Klimasteuerung informiert sein. Im Laufe der Zeit entwickelt sich ein Gefühl für die Besonderheiten beim Gärtnern unter Glas. Im Gewächshaus haben Sie die Möglichkeit, alle Wachstumsfaktoren wie Licht, Wärme, Luft, Wasser und Luftfeuchtigkeit sowie die Bodenbeschaffenheit und die Nährstoffe zu beeinflussen.

***Rotblättrige Salatsorten** wie dieser Radicchio brauchen viel Licht, um eine intensive Färbung zu bekommen.*

***Das Gewächshaus** ist eine Solaranlage – viel Licht hinein lassen, wenig Wärme hinaus lassen.*

Sich wie zu Hause fühlen Die Pflanzen wünschen sich im Gewächshaus annähernd die gleichen Verhältnisse, die sie aus ihrer ursprünglichen Heimat gewohnt sind. Die Kunst des Gärtnerns liegt nun darin, diese Bedingungen zu kennen und das passende Klima für seine Pflanzen bereitzustellen. Über die speziellen Ansprüche an Licht, Temperatur und Bodenverhältnisse der einzelnen Pflanze informieren neben dem Kapitel Pflanzenkultur in diesem Buch zahlreiche Fachbücher und viele Seiten im Internet. Dort ist über die verschiedenen Diskussionsforen sogar ein Erfahrungsaustausch möglich. Ist man einer Pflanzenart völlig verfallen, so kann man sich einem der vielen Liebhabervereine anschließen. Hier findet ebenfalls ein reger Erfahrungsaustausch statt. Informationen vorab sind wichtig, ist doch schon so manche teuer erstandene Kübelpflanze, wie zum Beispiel eine Kamelie, langsam aber sicher zu Grunde gegangen, weil man dem neuen Besitzer nicht mitgeteilt hat, dass diese Pflanze ein halbschattiges Klima mit relativ hoher Luftfeuchte wünscht und dass kalkhaltiges Wasser für sie den sicheren Tod bedeutet.

Licht

▸ Lichtmangel

Lichtmangel bei Pflanzen ist sehr einfach zu erkennen. Frisch ausgesäte Pflanzen entwickeln lange Wurzelhälse, hellgrüne Blätter und fallen, besonders beim Gießen, schnell um. Sie sind sehr empfindlich und werden häufig von Pilzkrankheiten befallen. Die Pflanzen strecken sich nach dem Licht. Sie

***Exotische Bromelien und Tillandsien** gedeihen bei uns am besten im Gewächshaus.*

vergeilen, wie es in der Fachsprache heißt, kränkeln und sterben schließlich ganz ab. Kommen sie nach dem Umpflanzen an einen hellen Standort, so erleiden sie einen Sonnenbrand, den sie meist nicht überleben.

Lichtstärke

Die Lichtstärke oder Lichtmenge des Heimatstandortes entscheidet darüber, ob eine Pflanze einen schattigen, halbschattigen oder vollsonnigen Standort bevorzugt. Sie wird in Lumen pro Quadratmeter gemessen. Die Einheit heißt „Lux" und kann mit einem so genannten Luxmesser ermittelt werden. An klaren Sonnentagen erreichen wir in unseren Breiten bis zu 80.000 Lux (Lumen/m^2), an bewölkten Tagen nur 10.000 bis 30.000 Lux. Den Boden eines dicht belaubten Waldes erreichen noch 100 bis 1.500 Lux.
Die Pflanzen entwickelten im Laufe der Zeit erstaunliche Mechanismen, um sich ungünstigen Lichtverhältnissen anzupassen. Lianen wurzeln zwar im Urwaldboden, klettern aber bis in schwindelnde Höhen empor. Viele Orchideen haben sich dem Problem des Lichtmangels entledigt, indem sie ihren Wohnsitz als Epiphyt (Aufsitzer) auf Äste in die Kronen der höchsten Urwaldbäume verlegt haben. Andere Pflanzen entwickeln riesige Blätter, um doch noch etwas vom schwach vorhandenen Licht einfangen zu können. Viele Schattenpflanzen besitzen eine dunkelviolette Blattunterseite, die das wenige Licht reflektiert und noch einmal in das Blattgewebe zurückschickt. Auf der anderen Seite schützen sich Pflanzen vor zu viel Licht, indem sie nur kleine Blätter bilden und die Blattoberflächen mit einer reflektierenden weißen oder glänzenden Schicht aus Haaren oder Wachs überziehen.

Tageslänge

Neben der Lichtstärke wirkt sich die tägliche Belichtungsdauer, also die Tageslänge, maßgeblich auf die Pflanzenentwicklung aus. Viele der typischen Gewächshauspflanzen stammen aus Klimazonen, die nicht nur wärmer sind als die unsrigen, sondern deren Tageslängen nicht solchen jahreszeitlichen Schwankungen ausgesetzt sind wie in nördlichen Breiten. Deshalb können auch in einem ausreichend beheizten Gewächshaus im Winter bei uns ohne Zusatzlicht keine Tomaten kultiviert werden. Die Tage sind einfach zu kurz. Umgekehrt ist es bei uns auch nicht möglich Weihnachtsterne rechtzeitig zu Weihnachten zum Blühen zu bringen, wenn ihre Tage im Sommer nicht durch Überdecken mit einer schwarzen Folie künstlich verkürzt werden. Weihnachtssterne kennen keine kurzen Sommernächte.

Wirkung des Lichts in der Pflanze

Die Pflanze ernährt sich, wächst, blüht und fruchtet letztendlich nur mit Hilfe von Licht. Der einzigartige Vorgang der Photosynthese (griechisch: Photo = Licht, Synthese = Zusammenfügung einzelner Teile) ermöglicht es der Pflanze mit Hilfe des grünen Blattfarbstoffes Chlorophyll, Wasser und des Kohlendioxyds (CO_2) der Luft, das Licht der Sonne zum Aufbau von Kohlehydraten zu nutzen. Dieser Umbau wird Assimilation genannt. Künstliches Zusatzlicht, das diesen Vorgang unterstützt, wird deshalb auch als Assimilationslicht bezeichnet.
Das CO_2 der Luft nimmt die Pflanze während des Tages durch winzige Öffnungen an der Blattunterseite auf. Wichtig ist, dass die Pflanze stets neue, mit CO_2 angereicherte Luft unter ihren Blättern vorfindet. Deshalb muss im Gewächshaus immer eine leichte Luftbewegung herrschen. Daraus ergibt sich die unbedingte Notwendigkeit einen Luftumwälzer zu installieren.

***Zusatzbeleuchtung für** lichthungrige Gewächse auf der Fensterbank*

Optimale Lichtverhältnisse schaffen

Gute Lichtverhältnisse sind für ein erfolgreiches Pflanzenwachstum am wichtigsten. Auf sie kann der Gärtner durch verschiedene Maßnahmen Einfluss nehmen.
Zum einen kann man durch eine Ost-West-Ausrichtung des Firstes die Lichteinstrahlung in den Wintermonaten günstig beeinflussen. Wird ein Gewächshaus im Winter

nicht genutzt, dann kann eine Nord-Süd-Ausrichtung im Sommer eine zu starke Aufheizung verhindern. Zum anderen ist es sinnvoll, die Eindeckung so zu wählen, dass sie dauerhaft ausreichend Licht durchlässt. Dies garantieren eigentlich nur die hochwertigen Stegdoppelplatten aus Polycarbonat (Plexiglas, Acryl) bei beheizten Gewächshäusern oder eine UV-stabilisierte PE-Folie (gegen ultraviolettes Licht stabilisierte Polyethylen-Folie) bei ungeheizten Folienhäusern. Folien verfügen natürlich über eine deutlich kürzere Lebensdauer. Nörpelglas (Gartenklarglas) unterscheidet sich in der Streuwirkung übrigens nur relativ wenig von normalem, blickdurchlässigem Gartenblankglas. Bei Glas kann die gute Lichtdurchlässigkeit von 90 % durch erforderliche Schattierungsmaßnahmen kaum genutzt werden. Bei allen Eindeckungen muss regelmäßig der Schmutz von den Scheiben gewaschen werden, da Staub, Pollen, Ruß und Algen die Lichtdurchlässigkeit erheblich mindern.

***Die hohen Lichtansprüche** von Orchideen sind mit Speziallampen zu befriedigen.*

***Paprika** braucht viel Licht*

Auch Konstruktionsteile nehmen Licht weg. Eine Scheibenbreite von 1 m, die hochwertige Stegdoppelplatten erlauben, wirken sich deshalb auf die Lichtverhältnisse günstig aus.

▸ Lichtzusammensetzung

Außer der Lichtmenge und Einstrahlungsdauer pro Tag entscheidet bei künstlicher Zusatzbelichtung auch die Lichtzusammensetzung über den Erfolg der Belichtungsmaßnahme. Die kurzwelligen ultravioletten Strahlen sind unsichtbar, bewirken bei der Pflanze aber die Ausbildung von Blüten- und Blattfarben und bei Früchten den Geschmack. Ultraviolettes (UV) Licht erhält die Pflanze durch die natürliche Sonneneinstrahlung. Einige Stegdoppelplatten sind in bestimmten Maße UV-durchlässig. Die langwellige Strahlung erreicht die Erde als Infrarotstrahlung, das heißt als Wärme. Dazwischen liegt das für den Menschen sichtbare und für die Pflanzen verfügbare Lichtspektrum, welches von Violett über Blau, Grün, Gelb, Orange bis Rot reicht. Die Pflanzen benötigen vor allem violettblaues und orangerotes Licht.

▸ Zusatzbelichtung

Um den Pflanzen optimale Wachstumsbedingungen zu schaffen, kommt man manchmal nicht um eine Zusatzbelichtung herum.

Assimilationslicht Das ganze Jahr über aus einem Gewächshaus Tomaten zu ernten, ist mit einer Zusatzbelichtung und einer entsprechender Beheizung durchaus denkbar. Aus energietechnischer Sicht ist dies aber eher weniger zu empfehlen. Die Anwendung von Zusatzlicht im Hobbygewächshaus beschränkt sich üblicherweise auf die Aussaat- und Anzuchtphase im zeitigen Frühjahr. Dazu wird in den lichtärmeren Monaten Januar und Februar über dem Anzuchtbeet eine Vermehrungsleuchte installiert. Auch die unterstützende Belichtung von besonders lichthungrigen Kübelpflanzen ist für den Hobbygärtner energietechnisch noch vertretbar.

Fotoperiodische Belichtung Der Vollständigkeit halber soll auf eine weitere Form der Zusatzbelichtung hingewiesen werden, die für den Hobbygärtner allerdings eher seltener zum Einsatz kommt. Die Blütenbildung mancher Pflanzen ist abhängig von der Tageslänge. Man unterscheidet Lang- und Kurztagpflanzen. Kurztagpflanzen, wie zum Beispiel der Weihnachtstern, blühen nur, wenn es am Tag weniger als 12 Stunden hell ist. Bei Langtagpflanzen wie Pelargonien oder Glockenblumen muss der Tag mit künstlicher Belichtung verlängert werden, um eine Blütenbildung anzuregen. Hierzu bedarf es keiner so hohen Beleuchtungsstärke wie beim Assimilationslicht, deshalb können zur Verlängerung der Beleuchtungsdauer auch herkömmliche Glühbirnen verwendet werden.

Leuchten und Lampen

Als Leuchte oder Leuchtenkörper bezeichnet man im Prinzip die Fassung einer Lichtquelle.
In die Leuchte wird eine Lampe eingeschraubt oder gesteckt, wie zum Beispiel eine Glühbirne oder eine Leuchtstoffröhre.
Die Qualität einer Lichtquelle als Zusatzlicht für Pflanzen hängt davon ab, inwieweit sie das Wellenspektrum des natürlichen Lichtes nachahmen kann, vor allem die violettblauen und die orangeroten Farbanteile.
Für die Wirtschaftlichkeit ist es entscheidend, ob die der Leuchte zugeführte elektrische Energie in ein pflanzenverwertbares Lichtspektrum umgesetzt wird und wie viel Energie dafür aufgewendet werden muss. Die Effektivität wird ausgedrückt in Lumen pro Watt.
Damit Ihnen die Beurteilung der im Handel angebotenen verschiedenen Lampentypen leichter fällt, finden Sie auf den folgenden Seiten eine Übersicht über die Vor- und Nachteile der einzelnen Lampen.
Glühlampen Diese Lichtquelle ist gänzlich ungeeignet als Zusatzbelichtung sowohl für die Pflanzenanzucht als auch für die Zusatzbelichtung von Kübelpflanzen. Der Energieverbrauch und die Wärmeabstrahlung sind zu hoch. Das Spektrum der Lichtwellen liegt nur im roten und infraroten Bereich. Das wichtige Blau ist nicht vorhanden. Sie können nur zur Tagesverlängerung bei Langtagpflanzen oder als Arbeitslicht im Gewächshaus verwendet werden.
Halogenlampen sind technisch ähnlich aufgebaut wie Glühbirnen. Sie besitzen ebenfalls einen Glühfaden, der jedoch deutlich heißer wird als der von Glühlampen. Das Licht wird deshalb heller. Es lässt die Pflanzen zwar in natürlich wirkenden Farben erscheinen, hat aber die gleichen Nachteile wie Glühlampen und ist deshalb zur Pflanzenzusatzbelichtung auch nicht geeignet.
Niederdruckentladungslampen (Leuchtstoffröhren) Bei dieser Technik wird Gas in einer Glasröhre zum Leuchten gebracht. Durch eine in der Röhre aufgedampfte Leuchtstoff-Schicht wird das jeweils erwünschte Lichtspektrum erreicht. Diese Lampen eignen sich sehr gut zum Einsatz als Vermehrungslicht über kleineren Flächen, da sie sowohl in der Anschaffung als auch im Energieverbrauch preiswert sind. Auf Grund ihrer geringen Reichweite, müssen sie aber dicht über den Pflanzen aufgehängt werden, eignen sich also nicht für die Belichtung von Kübelpflanzen. Die relativ geringe Lichtintensität der Röhren sollte man unbedingt durch einen Reflektor erhöhen. Zur Pflanzenbelichtung wurden die Röhrentypen Sylvania GroLux und Fluora entwickelt.
Quecksilberdampf-Hochdrucklampen (HQL) Dieser Lampentyp wird meist zur Zusatzbelichtung von Pflanzen im Wohnraum verwendet. Man erhält sie als runde Pendelleuchten. Das Lichtspektrum ist zwar recht gut, die Lichtausbeute aber relativ gering. Für das Gewächshaus sind sie weniger geeignet.

Arbeitsbeleuchtung *im First*

Eigenschaften empfehlenswerter Lampentypen (die Angaben sind Circa-Werte)

Lichtquelle	Lichtausbeute (Lumen/Watt)	Leistungsaufnahme (Watt)	Lebensdauer (Stunden)	geeignet für
Glühlampe	*8 bis 16*	*15 bis 100*	*1.000*	*Arbeitslicht Photoperiodische Beleuchtung*
Leuchtstofflampe	*40 bis 100*	*30 bis 140*	*7.500*	*Assimilationslicht*
Metall-Hochdrucklampe	*45 bis 50*	*70 bis 400*	*6.000*	*Assimilationslicht*
Natriumdampf-Hochdrucklampe	*100 bis 120*	*70 bis 400*	*6.000*	*Assimilationslicht*

Metall-Hochdrucklampe (HQI) HQI-Lampen stellen eine technisch leicht verbesserte Ausführung der Quecksilberdampf-Hochdrucklampen dar. Ihr besonderer Vorteil ist die relativ natürliche Farbwiedergabe. Da aber auch bei diesen Lampen die Lichtausbeute eher gering ist, eignen sie sich ebenfalls weniger für den Einsatz im Gewächshaus.

Natriumdampf-Hochdrucklampen haben sich als Zusatzbelichtung im Gewächshaus bestens bewährt. Sie verfügen über eine sehr gute Lichtzusammensetzung und eine hohe Lebensdauer. Auch die Ergiebigkeit in Bezug auf den Energieverbrauch ist besser als bei den anderen Lampen. Sie eignet sich sowohl für Anzuchten als auch zur Belichtung von Kübelpflanzen aller Art, von Orchideen, Fleisch fressenden Pflanzen und anderen. Eine Natriumdampflampe ist deshalb vor allem bei einer größeren Belichtungsfläche nach dem derzeitigen Stand der Technik allen anderen Lampen vorzuziehen. Die höheren Anschaffungskosten sind durch die Vorteile der Lampe gerechtfertigt. Eine 400-Watt-Lampe leuchtet ein kleineres Gewächshaus von 5 bis 8 m² komplett aus. Sie käme zum Einsatz bei sehr früher Gemüse- und Salatkultur im Grundbeet, eventuell verbunden mit einer Bodenheizung. Die 70-Watt-Ausführung eignet sich sehr gut für Vermehrungsbeete.

Automatisierung Eine Zusatzbelichtung kann weitgehend automatisiert werden. Dies ist auch sinnvoll, damit die Pflanzen nicht aus Versehen im Dunkeln stehen. Wenige lichtarme Tage genügen, um bei frischen Aussaaten Schaden anzurichten. Die einfachste Möglichkeit ist eine feuchtraumgeeignete Schaltuhr, über die man die Belichtungsdauer zeitabhängig steuert. Entweder verlängert man den Tag abends und morgens um ein paar Stunden oder man belichtet ganztägig, was sich vor allem in der Vermehrungszeit bewährt.
Pflanzen, die eine ganz bestimmte Mindestlichtmenge benötigen können auch über einen Dämmerungsschalter belichtet werden. Dieses Gerät schaltet die Belichtung ein, wenn eine vorher eingestellte Lux-Zahl unterschritten wird.

Arbeitslicht Sollten Sie im Gewächshaus kein Zusatzlicht verwenden wollen, so ist es doch angenehm eine Arbeitsleuchte zur Verfügung zu haben. Sie wird unter dem First installiert. So kann man im Winter morgens oder abends das Gewächshaus kontrollieren.

Sparmöglichkeiten Bei der Belichtung ergeben sich nur wenige Sparmöglichkeiten. So wird doch stets elektrische Energie verbraucht. Zunächst sollte man mit der Aussaat im Vermehrungsbeet nicht zu früh beginnen. Man benötigt Licht und Wärme. Man kann auch zunächst mit den Aussaaten auf der Fensterbank beginnen und ab März dann im Gewächshaus aussäen.

Zusatzlicht *zur Pflanzenanzucht*

Allerdings ist auch auf der Fensterbank Zusatzlicht erforderlich, da die Jungpflanzen sonst vergeilen. Eine zusätzliche Heizung braucht man in der Wohnung natürlich nicht. Über eine gute Regelung werden die Betriebsstunden der Lampen auf ein Minimum begrenzt. Die belichtete Fläche sollte möglichst vollständig ausgenutzt werden. Hochwertige Lampen haben in der Regel ein bessere Lichtausbeute und eine längere Lebensdauer, so dass sich der zunächst höhere Preis am Ende doch bezahlt macht. Reflektoren erhöhen die Effizienz von Leuchtstoffröhren ganz beträchtlich. Ohne Reflektor geht viel Licht zur Seite und nach oben verloren. Leuchtstoffröhren können zur Belichtung von Vermehrungsbeeten genutzt werden, da ihr Anschaffungspreis relativ niedrig ist, und die Lichtausbeute für die Pflanzenanzucht ausreicht.

Diese Orchidee (Encyclia vitellina) *fühlt sich im Kalthaus wohl.*

Heizung

Kein Aspekt der Gewächshaustechnik wirkt sich so stark auf die Nutzungsmöglichkeiten aber auch auf die Folgekosten aus wie die Beheizung. Deshalb muss dem Thema Heizung/Wärmedämmung bereits bei der Planung besondere Beachtung geschenkt werden.
Die Heizung kann mit Strom, Gas, Petroleum oder durch einen Anschluss an die Hausheizung erfolgen. Die Tatsache, dass ein Gewächshaus im Prinzip wie ein Sonnenkollektor funktioniert und sich zu einem großen Teil kostenlos selbst beheizt, ist eine Eigenschaft, die sich der Gewächshausbesitzer so weit wie möglich zunutze machen sollte.

▸ Temperatur und Pflanzenwachstum

Alle Lebensvorgänge der Pflanze wie Photosynthese, Wachstum, Blüten- und Fruchtausbildung sind in hohem Maße abhängig von der Temperatur. Bei zu niedrigen aber auch bei zu hohen Temperaturen stellt die Pflanze das Wachstum ein. Eine ausgeglichene Temperaturführung bildet die Grundlage für gesundes Pflanzenwachstum.

Anlehngewächshaus *mit Warmwasserheizung im Winter*

▸ Der „Treibhauseffekt"

Licht besteht, wie wir wissen, genau wie Töne und Wärmestrahlen aus Wellen. Die transparente Eindeckung des Gewächshauses erlaubt den Lichtwellen, in das Gewächshaus einzudringen. Dort treffen sie auf feste Materialien wie Erde, Stein oder Pflanzenmasse. Sie werden von diesen Materialien aufgenommen (absorbiert) und zu einem großen Teil in Wärmestrahlen umgewandelt. Zwar wird diese Wärme nach und nach wieder abgestrahlt, doch kann sie durch die Glashaut nur sehr langsam entweichen. Sie ist gefangen. Versuche haben gezeigt, dass sich ein gänzlich ungeheiztes Gewächshaus an einem kalten aber sonnigen Wintertag bei einer Außentemperatur von nur +5 °C auf +30 °C aufheizt. In der Nacht wurden in dem gleichen Gewächshaus bei einer Außentemperatur von immerhin –10 °C als kälteste Temperatur innen immer noch –5 °C gemessen. Dieses Gewächshaus war mit 16 mm Stegdoppelplatten ausgestattet. Würde man nun noch das Fundament isolieren und das Haus mit einer Luftpolsterfolie überziehen, so würde das Gewächshaus wahrscheinlich trotz der sehr niedrigen Außentemperatur von –10 °C nicht unter 0 °C abkühlen – und das ganz ohne Zusatzheizung. Sie sehen an diesem Beispiel, dass Sie ein gut gedämmtes Gewächshaus mit einem relativ geringen Heizaufwand frostfrei halten können.

▸ Energieverbrauch/Wärmebedarf

Die Heizung stellt im frostfrei betriebenen Gewächshaus eine letzte Sicherheit dar, damit die Temperaturen unter keinen Umständen unter den Gefrierpunkt fallen. Die Energie, die dann noch benötigt wird, um eine bestimmte vorher gewählte Temperatur zu halten, bestimmt den Energieverbrauch des Gewächshauses. Dieser kann mit einem Zwischenzähler festgestellt werden und lässt sich vor allem durch eine gute Isolierung verringern.

***Eine Noppenfolie** sorgt im Winter für zusätzliche Isolierung.*

Der Wärmebedarf wird mit Hilfe einiger bautechnischer Kennwerte des Gewächshauses einmalig errechnet und dient der ausreichenden Dimensionierung der Heizung. Wie viel Wärme aus dem Gewächshausinneren nach außen entweicht, ist abhängig von der Wärmeleitfähigkeit der Bauteile sowie von der Differenz der Innen- zur Außentemperatur. Die Wärmeleitfähigkeit fließt in die Berechnung des Wärmedurchgangskoeffizienten (k-Wert) ein. Der k-Wert gibt an, wie viel Wärme pro Stunde aus dem Gewächshaus bezogen auf eine Temperaturdifferenz von 1 °C entweicht.

Mit Hilfe des k-Wertes kann zum einen die Wärmedämmfähigkeit verschiedener Materialien verglichen werden. Zum anderen kann man daraus in Abhängigkeit von der Größe des Gewächshauses den Wärmebedarfs ermitteln, der als Grundlage zur Dimensionierung der Heizung dient.

▸ Berechnung des Wärmebedarfs

Mit Hilfe des k-Werts der Eindeckungsmaterials können Sie den Wärmebedarf Ihres Gewächshauses leicht selbst errechnen. Dies ist zum Beispiel erforderlich, wenn Sie ein bislang unbeheiztes Gewächshaus erstmals beheizen wollen oder wenn Sie die Temperatur erhöhen wollen, also zum Beispiel aus einem Kalthaus ein Warmhaus machen wollen. Sie können zunächst beim Hersteller nach dem Wärmebedarf fragen. Sollte eine Berechnung nicht schon vorliegen, wird er Ihnen auf jeden Fall den k-Wert der verwendeten Eindeckung nennen können.

Um einen realistischen Wert zu ermitteln, sollte immer ein Aufschlag von 25 % bis 30 % eingerechnet werden, um Reserve für extrem niedrige Temperaturen sowie für Wärmeverluste durch Profile, Fenster, Türen, Sockel und Wind zur Verfügung zu haben. Bei außergewöhnlich starker Windbelastung sollten nochmals 10 % einkalkuliert werden.

Es ist sinnvoll, das Gewächshaus zusätzlich durch Noppenfolie zu isolieren. Theoretisch reduziert

TIPP

Wärmebedarf (WB) einfach ermitteln
WB = AF x k-Wert x TD + 25 %
Bestandteile der Formel:
WB = Wärmebedarf (Watt/Stunde)
AF = Glasfläche des Gewächshauses (m²)
k-Wert der Eindeckung (Watt/m² °C)
TD = Differenz der tiefsten Außentemperatur zur angestrebten Innentemperatur (°C)

sich der Wärmebedarf dann. Die Folie wird aber in die Berechnung nicht mit einbezogen, da ja nicht gewährleistet ist, dass sie in jedem Winter verwendet wird oder zumindest rechtzeitig angebracht werden kann.

Temperaturbereiche

Entsprechend dem Klima ihres Herkunftslandes hat jede Pflanze einen für sie optimalen Temperaturfahrplan. Die Temperaturen können tagsüber und nachts relativ gleich sein wie im tropischen Regenwald. Sie können aber auch extrem von einander abweichen.
In der Wüste ist es oft während des Tages extrem heiß, nachts dagegen sehr kalt. Auch die Temperaturschwankungen im Jahreslauf sind teilweise beträchtlich. Warme Sommer wechseln mit äußerst kalten Wintern ab.
Die Pflanzen haben sich den Temperaturen wie den anderen Klimaverhältnissen ihrer Heimat im Laufe der Zeit angepasst. So schützen sich viele Kakteen vor zu hohen Temperaturen durch eine lederartige Haut, durch die kaum Feuchtigkeit entweichen kann. Pflanzen in kälteren Gebieten ziehen sich im Winter unter den Erdboden zurück. Arktische Pflanzen überstehen Temperaturen von bis zu –60 °C.
Wachstum, Blüten- und Fruchtbildung einer Pflanze wird von der Temperatur beeinflusst. So benötigen zum Beispiel Cymbidien, eine Orchideenart, unbedingt eine Periode mit niedrigen Temperaturen, um im nächsten Jahr wieder zur Blüte zu kommen.
Um den Pflanzen eine optimale Pflege zukommen lassen zu können, muss der Pflanzenfreund also auch über die Temperaturansprüche der Pflanzen bestens Bescheid wissen. Das heißt, dass Pflanzen nicht nur nach ihrem Aussehen oder ihrem Nutzwert ausgewählt werden sollten, sondern auch nach ihren Ansprüchen an Licht, Luft, Temperatur und Wasserqualität. Vor allem für den Anfänger in Sachen Gewächshausgärtnerei ist dies eine recht beachtliche Herausforderung. Doch helfen auch hier Fachbücher und die Hinweise fachkundiger Gärtner. Wenn es um die Anschaffung teurer Kübelpflanzen geht, sollte man sich auf jeden Fall vorher ausführlichst beraten lassen.

Ein Kleingewächshaus *ist ideal für eine Kakteensammlung.*

Gemüse, Salate und Kräuter, die von mitteleuropäischen Saatgutzüchtern angeboten werden, sind meist, wenn nicht ausdrücklich vermerkt, unseren Klimabereichen angepasst. Häufig gibt die Beschreibung auf den Saatguttüten Informationen über die Ansprüche der Pflanzen. Gewächshausgeeignetes Saatgut ist meist gesondert gekennzeichnet. Wenn Sie sich interessantes Saatgut aus dem Urlaub in wärmeren Ländern mitbringen, so müssen Sie damit rechnen, dass diesen Pflanzen das Klima bei uns zu rau ist. Was in Italien und Spanien oder teilweise in England im Freiland wächst, muss bei uns vielleicht ins Gewächshaus.

▸ Temperaturbereich auswählen

Bei allen Überlegungen zur Nutzung Ihres Gewächshauses sollten Sie zunächst festlegen, mit welchem Temperaturbereich Sie arbei-

ten wollen. Die Einteilung in die vier unten aufgeführten Bereiche ist aus dem Erwerbsgartenbau übernommen und hat sich auch bei Kleingewächshäusern für den Privatgarten bewährt. Die Temperaturangaben beziehen sich auf die Mindestheiztemperatur im Winter. Die Auslegung der Heizung erfolgt entsprechend.
Fast alle Pflanzen, die üblicherweise im Kleingewächshaus kultiviert werden, können einem der vier Temperaturbereiche zugeordnet werden. Der Heizaufwand steigt mit jedem Grad Temperaturerhöhung überproportional stark an. Erhöht man die Temperatur um 2 Grad von 4 auf 6 °C benötigt man dafür im Jahresmittel rund 50 KWh pro m² mehr an Energie. Möchte man die Temperatur aber zum Beispiel von 10 auf 12 °C erhöhen, also ebenfalls nur um 2 Grad, so benötigt man für diese schon 103 KWh pro m². Diese Zahlen beziehen sich auf Untersuchungen aus dem Erwerbsgartenbau. Sie dürften aber in ähnlicher Form auf Kleingewächshäuser übertragbar sein. Der Verbrauch ist allerdings im Kleingewächshaus eher noch höher, da das Verhältnis von Außenhaut zum Raumvolumen ungünstiger ist.

▸ Ungeheiztes Haus

Die Möglichkeiten, ein ungeheiztes Gewächshaus auch über den Winter zu nutzen sind naturgemäß stark eingeschränkt. Man kann versuchen ein ungeheiztes Haus durch die passive Nutzung von Solarenergie möglichst warm über den Winter zu bringen. Eine absolute Frostfreiheit ist allerdings nie garantiert. Aber auch in einem ungeheizten Haus kann man in der kalten Jahreszeit verschiedene Salate, Kräuter und Gemüse anpflanzen und ernten. Zur Überwinterung von Kübelpflanzen ist es allerdings nicht geeignet.

Ein ungeheiztes Gewächshaus *für den Gemüseanbau*

Kamelien *mögen es kühl und feucht.*

▸ Kalthaus (frostfrei bei 3 bis 12 °C)

Dieser Temperaturbereich wird wohl für die Mehrzahl aller Gewächshäuser gewählt und ist für viele Pflanzen absolut ausreichend. Man sollte für sich selbst aber die Temperatur noch exakter festlegen und die Pflanzen danach auswählen. Während viele Kübelpflanzen bereits mit 3 bis 5 °C zufrieden sind, benötigen andere wie Zitrus oder Hibiskus 8 bis 12 °C. Ein Kalthaus im Bereich von 8 bis 12 °C zu betreiben, empfiehlt sich vor allem für Anlehngewächshäuser. Zwar können einige der Kalthauspflanzen auch geringe Minusgrade vertragen, doch sollte man es darauf nicht ankommen lassen, denn im Gewächshaus stehen sie für gewöhnlich in einem Kübel. Deshalb ist immer die Gefahr gegeben, dass der Wurzelballen durchfriert.
Ab einer Temperatur von 8 bis 10 °C sollte man um Heizkosten zu sparen auch an eine Temperaturregelung mit Nachtabsenkung um 2 bis 3 °C denken, wenn die Pflanzen dafür geeignet sind.

Exoten, *wie diese Heliconia, gedeihen nur im Warmhaus.*

Temperiertes Haus (12 bis 18 °C)

Das temperierte Haus wird während des Winters stets auf mindestens 12 °C geheizt. Gemüse und Kräuter können hier ganzjährig kultiviert werden. Da aber die verschiedenen Klimafaktoren der Pflanzen in einem Gleichgewicht zueinander stehen müssen, kann es in einem Temperierten Haus notwendig werden, Zusatzlicht einzusetzen. Es hilft auch, die Nitratbelastung von Salat zu senken. Bei Überdüngung des Bodens mit Stickstoff und unter ungünstigen Lichtverhältnissen reichert sich in den Pflanzen überdurchschnittlich viel Stickstoff in Form von Nitrat an. Dieses kann sich im menschlichen Körper zu so genannten Nitrosaminen umwandeln, welche im Verdacht stehen, Krebs zu erregen. Hier empfiehlt sich die Kultur unter Zusatzlicht besonders. Zudem sollte lieber bei hellem, sonnigen Wetter um die Mittagszeit geerntet werden. Ohne Zusatzlicht kann man im temperierten Gewächshaus mit einigem Erfolg die Blumenzwiebel- und Knollentreiberei betreiben. Hierzu sind Temperaturen von 16 bis 18 °C erforderlich. Allerdings sollte man nicht unbedingt das ganze Gewächshaus aufheizen, sondern einen Treibkasten bauen, ähnlich einem Frühbeet, welcher mit einer temperaturgeregelten Bodenheizung ausgestattet ist.

Warmhaus (über 18 °C)

Das Warmhaus erlaubt dem Gewächshausbesitzer täglich einen Abstecher in tropische Gefilde. Palmen, Ficus, Fleisch fressende Pflanzen, tropische Orchideen, Bromelien oder exotische Früchte wie Bananen, Papaya, Ananas, Kaffee, Kakao oder Passionsfrüchte entführen den Pflanzenfreund in eine andere Welt. Es muss entschieden werden, ob das Haus mit Pflanzen,

Kiwis – *reiche Ernte aus dem ungeheizten Gewächshaus*

***Eigene Bananenernte** im temperiert-warmen Kübelpflanzenhaus*

die wenig Luftfeuchtigkeit benötigen, bepflanzt wird oder ob man ein tropisches Klima mit hoher Luftfeuchtigkeit erzeugt. Dazu muss ein Luftbefeuchter installiert werden.
Auch viele Zimmerpflanzen fühlen sich im Warmhaus wohl und können hier unter besten Bedingungen selbst herangezogen werden. Das Warmhaus sollte besonders gut isoliert werden und möglichst als Anlehngewächshaus oder Wintergarten betrieben werden. In diesem Fall wäre auch der beim Warmhaus empfehlenswerte Anschluss an die Hausheizung relativ preiswert zu realisieren. In Warmhäusern ist der Einsatz von Stegdreifachplatten zu erwägen, da ihr k-Wert noch etwas günstiger ist als der von Stegdoppelplatten.
Gewächshäuser werden wegen der hohen Heizkosten nur noch relativ selten als Warmhäuser eingerichtet. Sie sind für Liebhaber bestimmter Pflanzenarten zu empfehlen. Eine Alternative für Warmhäuser könnte ein geschlossenes Blumenfenster sein, welches weniger Heizenergie erfordert. Die erforderliche zusätzliche Belichtung dürfte preiswerter sein als die Beheizung eines ganzen Gewächshauses.

▸ Unterschiedliche Klimabereiche

Eine Kombination der verschiedenen Temperaturbereiche ist möglich und oft auch sinnvoll. Das Gewächshaus kann in zwei oder mehr Klimabereiche eingeteilt werden. Dies geschieht entweder durch eine Trennwand, die vom Gewächshaushersteller bezogen wird oder durch eine selbst eingezogene Trennwand, die auch aus Noppenfolie bestehen kann. Auch ein nicht unterteiltes Gewächshaus kann zum Beispiel nur während der Aussaatzeit in einen warmen und einen kälteren Teil aufgeteilt werden, um Heizkosten zu sparen.

Raumheizungen

Welche Heizung der Gewächshausbesitzer schließlich für sein Gewächshaus wählt, hängt von verschiedenen Faktoren ab. So ist entscheidend, in welchem Temperaturbereich das Gewächshaus betrieben werden soll, welcher Wartungsaufwand in Kauf genommen werden kann und welcher Brennstoff preiswert zur Verfügung steht. Die meisten Hobby-Gewächshäuser werden frostfrei auf 5 °C beheizt. Hierfür haben sich speziell für Gewächshäuser entwickelte Elektroheizungen bewährt. Aus den Beschreibungen der verschiedenen Heizsysteme ersehen Sie aber, ob für ihren individuellen Bedarf vielleicht ein anderes System in Frage kommt.
Standort Die Heizungen müssen so im Gewächshaus aufgestellt werden, dass die Wärme möglichst gleichmäßig im Raum verteilt wird. Die Wärmeverteilung darf nicht durch zu dicht stehende Pflanzen behindert werden. Die Pflanzen müssen weit genug von der Heizung entfernt stehen, um keine Verbrennungen zu erleiden. Da nie eine absolut gleichmäßige Verteilung der Wärme erreicht werden kann, sollten kälteempfindliche Pflanzen in der Nähe der Heizung aufgestellt werden.
Warmwasserheizung Anlehngewächshäuser, die als Temperiertes Haus oder als Warmhaus betrieben werden, sollten an die vorhandene Hausheizung angeschlossen werden. Auch für Gewächshäuser in diesem Temperaturbereich, die nahe zum Wohnhaus liegen oder für besonders große Gewächshäuser, die einen Energiebedarf von mehr als 4.000 KW haben, sollte der Anschluss an die Hausheizung erwogen werden. Den zunächst höheren Installationskosten stehen auf Dauer geringere Energiekosten gegenüber.
Mit dem Heizungsbauer muss abgeklärt werden, ob die vorhandene Heizung über entsprechende Kapazitäten verfügt. Dies ist aber in der Regel der Fall, denn das Gewächs-

haus benötigt die Wärme vor allem nachts, das Wohnhaus dagegen überwiegend am Tag. Es sollte ein eigener, getrennt regelbarer Kreislauf eingerichtet werden. Dieser kann im Sommer abgeschaltet werden.
Besonders wichtig ist die ausreichende Wärmedämmung der Zuleitungsrohre im Erdreich. Nach einigen Jahren sollte kontrolliert werden, ob die Wärmedämmung noch intakt ist oder an einigen Stellen vielleicht durchfeuchtet ist.
Konvektorenheizkörper arbeiten effektiver als die früher üblichen Metallrohrsysteme. Diese erforderten auf Grund ihrer geringeren Wärmeabgabefähigkeit eine höhere Vorlauftemperatur.
Es werden auch Warmwassersysteme angeboten, bei denen das Wasser durch elektrische Energie erwärmt wird. Die Anlage erfordert ein Rohrsystem, Umwälzpumpe und Regeleinrichtungen. Der Aufwand ist relativ hoch. Es empfiehlt sich eher eine direkte Beheizung durch elektrische Umluftheizungen.
Eine Fußbodenheizung (nicht zu verwechseln mit einer Bodenheizung für Grundbeete) zur Beheizung eines Gewächshauses ist theoretisch denkbar, jedoch aus mehreren Gründen nicht zu empfehlen. Zum einen ist der Verlegungsaufwand relativ hoch und es muss ein fester Boden verlegt werden. Fußbodenheizungen werden normalerweise nur mit einer sehr geringen Vorlauftemperatur betrieben, denn die Klimaschwankungen, denen ein Gewächshaus ausgesetzt ist, kommen in einem Wohnraum so nicht vor. Der in den Nachtstunden zum Teil sehr hohe Wärmebedarf kann nur über eine hohe Vorlauftemperatur gedeckt werden. Der Boden wird folglich viel zu heiß für die darauf stehenden Pflanzen. Eine Bodenheizung reagiert träge. Sie kann also die Klimaschwankungen im Gewächshaus nur bedingt ausgleichen. Eine Warmwasserfußbodenheizung wäre nur denkbar als Grundheizung in einem wohnraumartigen Wintergarten mit einer Ergänzung durch Konvektionsheizkörper. In Grundbeeten zur Erwärmung des Bodens ist sie ebenfalls nicht zu empfehlen. Der Aufwand steht in keinem Verhältnis zum Nutzen.

Die Warmwasserrohrheizung *arbeitet wenig effektiv und wird heute durch Radio-Konvektoren ersetzt.*

Öl-Einzelofen Einige Firmen bieten Ölöfen als Set speziell für Gewächshäuser an. Die Abgase werden durch ein Ofenrohr entsorgt. Ein typischer Nachteil von Brennstoff betriebenen Einzelöfen trifft auch auf die Ölofenheizung zu. Es muss stets für genügend Vorrat an Brennstoff gesorgt werden. Ist dieser einmal unbemerkt ausgegangen, vielleicht bei Abwesenheit des Gewächshausbesitzers, dann kann in einer Nacht der gesamte Pflanzenbestand zerstört werden. Während ein Wohnraum nur langsam auskühlt, kann die Gewächshaustemperatur schnell unter 0 °C absinken. Ein weiterer Nachteil besteht darin, dass die Wärme des Ofens noch im Raum verteilt werden muss. Zwar benötigt der Ölofen selbst keinen Elektroanschluss aber der Luftumwälzer, der die Wärme im Raum verteilt, kann nur elektrisch betrieben werden. In der

Eine Fußbodenheizung *ist für Wintergärten und Gewächshäuser nicht sinnvoll.*

unmittelbaren Umgebung des Ofens ist es sehr heiß, so dass der Platz für Pflanzen gar nicht zur Verfügung steht.

Nur wenn in Ihrem Wohnhaus bereits Ölöfen vorhanden sind und somit auch ein Vorrat an Öl da ist und wenn das Gewächshaus eine bestimmte Mindestgröße aufweist, dann kann der Einsatz von Ölöfen in Erwägung gezogen werden.

Petroleum-Einzelofen Petroleum-Einzelöfen sind mit einer Heizleistung von 1,5 oder 2,5 KW erhältlich. Sie benötigen keinen Elektroanschluss und keinen Kaminanschluss. Ihr Anschaffungspreis ist relativ gering. Man sollte, wenn überhaupt, nur Geräte mit einer Anschlussmöglichkeit für zwei Tanks wählen, um stets einen Ersatz zur Verfügung zu haben. Statt eines einzelnen Gerätes mit hoher Leistung stellt man lieber zwei mit geringer Leistung auf, um eine bessere Verteilung der Wärme im Raum zu erreichen. Wie bei Ölöfen muss auch die Wärme der Petroleumöfen im Raum verteilt werden. Ohne Elektroanschluss ist dies aber nicht möglich. Die Öfen können nicht temperaturabhängig geregelt werden. Gelegentlich wird über negative Geschmacksbeeinträchtigungen von Salat und Gemüse durch Petroleumheizungen berichtet.

Wie bei allen Einzelöfen besteht ein hoher Wartungsaufwand. Stets müssen die Brennstoffvorräte kontrolliert werden. Bei niedrigen Temperaturen muss teilweise täglich Petroleum nachgefüllt werden. Dies setzt eine Lagermöglichkeit für Petroleum und eine fast ununterbrochene Anwesenheit des Gewächshausbesitzers in der kälteren Jahreszeit voraus. Petroleumöfen können in kleineren Gewächshäusern, in welchen weniger wertvolle Kübelpflanzen überwintert werden als behelfsmäßige Wärmequelle genutzt werden. Ein Grund, warum Petroleumöfen trotz ihrer Nachteile verwendet werden, ist

Ein Anlehngewächshaus *wirkt wie eine zusätzliche Isolierung für das dahinter liegende Wohnhaus.*

wohl vor allem ihr relativ niedriger Anschaffungspreis. Petroleumöfen können auf jeden Fall als Notheizquelle gute Dienste leisten, wenn die Stromversorgung einmal ausfallen sollte. Für den Fall, dass kein Elektroanschluss vorhanden ist, sollte aber eher eine Gasheizung in Erwägung gezogen werden.

Gas-Einzelheizgerät Um ein Gewächshaus über den Winter forstfrei zu halten, auch wenn kein Elektroanschluss vorhanden ist, wurden spezielle Gasheizungen für Gewächshäuser entwickelt. Sie werden mit herkömmlichen Propangasflaschen betrieben. Stets sollte man außer den Flaschen, die an der Heizung angeschlossen sind, ein oder zwei Flaschen in Reserve haben. Die Gasheizung ist feuchtraumverträglich und verfügt über einen eingebauten Thermostat. Die Katalysatortechnik bewirkt eine nahezu vollständige, abgasfreie Verbrennung. Ein Abgasrohr nach außen ist überflüssig. Lediglich Kohlendioxid wird freigesetzt, welches aber in bestimmten Mengen für die Photosynthese benötigt wird. Durch eine als Zubehör erhältliche Abgasanlage wird der übermäßige Ausstoß von Kohlendioxid verhindert und der zur Verbrennung benötigte Sauerstoff zugeführt. Ansonsten muss der Sauerstoff von außen zugeführt werden, was Wärmeverlust mit sich bringen kann.

Ein ebenfalls sehr nützliches Zubehör ist die Duomatik-Technik. Sie dient der automatischen Umschaltung zwischen zwei Gasflaschen. Die Standardgeräte verfügen über eine Leistung von 2 KW.

Allgasheizungen, die jedoch einen Abgas- und Zuluftanschluss nach außen benötigen, können mit Flüssiggas und auch mit Erdgas betrieben werden.

Üppige *Kübelpflanzenpracht*

Umluftheizungen *sind klein und kompakt und fast überall im Gewächshaus einsetzbar.*

Elektroheizungen Die Idee, ein Gewächshaus mit einer Elektroheizung zu erwärmen erscheint zunächst ein wenig befremdlich. Strom ist eine der teuersten Energieformen und auch unter ökologischen Gesichtspunkten umstritten. Und dennoch ist die Elektroheizung unter bestimmten Voraussetzungen die Heizung der ersten Wahl, da sie Vorteile bietet, die kein anderes Heizsystem aufweist.

Zunächst muss geklärt werden, bei welcher Mindesttemperatur das Gewächshaus im Winter betrieben werden soll. Soll es als Temperiertes Haus oder gar als Warmhaus eingerichtet werden, dann scheidet eine Beheizung mit Strom aus. Aufwand, Verbrauch und Kosten sind zu hoch. Soll es aber, wie die Mehrzahl aller Gewächshäuser, frostfrei gehalten werden, also auf 3 bis 7 °C geheizt werden oder nur in der Anzuchtzeit im Februar/März ein wenig temperiert werden, dann überwiegen die Vorteile der Elektroheizung:

- Kaum Installationsaufwand
- Fast keine Wartungsarbeiten
- Keine Abgase vor Ort
- Günstiger Anschaffungspreis
- Platz sparende Gerätegrößen
- Gleichmäßige Wärmeverteilung
- Exakt regelbar (Energie sparend)

Achten Sie immer darauf, dass es sich bei den Geräten um Modelle für den ausdrücklichen Einsatz im Gewächshaus handelt. Diese Geräte erscheinen zwar auf den ersten Blick relativ teuer, aber die Maßstäbe, die an die Materialeigenschaften und die Haltbarkeit von Gewächshausheizungen gestellt werden, sind deutlich höher, da sie sich auch im Dauerbetrieb ihre Zuverlässigkeit bewahren müssen. Alle elektrischen Anlagen, die im Gewächshaus benutzt werden, müssen feuchtraumgeeignet sein. Das sind die scheinbar preisgünstigeren Heizlüfter beziehungsweise Frostwächter aus dem Baumarkt oft nicht. Lassen Sie sich ausdrücklich die Verwendbarkeit in Gewächshäusern (nicht nur in meist trockeneren Wohnwintergärten) bestätigen.

Elektro-Gebläseheizung Elektro-Gebläseheizungen, auch Gewächshausheizungen genannt, sind mit einer Heizleistung von 2 oder 2,8 KW erhältlich. Diese Leistungen reichen für die meisten Gewächshäuser aus. Liegt der ausgerechnete Wärmebedarf im Grenzbereich, sollte auf jeden Fall mit Noppenfolie zusätzlich isoliert werden.
Es handelt sich bei den Gebläseheizungen um Geräte von sehr kompakter Bauart, die kaum Platz im Gewächshaus beanspruchen. Sie können wählen zwischen einem

TIPP

Gelegentlich wird auf Verwendung von Elektro-Umluftheizungen als Luftumwälzer hingewiesen. Heizung und Luftumwälzer erfüllen in der Praxis zwei gänzlich verschiedene Aufgaben. Die Mechanik des Heizungsgebläses ganzjährig zu belasten vermindert die Haltbarkeit der Heizung.

Standgerät oder einem Modell zum Aufhängen. Das Standgerät ist zu bevorzugen, soll doch die Wärme möglichst von unten nach oben aufsteigen und zunächst den Fuß der Pflanzen erreichen beziehungsweise die Töpfe der Kübelpflanzen. Die Standgeräte können aber bei Bedarf auch aufgehängt werden. Die Wärmeverteilung erfolgt über ein leistungsfähiges Gebläse. Die Heizschlangen werden bei manchen Geräten Energie sparend in zwei Heizstufen nacheinander zugeschaltet.
Zur Installation ist lediglich eine Leitung entsprechend des errechneten Anschlusswertes notwendig. Die Geräte werden meist anschlussfertig geliefert und müssen nur in die Steckdose gesteckt werden.

Elektro-Gebläseumluftheizung Elektroumluftheizungen arbeiten ebenfalls als Gebläseheizung mit einer Leistung zwischen 2 und 3 KW. Umluftheizungen sind Gebläseheizungen, die zusätzlich mit einem Ansaug- und einem Ausblasschlauch ausgestattet sind. So kann die warme Luft, die nach oben steigt und sich unter dem First sammelt, nochmals genutzt werden, indem sie vorgewärmt durch die Heizspirale geführt wird. Dann wird sie über einen Ausblas-

Rippenrohrheizkörper *strahlen eine gleichmäßige Wärme ab und eignen sich für einen Wärmebedarf zwischen 3 und 5 KW.*

TIPP **Wählen Sie bei einem Wärmebedarf von 3 KW nicht ein Gerät mit einer Leistung von 3 KW, sondern zwei kleinere mit je 1,5 KW.**

schlauch, der auf dem Gewächshausboden ausgelegt wird, wieder abgegeben. Durch diese Technik ergibt sich eine Energieeinsparung. Die Geräte sind bereits mit einem Thermostat versehen und werden steckerfertig geliefert.

Elektro-Konvektionsheizung Beträgt der Wärmebedarf des Gewächshauses mehr als 3 KW und/oder ist das Gewächshaus relativ großflächig, dann sollte über die Installation einer Konvektionsheizung nachgedacht werden. Ihr Leistungsspektrum ist theoretisch unbegrenzt. In der Praxis wird sie eingesetzt, wenn der Wärmebedarf zwischen 3 und 5 KW liegt. Mit der Konvektionsheizung wird in großflächigeren Gewächshäusern eine bessere Wärmeverteilung erreicht, da in der Regel zwei oder mehr Heizkörper installiert werden, die dann jeweils schräg gegenüberliegend aufgestellt werden. Verwendet werden so genannte Rippenrohrheizkörper. Das sind Metallstäbe, die zur Vergrößerung der Wärme abgebenden Oberfläche mit Metallspiralen umgeben sind. Die Heizkörper erhitzen sich und die Wärme steigt an den Außenwänden des Gewächshauses nach oben. Da die Heizkörper recht heiß werden und die aufsteigende Luft recht trocken ist, muss auf einen ausreichenden Abstand zu den Pflanzen geachtet werden. Der Installationsaufwand ist etwas höher, da zusätzlich ein Thermostat und ein Leistungsschütz installiert werden müssen. Die Heizkörper werden entweder auf den Boden gestellt oder am Sockel befestigt, der dann mindestens 30 cm hoch sein muss.
Achten Sie darauf, dass es sich um korrosionsfreie Markengeräte aus Edelstahl handelt, die ausdrücklich für den Einsatz im Gewächshaus geeignet sind.

Elektro-Rohrheizkörper Rohrheizkörper sind kleinere Vertreter der Rippenrohrheizkörper. Sie eignen sich für die Beheizung von Blumenfenstern, Vitrinen und Frühbeeten und werden mit Leistungen zwischen 125 und 500 Watt angeboten. Auch Rohrheizkörper sollten unbedingt mit einem Thermostat geregelt werden.

Bodenheizungen

Elektro-Bodenheizungen Die Bodenheizung für Gewächshäuser ist nicht zu verwechseln mit der Fußbodenheizung für Wohnräume. Ein solches System ist für Gewächshäuser absolut ungeeignet. Die Bodenheizung dient lediglich zur leichten Anwärmung des Erdreiches. Das Gewächshaus selbst kann damit nicht beheizt werden. Häufig wird die positive Wirkung von Bodenheizungen auf das Pflanzenwachstum unterschätzt. Eine gegenüber der Raumtemperatur um 2 bis 3 °C erhöhte Bodentemperatur fördert im Frühjahr die zügige Keimung von Direktsaaten, ein rasches Wurzelwachstum und eine bessere Wasser- und Nährstoffaufnahme durch die Wurzeln. Im Winter hält sie den Gewächshausboden frostfrei und sorgt für ein konti-

***Bodenheizkabel** sind durch ihre Kunststoffummantelung wasserdicht. Der Maschendraht hat zwei Aufgaben: er verhindert das Eindringen von Mäusen ins Grundbeet und schützt das Kabel vor Beschädigungen bei Erdarbeiten.*

***Eine Isolierung** aus Styrodur-Platten erhöht die Effizienz der Bodenheizung.*

nuierliches Wachstum der Winterkulturen.

Bodenheizkabel Bodenheizkabel eignen sich auch zur Temperierung des Gießwassers oder als Frostschutz für Dachrinnen. Sie sind allerdings nicht zur Beheizung eines Gewächshauses gedacht. Bodenheizkabel sind mit Leistungen zwischen 30 und 1.000 Watt erhältlich. Ein Thermostat ist nicht zwingend erforderlich, da die Temperaturen im Boden nicht solch großen Schwankungen ausgesetzt sind wie der Luftraum des Gewächshauses. Theoretisch kann man durch systematische Beobachtung der Bodentemperatur mit einem Bodenthermometer die Heizung mittels einer Schaltuhr betreiben. Ein Thermostat bewirkt aber einen genauen, bedarfsabhängigen Betrieb und spart auf Dauer Energie. Wichtig bei Bodenheizungen ist eine genaue Dimensionierung und Verlegung der Heizkabel. Hierzu sollten Sie sich fachkundig beraten lassen. Die Kabel werden mittels einer Abstandsverlegehilfe auf ein Sandbett verlegt. Über die Kabel legt man zum Schutz gegen mechanische Beschädigung eine Lage Draht. Darauf wird dann der Boden des Grundbeetes aufgebracht.

Früher wurden die Bodentemperaturen durch Einarbeiten von Pferdemist erhöht. Dieser ist allerdings heute seltener verfügbar. Zudem erfordert diese Methode eine gewisse Erfahrung. Mit Hilfe eines Thermostates sind die Bodentemperaturen exakt regelbar.

Es empfiehlt sich, auf jeden Fall den Bereich mit einer Bodenheizung auszustatten, der zum Anbau über den Winter genutzt werden soll. Kübelpflanzen können ein wenig in den Boden eingesenkt werden und profitieren ebenfalls von einer Bodenheizung.

***Die Bodenheizung** sorgt für einen „warmen Fuß" und erlaubt eine niedrigere Raumtemperatur.*

***Ein temperaturgeregeltes** Vermehrungsbeet, ideal für die Jungpflanzenanzucht*

Warmwasser-Bodenheizungen Eine Bodenheizung mittels eines Rohrsystems, durch welches heißes Wasser fließt, ist auch im Gewächshaus denkbar. Allerdings ist der Installationsaufwand sehr hoch und die Regelung relativ träge. Eine solche Warmwasserbodenheizung ist nur empfehlenswert, wenn auch das Gewächshaus bereits mit einer Warmwasserheizung ausgestattet ist und wenn eine relativ große Fläche beheizt werden soll, die elektrische Beheizung also zu hohe Kosten verursachen würde. Als Raumheizung ist eine Warmwasserbodenheizung nicht geeignet.

Wärmematten Wasserdichte Wärmematten sind die kleinsten und preiswertesten Heizsysteme für Pflanzen. Sie sind in verschiedenen Abmessungen mit Leistungen zwischen 6 und 40 Watt erhältlich. Ein einfacher Temperaturregler ist empfehlenswert, da er auf Dauer Kosten spart. Die Matten werden zur lokalen Bodenerwärmung von Pflanzschalen, Fensterbankschalen für kleine Orchideensammlungen oder Hydrokulturen eingesetzt. Mit Wärmematten kann man sich leicht selber ein Vermehrungsbeet einrichten oder Aussaatschalen beheizen. Die positive Wirkung auf die Keimergebnisse und das Pflanzenwachstum ist beachtlich. Auch Aquarien und Terrarien können mit Wärmematten temperiert werden. Besonders bewährt haben sich Wärmematten bei der Überwinterung von empfindlichen Kübelpflanzen. Es hat sich gezeigt, dass Zitruspflanzen gesünder über den Winter kommen, wenn durch das Unterlegen einer Wärmematte das Pflanzgefäß leicht temperiert wird, die Pflanzen also einen „warmen Fuß“ bekommen. Die Temperatur während der Überwinterung kann dann um 2 bis 3 °C abgesenkt werden.

***Heizrohre** unter den Tischen sorgen für eine gleichmäßige Wärmeverteilung zwischen den Pflanzen.*

***Die zusätzliche** Isolierung an der Wetterseite spart Heizkosten.*

Vegetationsheizung Gelegentlich taucht in der Literatur der Begriff „Vegetationsheizung“ auf. Dies ist kein Heizgerät an sich, sondern mit diesem Begriff werden Heizsysteme bezeichnet, die direkt zwischen den Pflanzen im Grundbeet oder zwischen den Töpfen auf dem Tisch verlegt werden. Dies können Warmwasserschläuche, Solarschläuche oder elektrische Bodenheizkabel sein.

Energie sparen

Wärme bewegt sich stets vom höheren zum tieferen Temperatur-

***Noppenfolie** als zusätzliche Isolierung spart 20 – 30 % Energie.*

niveau, von warmen zu kälteren Bereichen. Die Wärme wandert durch das Glas nach außen, aber auch durch das Fundament in das umgebende Erdreich. Energieeinsparung erfolgt zunächst durch Verwendung Energie sparender Materialien und zusätzlicher Wärmedämmung. Aber auch andere Faktoren tragen wesentlich zur Minderung des Energieverbrauches bei. Bereits die Aufstellungsart in Ost-West-Richtung und der freie Einfall von Sonnenlicht vor allem im Winter entscheidet darüber wie viel passive Energie im Winter vom Gewächshaus aufgenommen werden kann.
Gehen Sie die folgende Liste durch und checken Sie ab, welche Energiesparmaßnahmen Sie an ihrem Gewächshaus noch durchführen können.

Energiesparmaßnahmen Checkliste

- ☐ *Ost-West-Ausrichtung des Firstes*
- ☐ *Verschattung durch Bäume und Gebäude im Winter vermeiden.*
- ☐ *Ruß auf den Scheiben schluckt 10 bis 15 % Licht, deshalb vor dem Winter die Scheiben reinigen. Schnee abfegen.*
- ☐ *Tauwasser auf den Scheiben schluckt Licht. Stegdoppelplatten ALLTOP sorgen für den Ablauf von Tauwasser.*
- ☐ *Gewächshaus nicht zu klein und möglichst eher quadratisch und kompakt als lang und schmal bauen. (Je kleiner das Verhältnis von Außenfläche zum Rauminhalt desto schneller kühlt das Haus aus.)*
- ☐ *Große Häuser in zwei Klimabereiche unterteilen. Kleine Häuser für die Anzuchtzeit mit Noppenfolie unterteilen.*
- ☐ *16-mm-Stegdoppelplatten verwenden.*
- ☐ *Auf dicht schließende Türen und Fenster achten.*
- ☐ *Gießwassertank als Wärmespeicher im Gewächshaus vorsehen.*
- ☐ *Noppenfolie von außen anbringen, über die Profile laufen lassen und nur die Fenster getrennt isolieren.*
- ☐ *Styrodurplatten an der nördlichen Stehwand von innen anbringen (Styropor nimmt Wasser auf!)*
- ☐ *Energieschirme, wie sie im Erwerbsgartenbau verwendet werden, werden nachts über die Pflanzen gezogen. 80 % der Energieverluste treten in der Nacht auf. Sie empfehlen sich aus Platzgründen nur für größere Gewächshäuser.*
- ☐ *Ein „warmer Fuß“ erlaubt reduzierte Raumtemperaturen. Ist das Fundament nicht isoliert, legen Sie den Boden mit 6 bis 8 cm Styrodurplatten aus. Darauf werden die Kübelpflanzen gestellt.*
- ☐ *Fundament eventuell nachträglich von außen mit 6 bis8 cm Styrodur-Platten isolieren (Styropor nimmt Wasser auf!)*
- ☐ *Heizung mit einem guten Temperaturregler ausstatten. Ein Regler ist in manchen Geräten schon eingebaut.*
- ☐ *Nachtabsenkung um 2 bis 3 °C, wenn die Mindesttemperatur 8 °C oder mehr beträgt. Man verwendet spezielle Thermostaten mit der Möglichkeit der Nachtabsenkung.*
- ☐ *Gleichmäßige Wärmeverteilung durch entsprechende Aufstellung der Heizung gewährleisten. Eventuell mit Luftumwälzer unterstützen. Verteilung nicht durch Pflanzen behindern. Die empfindlicheren Kübelpflanzen näher zur Heizquelle stellen.*
- ☐ *Kübelpflanzen mit möglichst niedrigen Temperaturansprüchen wählen. Angaben in Fachbüchern und vom erfahrenen Gärtner. Eine Zusammenstellung von Kübelpflanzen verschiedener Temperaturbereiche finden Sie ab Seite 117.*
- ☐ *Frühe Aussaaten im Januar/Februar zunächst auf der Fensterbank mit Zusatzlicht vorziehen.*

Lüftung

Im Freiland haben die Pflanzen in der Regel stets ausreichend frische Luft zur Verfügung. Sie enthält Sauerstoff und CO_2, beides Stoffe, die die Pflanzen zum Atmen benötigen. Der Wind sorgt für eine stetige Luftbewegung, so dass Pilzkrankheiten kaum auftreten. Das Gewächshaus aber ist ein in sich abgeschlossenes System. Unabhängig von den Temperaturen muss stets für die Zufuhr frischer Luft und für stetige Luftbewegung gesorgt werden.

Hitzestau Im Sommer kann sich ein Gewächshaus durchaus auf Temperaturen bis 50 °C erwärmen. Besonders heiß wird es direkt unter den Scheiben. Zwar steigen mit zunehmenden Temperaturen die chemischen Reaktionen in den Pflanzen, das heißt die Pflanze entwickelt Blattmasse und wächst. Doch die wachstumsfördernden Temperaturen erreichen bei etwa 35 °C ihr Optimum. Viel mehr als 40 °C mögen selbst Wärme liebende Pflanzen nicht. So wie es bei niedrigen Temperaturen zu einer Kältestarre kommt, fallen die Pflanzen bei Temperaturen über 40 °C in eine Wärmestarre. Steigen die Temperaturen noch weiter an, führt dies schließlich zum Absterben der Blätter oder der ganzen Pflanze. Die Temperatur im Gewächshaus sollte deshalb möglichst nicht über 45 °C ansteigen.

Je kleiner und niedriger ein Gewächshaus ist, desto schneller werden schädliche Temperaturen erreicht. Auch hier macht sich also die Anschaffung eines hochwertigen

***Viel zu wenig** Lüftungsflächen im Dach und in den Seitenwänden für ein Gewächshaus dieser Größe.*

Gewächshauses auf Dauer positiv bemerkbar, denn diese sind in der Regel deutlich höher konstruiert als einfache Häuser. Abgesehen davon, dass es sich in einem höheren Gewächshaus deutlich komfortabler arbeiten lässt und sich mehr Pflanzen unterbringen lassen, muss bei der Beurteilung der Höhe bedacht werden, dass die Pflanzen mindestens 30 cm Abstand zur Eindeckung haben sollten.

Luftfeuchtigkeit Neben der Temperatur ist auch die Luftfeuchtigkeit ein Kriterium für ausreichende Lüftung. Bei niedrigen Temperaturen ist die Luft sehr schnell mit Feuchtigkeit gesättigt. Die Luftfeuchtigkeit schlägt sich als Kondenswasser auf und unter den Blättern nieder. Werden die Blätter nicht möglichst schnell wieder abgetrocknet, so entwickeln sich Pilzkrankheiten wie Grauschimmel (*Botrytis*), Krautfäule und falscher Mehltau. Die Anfälligkeit für Pilzbefall ist in kühlen Sommernächten und in der Zeit von Herbst bis Winter am größten. Anfällig sind Kübelpflanzen, die im Gewächshaus überwintern, aber auch Gemüse- und Salatkulturen aller Art.

Lüftungsbedarf bestimmen Um zu beurteilen, ob der Querschnitt der Lüftungsöffnungen eines Gewächshauses ausreichend ist, vergleicht man die Gesamtglasfläche (nicht die Grundfläche) des Gewächshauses mit der Fläche der Fensteröffnungen. Die Fensterfläche sollte

***Dieses Folienhaus** wird nur über die Tür belüftet.*

mindestens 10 % der Glasfläche ausmachen. Je kleiner und niedriger das Gewächshaus, desto größer sollten die Lüftungsöffnungen sein. Der Querschnitt der Dachlüftungen sollte dem Querschnitt der Seitenlüftungen entsprechen, sonst entsteht ein Unterdruck, der den Luftstrom beeinträchtigt. Es reicht auch nicht, lediglich ein Fenster im Dach anzubringen und an den Seiten keins.
Die Türöffnung darf in diese Berechnung nicht miteinbezogen werden, denn man muss ja davon ausgehen, dass man nicht immer anwesend ist und die Tür dann verschlossen bleiben soll. Hat man allerdings die Möglichkeit dazu, dann sollte man die Tür natürlich so oft wie möglich offen stehen lassen. Je mehr frische Luft, desto besser. Dies gilt für heiße Sommertage genauso wie für frostfreie Wintertage.

Lüftung und Luftbewegung Aus dem zuvor Gesagten folgt für die Gewächshauspraxis, dass zu jeder Jahreszeit so viel wie möglich gelüftet wird. Zusätzlich zur Be- und Entlüftung muss unabhängig von den Temperaturen für eine stetige Luftbewegung gesorgt werden. Die Frischluftzufuhr erfolgt über eine ausreichende Zahl von Fenstern. Die Luftbewegung wird durch einen leistungsfähigen Luftumwälzer gewährleistet.

Fenster Die Fenster in einem Kleingewächshaus dienen der Zufuhr von frischer Luft und dem Abtransport von warmer Luft.
Um eine ausreichende Lüftung zu garantieren, muss das Gewächshaus in jedem Fall mit mindestens zwei Fenstern ausgestattet sein. Ein Fenster wird in der Stehwand, das andere in der gegenüberliegenden Dachfläche angeordnet. So entseht ein Kamineffekt. Die Wärme steigt nach oben und entweicht durch das Dachfenster. Frische, möglichst kühle Luft strömt durch das Seitenfenster nach. Deshalb sollte wenn möglich das Seitenfenster an der Schattenseite des Gewächshauses angebracht werden, das Dachfenster auf der von der Sonne beschienenen Seite.

***Bei starker Einstrahlung** kann der Wein im First Verbrennungen erleiden, da dieses Gewächshaus keine Dachfenster hat.*

Lamellenfenster Gelegentlich werden auch Lamellenfenster angeboten. Sie können zusätzlich im unteren Stehwandbereich oder an der Giebelseite angeordnet werden, sind aber lüftungstechnisch nicht unbedingt erforderlich. Der Nachteil dieser Fenster ist, dass sie aus Einfachglas bestehen, also nicht wärmegedämmt sind. Zudem schließen sie in der Regel nicht so dicht wie herkömmliche Fenster, bringen also Wärmeverluste durch Windeinwirkung mit sich. Sie sollten also, wenn überhaupt, nur in Gewächshäusern mit einfacher Verglasung, die im Winter nicht beheizt werden, verwendet werden.

Achten Sie darauf, dass der Querschnitt der Lüftungsöffnungen nicht durch dicht wachsende Pflanzen eingeengt wird. Schneiden Sie also die Fensterbereiche immer wieder frei.
An der Lüftung sollte nicht gespart werden. Hochwertige Gewächshäuser verfügen in der Regel bereits über ausreichende Lüftungsmöglichkeiten. Prüfen Sie dennoch gerade diesen Punkt im Angebot besonders. Ausschlaggebend ist nicht nur die Anzahl der mitgelieferten Fenster, sondern auch deren Größe.
Sollten Sie sich für ein einfaches Gewächshaus entscheiden, fragen Sie nach, ob Sie weitere Fenster als Zubehör kaufen können.
Aufklappbare Stehwand Für Pflanzen mit sehr hohem Frischluftbedarf eignen sich Gewächshäuser, bei denen die komplette Stehwand aufgeklappt werden kann und dann zum Beispiel als Schutz für darunter liegende Tomatenpflanzen dienen kann. Wird unter diesem so entstandenem Dach etwas gepflanzt, kann man es allerdings bei Abwesenheit nicht mehr schließen. Von Nachteil ist auch die freie Zugänglichkeit des Gewächshauses für Schädlinge aller Art. Sollte der Luftbedarf von besonderer Bedeutung sein, so kann man theoretisch auch vorübergehend die Verglasung aus den Seitenwänden herausnehmen.
Als Alternative zu einer aufklappbaren Stehwand können Sie auch den von Ihnen favorisierten Hersteller fragen, ob er die Fenster an Ihren individuellen Bedarf anpassen kann. Es ist theoretisch möglich, die Normfenster größer und breiter herzustellen. Diese können ebenfalls mit einem automatischen Fensteröffner geöffnet und verschlossen werden.

***Tillandsien** benötigen viel frische Luft.*

***Automatischer** Fensteröffner*

Automatische Fensteröffner
Schon seit vielen Jahren sind für Gewächshäuser automatische Fensteröffner erhältlich. Man sollte auf diese einfachen, aber wirkungsvollen Geräte nicht verzichten. Sie werden am Fenster befestigt und öffnen dieses, wenn eine bestimmte Temperatur im Haus erreicht wird und schließen rechtzeitig, wenn es wieder kälter wird. Die Technik ist denkbar einfach.
In einem Zylinder befindet sich ein Spezialwachs, welches sich bei Wärme ausdehnt und über eine Kolbenstange das Fenster aufdrückt. Wird es kälter zieht sich das Wachs wieder zusammen und das Fenster wird über eine Rückholfeder wieder geschlossen. Auf diese Weise wird für ein ausgeglichenes Klima gesorgt und sowohl Überhitzung am Tag als auch eine zu starke Auskühlung am Abend und in der Nacht verhindert. In der Übergangszeit helfen automatische Fensteröffner Heizkosten sparen. Sie können beruhigt über ein Wochenende wegfahren, ohne dass Ihre Pflanzen unter starken

Temperaturschwankungen leiden. Automatische Fensteröffner arbeiten thermomechanisch und können deshalb erfreulicherweise auch in Gewächshäusern ohne Elektroanschluss betrieben werden. Sie heben je nach Ausführung Fenster mit einem Gewicht bis zu 25 kg. Einige Geräte besitzen eine Sturmsicherung. Im Winter sollten die Wachspatronen vorübergehend entfernt werden. Die Geräte sind weitgehend wartungsarm.
Nach längerem Gebrauch kann die Wachspatrone undicht werden. Dann können Sie eine Ersatzpatrone im Austausch kaufen.
Wenn man Kulturen im Gewächshaus beherbergt, die überdurchschnittlich viel Frischluft, beziehungsweise möglichst niedrige Temperaturen benötigen, wie Kamelien, Bonsai oder alpine Pflanzen, dann sollte man ganz oder teilweise von Hand zu öffnende Fenster wählen, um diese über längere Zeit offen stehen lassen zu können.

Zwangsentlüftung Bei bestimmten Kulturen wie zum Beispiel Orchideen, Bromelien oder Kamelien ist es notwendig, die Temperaturen möglichst niedrig zu halten. Es kann sein, dass die Lüftung über die Fenster dazu nicht ausreicht. In diesem Fall hilft die Installation einer Zwangsentlüftung mit einem möglichst hoch im Giebelbereich eingebauten leistungsfähigen Ventilator. Für die Zeiten, wenn dieser nicht arbeitet, wird er automatisch mit einer Lamellenklappe verschlossen. Der Ventilator wird mit einem Temperaturregler gekoppelt, so dass er bei einer bestimmten Temperatur zu arbeiten beginnt. Er befördert die warme Luft aus dem Gewächshaus hinaus. Gleichzeitig wird durch die Fenster frische, kühlere Außenluft angesaugt. Wichtig ist, dass der Ventilator ausreichend dimensioniert ist, um zufriedenstellend zu arbeiten. Zum einen muss er eine bestimmte Menge Luft pro Stunde fördern. Zum anderen muss er die Luft bis aus dem hinteren Giebelbereich heraussaugen können.
Wenn mit einer Zwangsentlüftung gearbeitet wird, ist darauf zu achten, dass im hinteren Bereich des Gewächshauses die Seitenlüftungen geöffnet sind, damit ausreichend Frischluft nachströmen kann. Ist das Gewächshaus länger als 8 m, sollte die Luft aus dem Dachraum mit Hilfe von längs im Giebel angebrachten, gelochten Folienschläuchen angesaugt werden.
Zu beachten ist auch, dass mit einer Zwangsentlüftung keine Kühlung des Gewächshauses erreicht werden kann. Das heißt die Temperaturen können nicht unter die jeweils herrschenden Außentemperaturen abgesenkt werden. Wird das gewünscht, ist eine spezielle Kühlvorrichtung nötig.

***Selbstlüftende Lamellenfenster** verhindern ein zu hohes Ansteigen der Temperatur im Frühbeetkasten.*

Zwangslüftung berechnen
Zunächst ermitteln Sie das Volumen (V) des Gewächshauses in m^3, falls dieses nicht bereits im Katalog angegeben ist. In der Praxis hat sich ein 20- bis 50-facher Luftwechsel pro Stunde bewährt. Der Luftwechsel pro Stunde besagt, wie oft der gesamte Rauminhalt des Gewächshauses in einer Stunde durch frische Luft ersetzt werden sollte. Multiplizieren Sie den Rauminhalt (V) mit dem erforderlichen Luftwechsel.

***Luftumwälzer** sollten nicht von Pflanzen zugewuchert werden.*

Der errechnete Wert sollte nicht wesentlich unterschritten werden, da sonst die Effektivität dieser Lüftungsform nicht gewährleistet ist. Da der Ventilator im Sommer tagsüber im Dauerbetrieb arbeiten muss, sind Hochleistungsventilatoren zu empfehlen, die eine lange Lebensdauer und Betriebssicherheit aufweisen.

▸ Luftumwälzung

Lüftung und Luftumwälzung sind zwei verschiedene Begriffe. Die Lüftung, die normalerweise über die Fenster erfolgt, sorgt für die Zufuhr von Frischluft und den Abtransport von Wärme, aber nur dann, wenn die Fenster auch geöffnet sind. Die Luftumwälzung dagegen hat die Aufgabe, die natürliche Windbewegung, wie sie im Freiland für gewöhnlich herrscht, zu ersetzen.

Wirkung der Luftumwälzung Die positiven Wirkungen einer Luftumwälzung im Gewächshaus werden vom Hobbygärtner häufig unterschätzt. Im Erwerbsgartenbau dagegen ist sie selbstverständlich und wird häufig eingesetzt, um verschiedene Wachstumsfaktoren positiv zu beeinflussen. Die Vorteile einer Luftumwälzung sind vielfältig. In den Wintermonaten, wenn Fenster und Tür dicht geschlossen sind, bewegt der Luftumwälzer die Luft im Gewächshaus. Er trocknet die Pflanzen ab, wenn sich Luftfeuchtigkeit auf den Blättern niedergeschlagen hat. Bleibt diese Feuchtigkeit auf den Blättern, entsteht ein idealer Nährboden für Pilzkrankheiten wie Grauschimmel oder falscher Mehltau. Außerdem behindert zu hohe Feuchtigkeit den Gasaustausch der Blätter mit der Umgebungsluft über die Spaltöffnungen.

Die zweite Aufgabe des Luftumwälzers im Winter ist die gleichmäßige Verteilung der Wärme, die von einer Gasheizung oder einer Rippenrohrheizung abgegeben wird. Er bläst zudem die warme Luft, die in den Dachbereich aufgestiegen ist noch einmal in den unteren Bereich des Gewächshauses. Für diesen Zweck sind auch Umluftventilatoren in Verbindung mit einem Klimaschlauch erhältlich, durch den die warme Luft aus dem Dachbereich in Bodennähe wieder ausgeblasen wird.

***Luftumwälzer** – die Leistung errechnet sich aus den Kubikmetern Rauminhalt des Gewächshauses.*

Berechnung der erforderlichen Leistung eines Luftumwälzers in m³ pro Stunde:

V = Rauminhalt Gewächshaus (m³); Z = Luftwechsel (Anzahl pro Stunde)
Formel: V x Z = Ventilatorleistung
Beispiel: 35 m³ × 30 = 1.050 m³/Std.

Im Sommer verteilt der Luftumwälzer die heiße Luft aus dem Dachbereich und hilft so, einen Hitzestau zu vermeiden. Es hat sich in der Praxis herausgestellt, dass auch der Befall durch Schädlinge, zum Beispiel die Weiße Fliege, reduziert wird. Einige Pflanzen, wie Tomaten, profitieren durch Luftbewegung bei der Befruchtung. Nicht zuletzt sorgt der Luftumwälzer durch die ständige Bewegung der Luft für eine gleichmäßige Zufuhr von Kohlendioxid unter die Blätter, welches für die Photosynthese benötigt wird.
Luftumwälzer werden mit Förderleistungen von 110 bis 1.700 m³ pro Stunde angeboten. Der erforderliche Luftwechsel, das heißt wie oft der gesamte Inhalt des Gewächshauses pro Stunde umgewälzt werden soll, hängt von den Pflanzen ab, die dort kultiviert werden.

Richtwerte für den Luftwechsel

Kultur	Luftwechsel
Jungpflanzen	*30*
Gemüse	*30*
Kübelpflanzen	*30*
Orchideen	*40*
Kakteen	*40*
Alpine Pflanzen	*50*

Wenig Luftwechsel benötigen Gurken oder Melonen. Hier können Sie eine Luftwechselzahl von 20 bis 30 ansetzen. Immer richtig liegen Sie mit einem Luftwechsel von 40. Selten benötigt man mehr. Da man ja nicht ganzjährig die gleichen Pflanzen anbaut, ist es sinnvoll, den Luftumwälzer eher etwas stärker zu wählen. Er kann dann mit einem Drehzahlsteller je nach Bedarf herunter gedimmt werden.
Da die Motoren der Luftumwälzer im Dauerbetrieb arbeiten, ist es sinnvoll qualitativ hochwertige Geräte mit einer langen Laufleistung zu wählen. Sie müssen schutztechnisch für den Einsatz in feuchten Gewächshäusern geeignet sein. Solche Qualitätsgeräte kosten natürlich etwas mehr als einfache Ausführungen, allerdings laufen diese Geräte durchaus 10 bis 15 Jahre störungsfrei. Kein Ersatz für eine leistungsfähige Luftumwälzung sind Solarventilatoren. Sie erbringen eine Leistung von maximal etwa 150 m² pro Stunde und das auch nur bei starker Sonneneinstrahlung. Selbst für kleinere Gewächshäuser reicht diese Leistung nicht aus. Solarlüfter sind allenfalls lokal begrenzt über einem Vermehrungsbeet oder in einem Frühbeet einsetzbar.
Der Energiebedarf von Luftumwälzern ist relativ gering. Der Verbrauch liegt zwischen 40 und 80 Watt. Für Blumenfenster und Pflanzenvitrinen sind kleinere Geräte erhältlich.

Anbringung des Luftumwälzers
Der Luftumwälzer muss so aufgehängt werden, dass sein Luftstrom möglichst den gesamten Gewächshausraum erreicht. Dies bedeutet in der Praxis, dass er entweder in der Gewächshausmitte in Kopfhöhe abgehängt wird. Er sollte dann mit der Ausblasöffnung ein wenig nach unten geneigt sein.
Um nicht beim Betreten des Hauses durch den Luftumwälzer gestört zu werden, kann er am Ende des Hauses, allerdings mit mindestens 50 bis 70 cm Abstand zur Rückwand, aufgehängt werden. Alternativ kann das Gerät auch etwa 1,5 m über den Tischen aufgehängt werden. Auch beim Luftumwälzer muss darauf geachtet werden, dass die Luftein- und -austrittsöffnung nicht von Pflanzen zugewuchert wird.

Besonders bei kleinen Häusern *muss man auf ausreichende Frischluftzufuhr achten.*

Schattierung

***Bei bedecktem Himmel** wird die Außenschattierung über dem First zusammengerollt.*

Obwohl in den meisten Hobbygewächshäusern vor allem sonnenhungrige Pflanzen kultiviert werden, kann unter bestimmten Umständen eine Schattierung erforderlich werden.

Während Stegdoppelplatten die einfallenden Sonnenstrahlen brechen, so dass im Gewächshausinneren diffuses Licht entsteht, welches kaum Verbrennungen hervorruft, ist dies bei einer Eindeckung mit Glas anders. Die Sonnenstrahlen treffen ungebrochen auf die Blätter und verursachen Verbrennungen. Befinden sich dazu noch Kondenswassertropfen an der Scheibe, können die Blätter durch den Brennglaseffekt der Tropfen zusätzlich geschädigt werden.

Es spielt übrigens fast keine Rolle, ob man durchsichtiges Gartenblankglas oder das undurchsichtige Nörpelglas verwendet. Man ist gezwungen, das Gewächshaus zu schattieren und damit die Lichtmenge zu verringern, obwohl Pflanzen wie Tomaten, Gurken, Paprika und die meisten anderen Gemüse und Salate das Licht eigentlich zum Wachsen und Reifen benötigen.

Wenn ein Gewächshaus nicht ausreichend zu be- und entlüften ist, kann die übermäßige Hitzeentwicklung ebenfalls nur durch eine Schattierung verhindert werden.

Außenschattierung Schon aus Platzgründen empfiehlt sich für ein Hobbygewächshaus eine Außenschattierung. Außerdem kann durch eine äußerlich angebrachte Schattierung, die Temperatur wirksamer gesenkt werden, da die Sonnenstrahlen gar nicht erst in das Haus gelangen können.

Kletterpflanzen Die Berankung von Gewächshäusern mit Kletterpflanzen ist eine preiswerte und attraktive Art der Schattierung. Allerdings kann es auch schnell zu dunkel im Haus werden. Die Dachrinnen können durch Pflanzenteile verstopfen und die Eindeckung kann veralgen. Besser man baut mit etwas Abstand vom Gewächshaus ein Rankgerüst auf und lässt daran einige Pflanzen hochranken. Man ergänzt die Schattierung im Dach durch Auflegen von Matten oder Gewebe.

Schilf- oder Kunststoffrohrmatten Bei Bedarf auf das Haus aufgelegt, sind sie die einfachste Möglichkeit der Außenschattierung. Allerdings kann der Wind die Matten leicht herunterwehen. Ihr Vorteil ist, dass sie relativ einfach wieder abgenommen werden können, wenn sich das Wetter ändert.

Schattierfarbe Diese Spezialfarbe wird flüssig auf die Eindeckung aufgebracht und ist eine weitere Möglichkeit der Außenschattierung. Die Farbe kann als fertige Mischung gekauft werden, aber auch nach altem Gärtnerrezept selbst hergestellt werden.

TIPP

Schattierfarbe lässt sich leicht aus Wasser und Schlämmkreide oder Weizenmehl herstellen.

Der Vorteil von Schattierfarbe ist ihr günstiger Preis. Nachteilig ist der hohe Arbeitsaufwand. Sie muss zunächst aufgebracht werden und im Herbst wieder entfernt werden. Sie kann nicht spontan bei trüberem Wetter abgenommen werden. Schattierfarbe empfiehlt sich deshalb aus Preisgründen für große

Auch Matten *aus Holzlatten eignen sich als Schattierung.*

Motor betriebene *Außenschattierung mit Aluminiumlamellen*

Gewächshäuser und für Pflanzenkulturen, die nur geringe Lichtansprüche stellen wie Fuchsien oder Kamelien, die unbedenklich den ganzen Sommer über schattiert werden können.

Schattiergewebe Diese preiswerte Schattiermöglichkeit ist in Wirkungsgraden von 50 und 70 % erhältlich. Das Gewebe wird mit Hilfe von speziellen Kunststoffhaltern, die auf die Eindeckung aufgeklebt werden, befestigt. Bei Bedarf kann es wieder abgenommen werden. Besonders praktisch ist es, dass die Halter im Winter zum Befestigen von Noppenfolie genutzt werden können.

Aluminiumlamellen Dieses dauerhafteste Schattiermaterial ist relativ teuer. Sie können von Hand oder Motor betrieben nach Bedarf auf- und abgerollt werden.

Motor betriebene Schattierung Wenn Pflanzen im Gewächshaus kultiviert werden, deren Lichtverhältnisse ganz genau geregelt werden müssen, besteht die Möglichkeit, eine Motor betriebene Schattierung zu installieren. Sie wird über eine Photozelle gesteuert, reagiert also sofort auf jede Veränderung der äußerlichen Lichtbedingungen und öffnet und schließt sich entsprechend. Ein Windmesser verhindert das Zufahren bei starkem Wind. Eine solche Schattierung ist auch über einen Thermostat zu steuern. So kann zum Beispiel ein Wintergarten, wenn eine bestimmte Temperatur erreicht wird, automatisch schattiert werden. Motor betriebene Schattieranlagen sind empfehlenswert, wenn entsprechend wertvolle und empfindliche Pflanzen kultiviert oder wenn ein Wintergarten schattiert werden soll.

Natürliche Schattierung *mit Kletterpflanzen*

Kühlung

Zwar installiert der Hobbygärtner nur selten eine Kühlvorrichtung in seinem Gewächshaus, doch soll es nicht versäumt werden, auf diese Möglichkeit hinzuweisen. Üblicherweise sind es Kalthausorchideen wie *Odontoglossum* oder *Cymbidium*, die zwar Helligkeit wünschen, also eigentlich nicht schattiert werden wollen, aber gleichzeitig keine allzu hohen Temperaturen vertragen. Hier kann durch Kühlung ein geeignetes Kleinklima geschaffen werden.

▸ Kühlung durch Verdunstung

Die Kühlung eines Gewächshauses erfolgt nach einem einfachen Prinzip: Wasser entzieht bei Verdunstung seiner Umgebung Wärme. Dementsprechend wird an einer Seite des Gewächshauses das Eindeckungsmaterial durch offene Matten ersetzt, durch welche Wasser langsam von oben nach unten hindurchrieselt. Es können auch Kühlelemente vor einige der vorhandenen, geöffneten Fenster gesetzt werden. Die übrigen Lüftungsöffnungen bleiben geschlossen. Mit einem starken Ventilator, der in die gegenüberliegende Außenseite eingelassen wird, wird die Gewächshausluft ähnlich wie bei der Zwangslüftung nach außen geblasen. Auf diese Weise wird im Gewächshaus ein Unterdruck erzeugt, so dass durch die wasserdurchrieselten Kühlmatten Außenluft angesaugt wird. Hierbei verdunstet ein Teil des Wassers und erzeugt auf diese Weise Kälte. So kann die Gewächshaustemperatur gegenüber der Außentemperatur um einige Grad verringert werden und das ganz ohne Schattierung. Gleichzeitig wird die Luftfeuchtigkeit im Gewächshaus erhöht, ein nicht unerwünschter Nebeneffekt. Die Einrichtung einer solchen Kühlanlage kann der handwerklich begabte Gewächshausbesitzer selbst vornehmen. Als Ventilator wird ein Gerät benutzt, wie es bei der Zwangslüftung zum Einsatz kommt. Die Kühlelemente kann man selbst herstellen, indem man einen passenden Rahmen baut, dessen Vorder- und Rückseite durch Draht abgedeckt ist. Der Innenraum wird mit unverrottbarem Schüttmaterial gefüllt. Oben ist ein Vorratsbehälter, aus dem das Wasser hinunterrieselt, eingebaut. Unten im Rahmen befindet sich ein Auffangbehälter. Mittels eines Magnetventils, einer Pumpe und eines Schmutzsiebes wird der Wasserkreislauf aufrechterhalten. Als Fläche für die Kühlrahmen dürften für ein mittelgroßes Gewächshaus etwa 1 bis 2 m² zu veranschlagen sein. Das System wird über einen Temperaturregler gesteuert. Da die Ventilatoren für die Kühlung stärker sein müssen, als für eine einfache Luftumwälzung muss mit einer Leistung der Ventilatoren je nach Gewächshausgröße von 100 bis 200 Watt gerechnet werden. An sonnigen Tagen arbeiten sie fast im Dauerbetrieb. Als Nachteil der Kühlung können sich Betriebsgeräusche erweisen, wenn es in unmittelbarer Nachbarschaft zu Wohngebäuden steht.

***Verdunstungsmatten** zur Kühlung*

***Gurken** bestehen zu 98 % aus Wasser*

Wasser

Wasser ist der Urbaustoff des Lebens. Alle Lebensvorgänge von Mensch, Pflanze und Tier spielen sich hauptsächlich im wässrigen Medium ab.
Pflanzen bestehen zu 85 bis 98 % aus Wasser; ein Pflanzensamen dagegen, der sich in einer inaktiven Ruhephase befindet, enthält nur maximal 20 %.
Wasser muss stets in ausreichender Menge und in möglichst guter Qualität zur Verfügung stehen. Viele Pflanzen reagieren auf Gießfehler wie zu wenig oder zu viel Wasser recht empfindlich. Aber auch die Beschaffenheit des Wassers spielt eine wichtige Rolle.
Im Freiland können wir uns darauf beschränken, bei trockenem Wetter durch gelegentliche Wassergaben den Wettergott zu unterstützen. Der Gewächshausbesitzer dagegen wird selbst zum Wettergott. Das richtige Gießen im Gewächshaus will gelernt sein. Es ist aber kaum ein Problem, wenn man einige Zusammenhänge kennt und beachtet. In diesem Abschnitt sollen die wichtigsten Aspekte einer erfolgreichen „Wasserwirtschaft" im Gewächshaus etwas ausführlicher erläutert werden. So können Sie von Anfang an typische Fehler vermeiden.

▸ Wachstumsfaktor Wasser

Wozu benötigt die Pflanze Wasser? Wie gelangt sie an die nötigen Wassermengen und wie gelangt das Wasser von der Wurzel in Blätter, Blüten und Früchte?
Der Wasserhaushalt der Pflanze ist ein ausgeklügeltes System der Natur. Viele Faktoren, angefangen von der Beschaffenheit des Pflanzsubstrates bis hin zur Zusammensetzung des Wassers selbst beeinflussen den Wasserhaushalt und den Nährstofftransport der Pflanze. Wie bei allen anderen Wachstumsfaktoren ist es hilfreich, sich die Verhältnisse zu vergegenwärtigen, die die Pflanzen in ihrem Heimatland vorgefunden haben.

▸ Aufgaben des Wassers

Keimung Für die Pflanze erfüllt das Wasser verschiedene Aufgaben. Am Anfang des pflanzlichen Entwicklungsprozesses steht die Keimung des Samenkorns. Wenn das trockene Samenkorn seine biologische Aktivität aufnehmen soll, benötigt es dazu neben einer bestimmten Keimtemperatur vor allem Wasser. Kommt der Samen mit Wasser in Berührung, nimmt er dieses auf, seine Lebenskräfte werden geweckt. Schon bald schickt er eine Wurzel in seine Umgebung aus, die das zur weiteren Entwicklung dringend benötigte Wasser heranschafft. Dann bildet sich das erste grüne Blatt und die kleine Pflanze kann bereits alle zum Wachsen erforderlichen Stoffwechselvorgänge selbst ausführen.

***Zarte Keimlinge** sind besonders empfindlich.*

Nährstofftransport Von Anfang an wird mit dem Wasser ein großer Teil der von der Pflanze benötigten Nährstoffe über die Wurzeln aus dem Boden aufgenommen und über spezielle Leitungsbahnen in den Stängeln in die Blätter, Blüten und Früchte transportiert. Dabei entscheiden Boden- und Wasserbeschaffenheit darüber, ob und in welcher Menge die Nährstoffe aufgenommen werden können.
Je nach heimatlichen Gegebenheiten nehmen manche Pflanzen Wasser und Nährstoffe auch teilweise oder ausschließlich aus der Feuchtigkeit der Luft über die Blätter auf.
Zelldruck Schließlich benötigt die Pflanze das Wasser zur Aufrechterhaltung des Zelldruckes. Den Druck benötigt sie für das Zellenwachstum und für ihre Standfestigkeit. Dies sehen wir ja unmittelbar, wenn wir die Pflanzen nicht rechtzeitig gießen. Sie welken und legen sich schließlich nieder.
Wachstum In Kombination mit den optimalen Temperatur- und Lichtverhältnissen bestimmt das

***Nur bei gleichmäßiger** Wasserversorgung gedeihen Tomaten und Paprika optimal.*

Wasser maßgeblich den Wachstumsprozess der Pflanze.
Unter Wachstum versteht man die Teilung von Zellen und ihre anschließende Streckung in Längs- oder Querrichtung (Längen- und Dickenwachstum). Das Wachstum, welches wir von Tag zu Tag beobachten können, beruht überwiegend auf der Zellstreckung. Die Zellhaut wird weich, Wasser dringt ein und weitet die Zelle durch Druck, anschließend verstärken sich die Zellwände wieder. Der Inhalt jeder Zelle besteht neben dem Zellkern, der die Erbinformationen enthält, vor allem aus einer wässrigen Zellflüssigkeit. In dieser Flüssigkeit sind viele für die Pflanze wichtigen Nährstoffe in gelöster Form enthalten, wie zum Beispiel Zucker, Salze oder auch Farbstoffe, die in den Blüten für die Blütenfarbe sorgen.

Wassertransport Der Wassertransport in der Pflanze ist ein hoch komplizierter Prozess.
An den Wurzeln bildet die Pflanze zunächst feine Wurzelhärchen aus. Diese nehmen das Wasser auf und leiten es teils durch Kapillarkräfte und teils durch Sog von Zelle zu Zelle weiter bis zu den Leitungsbahnen, die den „Ferntransport“ bis hinauf in die Blätter übernehmen. Auf Grund von Druckunterschieden zwischen den Bodenregionen und den höheren Bereichen der Pflanzen wird das Wasser durch die

***Kakteen** speichern in ihren Blättern Wasser und überstehen so Trockenperioden.*

Spaltöffnungen als Wasserdampf ausgeschieden. Je trockener die Luft, desto mehr Wasser wird auf diese Weise verdunstet. Durch den steten Abtransport von Wasser durch die Spaltöffnungen entsteht ein Unterdruck in der Pflanze, der bis in die Wurzeln reicht. Durch diesen Unterdruck wird beständig neues Wasser nachgesaugt.

Bei Dunkelheit schließen sich die Spaltöffnungen allerdings und der Wassertransport kommt fast zum Erliegen. Dies ist auch ein Grund, warum nicht am Abend gegossen wird, denn der Wassertransport erfolgt hauptsächlich vom Morgen bis zum Nachmittag.

Vielleicht haben Sie schon einmal an einer Pflanze beobachtet, dass sich an der Blattunterseite oder an den Blatträndern oder -spitzen kleine Wassertropfen bilden. Solche Wassertröpfchen scheiden vor allem Pflanzen aus tropischen Gegenden aus. Dort ist es ihnen auf Grund der hohen Luftfeuchtigkeit nicht möglich das Wasser über die Spaltöffnungen zu verdunsten. Das Wasser sucht sich andere Wege. Durch diese Form der Wasserabgabe, Guttation genannt, ist es den Pflanzen ebenfalls möglich den Wasserstrom aufrechtzuerhalten.

Eine gewisse Wassermenge ist, wie wir sehen, zum Nährstofftransport immer notwendig. Da jedoch in heißen Gebieten nicht unbegrenzt Wasser zur Verfügung steht, haben Pflanzen aus diesen Klimabereichen interessante Schutzmaßnahmen entwickelt, um die Verdunstung einzuschränken. Sie bilden eine harte, möglichst kleinflächige Oberfläche aus und speichern Wasser in besonderen Speicherorganen. Kakteen sind sicher die besten Beispiele für diese Anpassung an extreme Klimaverhältnisse.

Wasser, Temperatur und Licht Zu niedrige Temperaturen lähmen die Aktivitäten in der Pflanze, zu hohe Temperaturen führen zum Schließen der Spaltöffnungen, also ebenfalls zu einer verminderten Wasseraufnahme und damit auch zu einer geringeren Nährstoffaufnahme. Sowohl unter zu niedrigen als auch unter zu hohen Temperaturen wächst die Pflanze kaum. Deshalb ist es wichtig, dass stets für möglichst optimale Temperaturen gesorgt wir, das Gewächshaus also vor allem in den Übergangszeiten im Herbst und im Frühjahr isoliert ist und im Sommer gut gelüftet werden kann. Wie oben bereits erwähnt, funktioniert der Wassertransport nur, wenn ausreichend Licht zur Verfügung steht. Aus diesem Grunde ist eine Schattierung in den Sommermonaten nicht wünschenswert. Die Pflanzen würden trotz optimaler Temperaturen kaum wachsen.

Warum erfrieren Pflanzen? Bei Temperaturen von 0 °C gefriert das Wasser. Da sich Wasser, wenn es den Gefrierpunkt erreicht hat, ausdehnt, sprengt es bei vielen Pflanzen die mit Wasser gefüllten Zellen. Diese platzen, die Pflanze erfriert. Pflanzen in Kälteregionen unserer Erde haben ihre Zellen allerdings so ausgebildet, dass sie bei sinkenden Temperaturen rechtzeitig Wasser in Bereiche ausscheiden, wo der Druck des Eises keinen Schaden anrichten kann.

***Stecklinge** dürfen nicht austrocknen.*

Beurteilung des Gießwassers

Nicht nur die Wassermenge, sondern natürlich auch die Wasserbeschaffenheit ist ausschlaggebend für ein gesundes Pflanzenwachstum. Sicher sind Ihnen schon häufiger die Begriffe „Wasserhärte" oder „pH-Wert" begegnet. Chemisch rein ist nur destilliertes Wasser. In der Natur vorkommendes Wasser und unser Leitungswasser ist immer mit verschiedenen Stoffen angereichert. Es enthält Gase aus der Luft wie Sauerstoff, Kohlendioxid und Stickstoff oder aus dem Boden gelöste Salze wie Kalzium und Magnesium. Für die Pflanzen ist entscheidend, welche Stoffe in welchen Mengen vorhanden sind.

Wasserqualität als Ursache von Pflanzenschädigungen Im Falle von Pflanzenschädigungen sollten Sie auch die Wasserqualität in die Ursachensuche miteinbeziehen. Dazu ist es hilfreich die Kriterien zur Beurteilung des Wassers zu kennen.

Wasserhärte Ein guter Anhaltspunkt zur Bewertung von Gießwasser ist die Wasserhärte. Die Härte wird durch den Gehalt an Härte bildenden Salzen im Wasser, vor allem Kalzium- und Magnesiumhydrogenkarbonat, Magnesiumchlorid und Natriumchlorid bestimmt. Die Maßeinheit für die Wasserhärte ist °dH (Grad deutscher Härte). Manchmal findet man auch die Angabe in mval/l. Zur Umrechnung dividiert man einfach den Härtegrad durch 2,8.

Die Salze gelangen mit dem Gießwasser an die Wurzeln. Ist die Konzentration zu hoch, kommt es zu Störungen im Wasserhaushalt. Die Salze verhindern die Wasseraufnahme und damit den Aufbau eines funktionierenden Wasserstromes in der Pflanze, obwohl genügend Wasser im Boden vorhanden ist. Es kommt zu Schäden am Gewebe bis hin zum Absterben der Pflanzen. Auch die Aufnahme von wichtigen Spurenelementen wird verhindert. Wenn sich die Blätter bei Zitruspflanzen aufhellen, die Blattadern aber noch dunkelgrün bleiben, ist das in den meisten Fällen ein Zeichen für Eisenmangel. Obwohl möglicherweise genügend Eisen im Substrat vorhanden ist, kann die Pflanze dieses auf Grund einer zu hohen Salzkonzentration nicht aufnehmen.

Die Toleranz der Pflanzen gegenüber Salz ist unterschiedlich. Pflanzen, die am Meeresstrand wachsen und mit Salzwasser in Berührung kommen, verfügen natürlich über eine höhere Toleranz. Für die meisten Pflanzen aber sollte der Salzgehalt so niedrig wie möglich liegen. Die Wasserhärte sollte für die üblicherweise im Gewächshaus kultivierten Pflanzen möglichst nicht über 15 bis 18 °dH liegen. Für Gurken, Bohnen und Radieschen sollte die Wasserhärte sogar 8 °dH nicht überschreiten. Unter den Zier- und Kübelpflanzen mögen Azaleen, Kamelien, Zitrus, Farne, Bromelien

***Fleisch fressende Pflanzen**, hier eine Venusfliegenfalle, benötigen sehr weiches, kalkarmes Wasser.*

***Gurken** reagieren empfindlich auf zu hohe Salzkonzentrationen im Gießwasser.*

Beurteilung der Wasserhärte

Wasserqualität	°dH (Grad deutscher Härte)
sehr weiches Wasser	*0 bis 4*
weiches Wasser	*4 bis 8*
mittelhartes Wasser	*8 bis 12*
etwas hartes Wasser	*12 bis 18*
hartes Wasser	*18 bis 30*
sehr hartes Wasser	*über 30*
ideal sind Wasserwerte zwischen 10 und 15 °dH	

Zu viel Kalk im Gießwasser *verursacht Eisenmangel – erkennbar durch die typische Gelbfärbung der Blätter, hier bei Zitrus.*

und die meisten Orchideen ebenfalls nur Härten bis etwa 8°dH. Diese Pflanzen sollten auf jeden Fall mit Regenwasser gegossen werden.

Wasseraufbereitung Die Wasserhärte erfährt man durch einen Anruf beim örtlichen Wasserwerk oder bestimmt sie mit Hilfe von Teststäbchen, die relativ preiswert im Fachhandel erhältlich sind. Ist das Leitungswasser sehr hart und wenn Regenwasser nicht in ausreichender Menge zur Verfügung steht, kann es aufbreitet werden. Dieser Vorgang ist aber relativ aufwändig. Deshalb ist zu überlegen, ob man auf Kulturen mit besonderer Härteempfindlichkeit verzichtet. Ist man in der glücklichen Lage, über einen eigenen Brunnen im Garten zu verfügen, so sollte man dieses Wasser aber auf jeden Fall auf die Wasserhärte und den pH-Wert untersuchen lassen. Brunnenwasser ist nicht automatisch auch weiches Wasser.

Hat man nur einen kleinen Bestand zum Beispiel an Orchideen zu versorgen, kann man sich durch das Abkochen von Leitungswasser behelfen. Dazu kann man sich, um etwas Energie einzusparen, eine Gießkanne in die Küche stellen und stets das Restwasser aus dem Wasserkocher dort hineinfüllen. Das Abkochen größerer Wassermengen ist natürlich eine sehr energieintensive Methode.

Eine weitere Möglichkeit ist die Totalentsalzung durch Ionenaustauscher oder die Umkehrosmose, ein Verfahren, welches zur Entsalzung von Meerwasser im großen Stil angewandt wird. Da diese Verfahren für den Hobbygärtner sehr selten zur Anwendung kommen und teilweise auch recht teuer sind, sollen sie hier nur der Vollständigkeit halber erwähnt werden.

Schäden durch zu hartes Wasser treten nicht sofort, sondern erst nach einiger Zeit auf.

Regenwasser *ist ideal zum Gießen.*

***Kamelien** vertragen keinen Kalk*

Die Salzkonzentration im Boden erhöht sich erst allmählich. Man sollte bei hartem Wasser überwiegend mit sauer wirkenden oder organischen Düngern arbeiten. Eventuell muss der Boden gelegentlich ausgetauscht oder zumindest im Frühjahr stark gewässert werden. Auch eine Kultur in fertigen Erdsäcken ist zu empfehlen. Um Aufschluss über die Bodenqualität zu bekommen, können Sie eine Bodenprobe in Auftrag geben. (Anschriften Seite 151). Dies sollte man auf jeden Fall tun, wenn unerklärbare Schäden an den Pflanzen auftreten.
Auch ein Gang (mit Teilen der geschädigten Pflanze) zu den oft kostenlosen Pflanzenschutzberatungsterminen der botanischen Gärten kann Klärung bringen.

Leitfähigkeit Im Gegensatz zur Wasserhärte, die nur bestimmte, nämlich Härte bildende Salze, anzeigt, gibt der Wert der elektrischen Leitfähigkeit den Gesamtsalzgehalt des Wassers an, der sich aus den Härtebildnern und dem Salzgehalt des Düngers zusammensetzt.
Die Salz-Ionen tragen eine elektrische Ladung und ermöglichen deshalb einen Stromfluss. Dieser Stromfluss ist messbar. Die Maßeinheit ist Mikrosiemens pro cm (mS/cm).
Im Handel gibt es verschiedene Messgeräte zur Bestimmung der Leitfähigkeit. Allerdings sollte man hier zu einem guten Gerät greifen,

***Zu hohe Luftfeuchtigkeit** macht Gemüse anfällig für Krankheiten.*

da die Messergebnisse sonst sehr ungenau sein können. Preiswerter ist es sicher, gelegentlich eine Wasserprobe in einem Fachlabor untersuchen zu lassen, denn der Leitwert des Leitungswassers ändert sich kaum.

In Gebieten mit stärkerer Luftverschmutzung sollte man auch das Regenwasser untersuchen lassen, vor allem, wenn man salzempfindliche Kulturen pflegt.

pH-Wert Ein weiterer wichtiger Kennwert für Wasser ist der pH-Wert. Er ist in weiten Teilen abhängig vom Härtegrad und gibt Auskunft über das Verhältnis der im Wasser gelösten sauren oder basischen Stoffe. Destilliertes oder vollentsalztes Wasser hat den neutralen pH-Wert von 7. Werte unter 7 zeigen ein saures Milieu an, über 7 dagegen ein basisches (alkalisches). Der pH-Wert ist für die Pflanzenkultur insofern von besonderer Bedeutung, da er die Löslichkeit, also Verfügbarkeit verschiedener Nährstoffe, beeinflusst. Spurenelemente wie Eisen, Mangan, Kupfer und Zink stehen den Pflanzen bei pH-Werten von über 7 kaum noch zur Verfügung.

Der pH-Wert sollte Idealerweise zwischen 6 und 7 liegen. Regenwasser weist in der Regel einen günstigen pH-Wert auf. Quell- und Brunnenwässer müssen untersucht werden. Den pH-Wert des Leitungswassers erfährt man vom örtlichen Wasserwerk.

Einen zu niedrigen pH-Wert des Bodens, der durch saures Gießwasser entstanden ist, korrigiert man durch Gaben von kohlensaurem Kalk oder Magnesiumkalk. Zu hohe pH-Werte, die allerdings selten vorkommen, werden durch Untermischen von Weißtorf oder Rindenhumus korrigiert.

Mit Hilfe von preiswerten Teststäbchen erhält man einen Anhaltspunkt über den pH-Wert des Wassers oder des Bodens. Ganz genau messen jedoch nur elektrische Geräte.

▸ Luftfeuchtigkeit

Die Luftfeuchtigkeit besagt, wie groß der Anteil an Wasserdampf ist, den die Luft aufnehmen kann.

Da dies abhängig ist von der jeweiligen Temperatur und vom Luftdruck, spricht man auch von relativer Luftfeuchte.

Die Luftfeuchtigkeit spielt beim Anbau von Gemüse, Salaten und Kräutern und bei der Kübelpflanzenüberwinterung kaum eine Rolle. Auf keinen Fall benötigt man einen Luftbefeuchter.

Eher kann das Problem zu hoher Luftfeuchtigkeit auftreten, wodurch es zu Pilzbefall kommt. Hier wurde bereits an anderer Stelle darauf hingewiesen, dass vor allem für eine ausreichende Frischluftzufuhr und für eine kontinuierliche Luftumwälzung gesorgt werden muss.

Gurken mögen auch etwas feuchtere, stehende Luft. Man sollte sie nicht unmittelbar am Fenster pflanzen.

Hat man das Gefühl, dass es im Sommer im Gewächshaus einmal zu trocken ist, kann man durch Benetzen des gesamten Bodens die Luftfeuchtigkeit erhöhen. Da normalerweise gleichzeitig die Fenster geöffnet sind, hat die Erhöhung der Luftfeuchtigkeit auch einen leicht kühlenden Effekt. Auf keinen Fall sollte man die Pflanzen direkt ansprühen.

Pflanzen, die ihre Heimat im tropischen Regenwald haben benötigen einen Luftbefeuchter. Dieser wird mittels eines Hygrostaten geregelt.

***Eine zu hohe Luftfeuchtigkeit** macht viele Gemüsepflanzen anfällig für Pilzkrankheiten.*

Automatisierung der Klimasteuerung

Da das Gewächshaus ein weitgehend geschlossenes System ist, liegt es in der Hand des Gewächshausgärtners, den Pflanzen optimale Wachstumsbedingungen zur Verfügung zustellen.
Theoretisch ist es möglich alle technischen Vorgänge wie Heizung, Lüftung, Belichtung, Schattierung, Bewässerung und Düngung weitgehend automatisch ablaufen zu lassen. Das ist jedoch zum einen recht teuer und zum anderen ist es doch gerade die Freude an der Beschäftigung mit den Pflanzen, die den Wunsch nach einem Gewächshaus geweckt hat. Muss der Gewächshausbesitzer aber nun seinen Beruf aufgeben und auf Wochenend- und Urlaubsreisen gänzlich verzichten, um sein Gewächshaus stets im Auge zu behalten? Das wäre sicher auch nicht Sinn und Zweck der Sache.
Es gibt einige Automatisierungsmöglichkeiten und Maßnahmen zur Klimasteuerung, die dem Gewächshausbesitzer bei Bedarf die Arbeit erleichtern. Oft geht mit einer Automatisierung auch eine mehr oder weniger große Energieeinsparung einher, die den erhöhten Aufwand durch die Regeltechnik teilweise wieder wettmacht.
Ist man unsicher darüber, welche technischen Hilfsmittel man nun wirklich benötigt oder nicht, sollte man sich vom Gewächshaushersteller oder Lieferanten unter Angabe der geplanten Kulturen beraten lassen.

▸ Luft, Belüftung und Kühlung

Automatische Fensteröffner

Automatische Fensteröffner arbeiten stromlos, benötigen keinen Elektroanschluss, sind wartungsarm und relativ preisgünstig. Sie öffnen bei zu hoher Temperatur, aber genauso wichtig ist es, dass sie die Fenster bei sinkenden Temperaturen wieder schließen. Dies bewahrt die Pflanzen, vor allem in der Übergangszeit, vor unnötiger Auskühlung und spart im beheizten Gewächshaus Heizkosten. Auf dieses Hilfsmittel sollte man also auf keinen Fall verzichten, egal welche Pflanzen man im Gewächshaus beherbergt. Ist man auf eine Öffnung von Hand angewiesen, sind Überhitzungsschäden nahezu unvermeidlich. Die Öffner sind bei einigen Gewächshausherstellern bereits im Gewächshauspreis enthalten.

Motor betriebene Fensteröffner
Im Erwerbsgartenbau werden elektronisch gesteuerte, Motor betriebene Fensteröffner eingesetzt. Sie machen Sinn, wenn Temperaturen ganz genau gesteuert werden müssen oder wenn die Fenster eine Größe und ein Gewicht haben, welches mit den herkömmlichen Fensteröffnern nicht mehr zu bewältigen ist.

Zwangslüftung Die Zwangslüftung ist eine Ergänzung zu automatischen Fensteröffnern. Sie wird durch einen elektronischen Thermostat gesteuert und reagiert deshalb etwas schneller als automatische Fensteröffner. Kulturen mit speziellen Temperaturwünschen

***Das Klima** dieses Wintergartens wird vollautomatisch geregelt. Eine kleine Wetterstation auf dem Dach misst Temperatur und Wind.*

Automatische Bewässerung

wie Kalthaus-Orchideen oder Kamelien wissen diese Art der Lüftung zu schätzen.
Zwangslüftungen können auch in schlecht zu lüftenden Wintergärten eingesetzt werden. Von Nachteil ist die Geräuschentwicklung.
Kühlung Auch eine Kühleinrichtung benötigen nur wenige Kulturen wie Kalthausorchideen oder manche alpine Pflanzen. Sie wird ebenfalls über einen Thermostat gesteuert werden.

▸ Bewässerung

Automatische Bewässerung

Eine der wichtigsten Möglichkeiten zur Automatisierung im Gewächshaus ist neben der Lüftung natürlich eine automatisierte Bewässerung, sei es für die Urlaubszeit oder auch nur für einige wenige Tage der Abwesenheit.
Hier gibt es verschiedene Systeme auf dem Markt, die verblüffend einfach ohne komplizierte elektronische Technik sehr gute Ergebnisse erzielen. Das Verfahren ist im Prinzip der Natur abgeschaut. Sie funktionieren durch Saugkraft. Die Wasserversorgung erfolgt über ein Vorratsgefäß oder über einen Anschluss an die Wasserleitung mittels eines Druckminderers. Der besondere Vorteil dieser Systeme ist die unkomplizierte Technik und der erschwingliche Preis.
Für Technikfans gibt es auch kleine Bewässerungscomputer, die zeitgesteuert arbeiten.
Mit Hilfe dieser Systeme kann das Gewächshaus durchaus einige Tage sich selbst überlassen werden. Bei längerer Abwesenheit, sollte man einen Nachbarn bitten nach dem Rechten zu schauen. So muss der Vorratsbehälter nachgefüllt werden oder die Tropfstellen kontrolliert werden. Diese Aufgaben halten sich in Grenzen und lassen sich noch in Nachbarschaftshilfe durchführen.
Ein Gewächshaus im Sommer täglich zu gießen ist dagegen sicher etwas zu viel verlangt.
Wichtig bei allen automatischen Bewässerungssystemen ist, sie rechtzeitig zwei bis drei Wochen vor einer geplanten Abwesenheit zu installieren, um für eine Zeit lang die Wirkungsweise zu beobachten

Üppige Kübelpflanzen

***Jungpflanzen** reagieren empfindlich auf Hitzestau.*

und eventuell korrigieren zu können. Sie eignen sich übrigens auch für eine Bewässerung von Kübelpflanzen und Balkonkästen.

Anstau-Tische Eine Arbeitserleichterung beim Gießen vor allem von Aussaaten, Pikierschalen und kleinen Töpfen bieten so genannte Anstau-Tische. Das sind wasserdichte Wannen auf Tischfüßen, die mit einem Zulauf und mit einem Ablauf versehen sind. Zu bestimmter Zeit wird der Tisch geflutet, die Töpfe saugen sich mit Wasser voll, das überschüssige Wasser wird anschließend wieder abgelassen. Dieses Verfahren erspart das aufwändige Gießen der vielen einzelnen kleinen Töpfe. Es empfiehlt sich in Gewächshäusern, die vor allem für die Jungpflanzenanzucht genutzt werden oder auch für eine winterliche Kultur von Brunnenkresse.

Sie können Anstautische bei einigen Gewächshausherstellern mit erweitertem Zubehörangebot beziehen. Wichtig ist, dass diese Tische absolut waagerecht aufgestellt werden, um eine möglichst gleichmäßige Verteilung des Wassers zu gewährleisten.

***Anstau-Tische** für die Topfpflanzenkultur*

***Automatische** Fensteröffner leisten gute Dienste im Gewächshaus.*

Bewässerungsmatten und -vliese Das sind die Miniversionen eines Anstau-Tisches. In einer wasserdichten Pflanzschale wird ein Bewässerungsvlies ausgelegt, darauf kommen die Aussaatschalen oder die pikierten kleinen Töpfe. Man füllt die Schale morgens etwa 1 cm mit Wasser. Die Pflanzen können im Laufe des Tages nach Bedarf Wasser aufsaugen. Das Vlies hält die Feuchtigkeit länger vor und sorgt zusätzlich durch Verdunstung für eine leicht erhöhte Luftfeuchtigkeit im Pflanzenbereich.

Gerade kleine Schalen und Töpfe benötigen an sonnigen Tagen sehr viel Wasser und müssten ohne Wasservorrat vielleicht zwei oder sogar dreimal am Tag recht mühsam gegossen werden. Es muss darauf geachtet werden, dass die Pflanzen nicht ständig über Nacht im Wasser stehen.

Tauchpumpe Eine Wasserpumpe ist unumgänglich, wenn größere Mengen Wasser oder Regenwasser in einem Vorratsbehälter gesammelt und zum Gießen bereitgehalten werden. Mit Hilfe eines Schlauchgießgerätes ermöglicht die Pumpe ein komfortables Gießen oder auch die Versorgung eines Luftbefeuchters. Gehäuse, Laufrad und Welle sollten aus Edelstahl sein.

Schlauchgießgerät Ein Schlauchgießgerät erleichtert das Gießen größerer Pflanzenbestände verschiedenster Art. Es besteht aus einem Metallrohr und einem Aufsatz auf den verschiedene Düsen zum Gießen oder Sprühen aufgesetzt werden können. Ein Schlauchgießgerät kann entweder direkt an die Wasserleitung oder an eine Pumpe angeschlossen werden. Natürlich ist es auch für den Einsatz im Freiland geeignet.

Regenwasserbecken Ist genügend Platz im Gewächshaus vorhanden, sollte ein Regenwasserspeicherbecken oder eine Regentonne vorgesehen werden.

Wird das Wasser innerhalb des Gewächshauses gelagert, steht es stets leicht vorgewärmt zur Verfügung, was den Pflanzen deutlich besser bekommt als kaltes Wasser. Sollte man mit Leitungswasser gießen müssen, kann dies in einem Wasserbehälter vorgewärmt werden. Zudem finden sich in abgestandenem Leitungswasser weniger Reste von Chlor.

Heizung

Man sollte vor allem ein gut gedämmtes Gewächshaus gleich von Beginn an mit einer Heizung (Elektro oder Gas) ausstatten.

Die Nutzungsmöglichkeiten steigen beträchtlich. Will man Heizkosten sparen, kann man die Heizung erst ab Januar oder Februar in Betrieb nehmen. Auf jeden Fall muss die Heizung aber thermostatisch geregelt werden. Je hochwertiger der Thermostat, desto genauer die Regelung, desto weniger unnötige Heizkosten entstehen. Auf keinen Fall reicht eine Steuerung über eine Schaltuhr aus. Eine hochwertige Heizung arbeitet in der Regel sehr zuverlässig, so dass man das Gewächshaus beruhigt auch ein paar Tage allein lassen kann. Petroleumheizungen müssen stets kontrolliert und nachgefüllt werden. Sie eignen sich im Prinzip nur als Notheizung.

***Gurken** und Tomaten*

Thermostat/Temperaturregler Ist die Heizung nicht bereits mit einem Temperaturregler ausgestattet, muss ein externer, feuchtraumgeeigneter Regler angeschlossen werden.

Der Regler sollte über einen Temperaturfühler verfügen und präzise reagieren, um auch bei einer niedrig eingestellten Mindestraumtemperatur von 3 bis 5 °C eine absolute Frostfreiheit zu gewährleisten. Auf Wunsch sind Geräte erhältlich, die die herrschende Temperatur digital anzeigen. Sie sind allerdings teurer. Achten Sie beim Kauf darauf, ob der Regler den von Ihnen gewünschten Temperaturbereich abdeckt.

Wird eine Temperatur von 8 bis 10 °C oder mehr gefahren, ist ein Regler mit Nachtabsenkung lohnenswert.

***Blähton** auf den Tischen hält die Feuchtigkeit und gibt sie langsam an die Pflanzen ab.*

Frostwächter Fällt die Heizung einmal zu ungünstiger Zeit aus, kann in einer Nacht eine wertvolle Sammlung von Kübelpflanzen großen Schaden nehmen. Neben einer zuverlässigen Heizung, ist deshalb ein Frostwächter ein nützliches Zubehör.

Zusatzlicht Zusatzlicht sollte immer zeitlich begrenzt gegeben werden. Entweder verlängert man den Tag für die Pflanzen um eine bestimmte Stundenzahl, indem man die Belichtung durch eine Zeitschaltuhr regelt oder man schaltet das Licht über eine Fotozelle, so dass immer, wenn einen bestimmte Lichtmenge unterschritten wird, das Licht eingeschaltet wird. Damit das Licht nicht die ganze Nacht über eingeschaltet bleibt, muss eine Schaltuhr auf jeden Fall zusätzlich installiert werden.

▸ Schattierung

Eine einfache Schattierung aus Matten oder Schattiergewebe kann bei Bedarf bei nicht allzu großen Häusern von Hand auf- und abgedeckt werden. Man kann sich auch eine Aufziehvorrichtung nach dem Muster von Raffrollos selbst herstellen. Bei kürzerer Abwesenheit wird die Schattierung vorsichtshalber auf dem Haus belassen. Für Kulturen, die eine Dauerschattierung benötigen, werden einmalig spezielle Gewebehalter aus Kunststoff auf die Scheiben geklebt, die im Sommer die Schattierung fixieren und im Winter auch zum Anbringen von Noppenfolie benutzt werden können.

Eine Motor betriebene Schattierung lohnt sich nur bei aufwändigen Spezialkulturen wie Orchideen und Bromelien. Sie wird elektronisch geregelt; entweder lichtabhängig über eine Fotozelle oder temperaturabhängig über einen Thermostat. Die Anlage sollte zusätzlich mit einer Sturmsicherung ausgestattet sein.

▸ Düngung

Auch die Düngung ist automatisierbar. Wer häufig düngt kann sich einen Düngemischer zulegen. Aus einem Vorratsbehälter wird in der gewünschten Menge Dünger dem Gießwasser zugesetzt. Der Mischer ist natürlich auch im Freiland zu benutzen.

Vollautomatische Schattierung

Bodenthermometer

▸ Elektro-Installationen

Montageleiste Wenn im Gewächshaus mehrere elektrische Geräte angeschlossen werden, empfiehlt es sich Schalter, Thermostat, Drehzahlsteller, Thermometer und andere Elektrogeräte übersichtlich auf einer Montageleiste zusammenzufassen und die Elemente entsprechend zu beschriften.

So kann man direkt beim Eintreten in das Gewächshaus zum Beispiel das Licht einschalten und den Luftumwälzer ausschalten ohne zwischen den Pflanzen lange nach dem Schalter suchen zu müssen.

Schaltkasten Besonders elegant und übersichtlich lassen sich alle Geräte, Steuerelemente und Sicherungen in einem geschlossen, wassergeschützten Schaltkasten anschließen. Dieser muss vom Elektriker fachgerecht installiert werden.

Messtechnik

Um das Klima im Gewächshaus beurteilen und steuern zu können, ist es wichtig einige Daten durch Messgeräte zu kontrollieren.

Maxima-Minima-Thermometer Ein Messgerät, auf welches nicht verzichtet werden sollte, ist das Maxima-Minima-Thermometer. Ein einfaches Thermometer genügt nicht. Das Maxima-Minima-Thermometer verfügt über zwei Skalen. Es zeigt zum einen die aktuelle Temperatur an, aber auch die jeweils tiefste Temperatur der Nacht und die höchste Temperatur des Tages. Somit kann man jederzeit die Funktion der Heizung überprüfen oder entscheiden, ob man eine Schattierung auflegen muss. Es muss nach dem Ablesen wieder heruntergestellt werden.

Das Thermometer soll nicht unmittelbar an der Außenwand aufgehängt werden, sondern im Pflanzenbestand. Durch direkte Sonneneinstrahlung wird die Anzeige verfälscht. Dies wird vermieden, indem das Thermometer durch ein Blech abgedeckt wird. Die Kosten für ein solches Thermometer sind gering und die Anschaffung lohnt sich in jedem Fall.

Innen-Außen-Thermometer Ergänzend zum Maxima-Minima-Thermometer kann ein Innen-Außen-Thermometer installiert werden. So kann man stets die Temperaturdifferenzen zwischen innen und außen ablesen. Allerdings kann man auch draußen ein zweites Maxima-Minima-Thermometer aufhängen, so dass man auch dort jeweils die tiefsten und höchsten Temperaturen ablesen kann.

Bodenthermometer Ergänzend sollte man mit einem Bodenthermometer die Bodentemperaturen überprüfen. Sie entscheiden über den Beginn der frühen Aussaaten von zum Beispiel Radieschen oder Salat.

Hygrometer Das Hygrometer misst die relative Luftfeuchtigkeit. Es ist aber für ein Gemüse und Tomatenhaus nicht unbedingt erforderlich. Im Kübelpflanzenhaus ist bei zu hoher Luftfeuchtigkeit die Gefahr von Pilzkrankheiten besonders groß. Ein Blick auf den Hygrometer gibt Auskunft, ob man lüften sollte oder nicht. Hygrometer sind relativ preiswert, allerdings nicht so genau wie Hygromaten.

Hygromat Wer darauf angewiesen ist die relative Luftfeuchtigkeit ganz genau zu kennen, sollte einen Hygromaten wählen. Durch eine andere Messtechnik zeigt er noch genauere Werte an als das Hygrometer.

Lux-Messgerät Ein Lux-Messgerät ist relativ teuer, deshalb lohnt sich die Anschaffung nur, wenn man es häufig benötigt, was aber in der Regel nicht der Fall ist. Vielleicht haben Sie aber die Gelegenheit sich ein solches Gerät einmal zu leihen, denn es ist sehr interessant, wie subjektiv das menschliche Lichtempfinden ist. Sehr häufig halten wir einen Standort für „hell". Eine Messung zeigt jedoch, dass dieser Standort für bestimmte Pflanzen bereits deutlich zu dunkel ist.

Zwischenzähler Möchten Sie genauen Aufschluss über den Energieverbrauch des Gewächshauses erhalten, können Sie einen Zwischenzähler installieren, der den Stromverbrauch des Gewächshauses misst.

Tomaten und Bohnen *mit automatischer Bewässerung durch Tropfschläuche*

Die Inneneinrichtung

▸ Wege und Trittplatten

Ein fester Weg in der Längsachse des Gewächshauses ist empfehlenswert. Er kann 70 bis 80 cm vor der hinteren Giebelwand enden. Die Quererschließung der Beete, falls erforderlich, kann über einfache Trittplatten erfolgen. Ohne Trittplatten sollte man die Beete nicht betreten, da der Boden zu stark verdichtet wird. Die Wegeplatten sollten mit Sand unterfüttert werden, damit sie eben liegen. Die Wahl des Materials ist beliebig. Naturstein, Ziegel oder Betonplatten kommen gleichermaßen infrage. Abzuraten ist von Waschbetonplatten, da sich die unebene Oberfläche mit Erde zusetzt und rutschig wird. Imprägniertes Holz oder Tropenholz ist zwar relativ haltbar, doch auf der Oberfläche siedeln sich schnell Moose und Algen an, die eine Unfallgefahr darstellen. Holzbauteile aller Art stellen im Gewächshaus auch ein hygienisches Problem dar. Der Weg sollte etwas erhöht über den Grundbeeten angelegt werden, da sonst ständig beim Gießen Erde auf die Platten geschwemmt wird. Eine bewährte Lösung ist die Verlegung von Betonplatten, welche durch etwa 10 cm hohe (Rasen-) Kantensteine eingefasst werden. In jedem Fall ist eine Verlegung mit leichtem Gefälle nötig, damit Wasser schneller ablaufen kann.
Je nach Gewächshausgröße sollte der Weg zwischen 50 und 70 cm breit sein.

Mit Trittplatten *kann man einen einfachen Weg im Gewächshaus legen.*

Stabiler *Hängekulturtisch*

▸ Pflanzbeete

Die Pflanzflächen im Gewächshaus werden üblicherweise als Grundbeete ebenerdig angelegt, da auf diese Weise die volle Raumhöhe genutzt werden kann. Allerdings ist auch die Anlage von Hochbeeten oder Bankbeeten unter bestimmten Umständen sinnvoll.
Grundbeete sollten kaum breiter als 1 m sein, sonst kann man sie nicht mehr bearbeiten. Breitere Beete müssen mit kleinen Querwegen oder Trittplatten begehbar gemacht werden. Auch im Gewächshaus können Hochbeete angelegt werden und durch ihren speziellen Aufbau in gewissem Umfang Wärme produzieren.
Bankbeete sind rückenschonend und sinnvoll, wenn die Bearbeitung vereinfacht werden soll. Wenn sie entsprechend angelegt werden, sind sie sogar für die Arbeit vom Rollstuhl aus geeignet. Bankbeete kommen auch infrage, wenn überwiegend kleinwüchsige Pflanzen wie Bonsai oder alpine Pflanzen kultiviert werden. So reduziert sich

Pflanzbeet *mit verschiedenen Sukkulenten und Kakteen.*

das zu heizende Raumvolumen. Auf Bankbeeten kann sehr schön mit entsprechenden Pflanzen wie Bonsai, alpinen Pflanzen oder Kakteen eine kleine Landschaft gestaltet werden. Sehr gut macht es sich, wenn die Beete aus Ziegeln oder Naturstein zusammen mit dem Sockel hochgemauert werden. Welche Bodenvorbereitungen für die Beete erforderlich sind, wird ab Seite 96 beschrieben.

▸ Kulturtische und Arbeitsplatz

Pflanzenkulturtische Kulturtische werden im Gewächshaus vor allem zum Aufstellen von Jungpflanzen benötigt. Aber auch Aussaatschalen oder -kisten, größere Töpfe, Container, Vermehrungsbeete oder Arbeitsutensilien werden dort untergebracht. Pflanzgefäße, vielleicht nutzen Sie sogar Tontöpfe, sind besonders im gegossenen Zustand recht schwer. Bei Tischen ist deshalb zu aller erst auf die Stabilität zu achten. Bevor sie zu billigen Aluminiumtischen greifen, bauen Sie sich lieber selbst aus Tischböcken und festen Bohlen einen tragfähigen Tisch. Oder Sie suchen einen Anbieter, der Pflanzenkulturtische aus stabilen Vierkantrohren mit entsprechenden Verstrebungen herstellt. Wenn die Tischbeine dazu noch über Nuten verfügen, können sie unter der Kulturfläche mit Hilfe von Alu-Winkeln eine zweite Etage einziehen und den sonst ungenutzten Platz als Ablagefläche benutzen.
Als optimale Tischgröße haben sich in der Praxis Tische von 80 cm Tiefe und 1 bis 2 m Breite erwiesen. Tiefer als 1 m sollten Tische auf keinen Fall sein, da man sonst vor allem bei Jungpflanzen die letzten Reihen nicht mehr gut kontrollieren und erreichen kann.
Tische von 60 cm Tiefe sind in schmaleren Gewächshäusern üblich.

***Tische** mit Gitterböden nehmen darunter wachsenden Pflanzen kein Licht weg.*

Konsolen und Hängen Wenn weniger als 60 cm Platz für Tische zur Verfügung steht, sollte man eine Lösung auf Konsolen wählen. Diese werden an den Sprossen von Stehwand oder Giebel angebracht und benötigen keine Tischbeine, sind entsprechend preiswerter und bieten mehr Bewegungsfreiheit. Bei günstigen Lichtverhältnissen und entsprechender Raumhöhe kann auf 40 cm tiefen Konsolen durchaus in zwei Etagen übereinander kultiviert werden. Eine solche effektive Nutzung ist aber nur bei hochwertigen Gewächshäusern mit entsprechend stabil dimensionierten Sprossen und einer ausreichenden Raumhöhe möglich.
Während Konsolen an den Stehwänden angebracht werden, können Hängekulturtische mit Bügeln an den Dachsprossen befestigt werden und zum Beispiel unterhalb des Dachfirstes verlaufen. Sie sind vor allem bei breiteren Gewächshäusern zu empfehlen.

Großzügiger Arbeitsplatz

Arbeitstisch Ein Arbeitsplatz ist eine sehr praktische Einrichtung im Gewächshaus. Immer wieder sind Arbeiten zu erledigen, wie Aussäen, Pikieren, Umtopfen, Etiketten beschriften und Ähnliches. Erde muss gemischt, etwas in einem Buch nachgeschlagen oder eine Pflanze auf Schädlinge untersucht werden. Zudem sollten Arbeitsutensilien auf und über einem Arbeitsplatz griffbereit untergebracht werden können. Natürlich ist die Ausführung abhängig von der Gewächshausgröße. Ganz darauf verzichten sollte man aber nicht.
Einige wenige Hersteller bieten spezielle Arbeitstische für Gewächshäuser an. Das besondere daran ist der erhöhte Rand, der verhindert, dass beim Umtopfen Erde oder Utensilien hinunterfallen. Achten Sie auf eine ausreichende Höhe des Tisches von mindestens 80, besser 90 cm, damit auch längere Tätigkeiten keine Rückenschmerzen zur Folge haben. Die Tiefe sollte rund 80 cm betragen, die Breite mindestens 1,20 m. Der Tisch sollte stabil genug sein, um eine Zwischenetage als Ablagefläche aufnehmen zu können.

Arbeitsplatz Kommt ein eigener Arbeitstisch aus Platzgründen im Gewächshaus nicht infrage, kann man sich jeweils bei Bedarf einen kleinen Arbeitsplatz einrichten. Man legt auf einen Kulturtisch oder auf zwei Böcke eine Platte, zum Beispiel eine ausrangierte Stegdoppelplatte. Das Umtopfen erfolgt dann mit Hilfe einer kleinen Arbeitswanne aus Kunststoff. Diese Arbeitswanne ist zwar nicht so groß wie ein Arbeitstisch, man muss also häufiger Erde nachfüllen, aber dennoch eine praktikable Alternative zum Aussäen, Pikieren und Umtopfen. Nach Gebrauch wird sie einfach gereinigt und unter dem Tisch verstaut.

Aufhänge- und Rankhilfen Aufhängerohre, Patentschrauben mit Ösen und Haken, Topfaufhänger, Rankstäbe oder Rankschnüre eignen sich ideal als Aufhänge- und Rankhilfen.

Arbeitsbeleuchtung Eine Arbeitsbeleuchtung im Gewächshaus ist praktisch, wenn das Haus über den Winter genutzt wird. Als berufstäti-

1 Dachfenster
2 Seitenfenster
3 Wassertank
4 Stellagen
5 Grundbeet mit Bodenheizung
6 Hängetisch
7 Luftumwälzer
8 Luftbefeuchter
9 Zusatzlicht
10 Arbeitslicht

ger Gewächshausbesitzer kommt man sicher oft erst in der Dunkelheit nach Hause. Trotzdem muss das Gewächshaus gelegentlich kontrolliert werden. Funktionieren Heizung und Luftumwälzer einwandfrei? Welche Temperaturen herrschen? Sind die Kübelpflanzen nass genug? Es ist recht mühselig diese Kontrollen mit der Taschenlampe vorzunehmen. Auch kann es sein, dass man nach Feierabend noch eine Weile im Gewächshaus arbeiten und sich entspannen möchte. Dann ist eine Arbeitsbeleuchtung recht praktisch. Eine nicht allzu teure Lösung sind Leuchtstoffröhren, die in einem spritzwassergeschützten Gehäuse untergebracht sind. Man kann diese Leuchte auch zeitweise als Zusatzbelichtung für Aussaaten und Stecklinge benutzen. Man sollte aber auf jeden Fall einen Reflektor aufstecken.

▸ Vermehrungsbeete

Kaum ein Gewächshaus, in dem nicht auch Pflanzen vermehrt werden sollen. Sommerblumen, Kräuter und Gemüse aber auch Kübelpflanzen oder Zimmerpflanzen aus Samen selbst anzuziehen, macht für viele Pflanzenfreunde den besonderen Reiz eines Gewächshauses aus. Da die meisten Pflanzen zum Keimen besondere Temperaturen und eine höhere Luftfeuchtigkeit benötigen, ist die Anschaffung eines Vermehrungsbeetes über kurz oder lang unausweichlich. Je nach den Pflanzen, die man heranziehen möchte, wählt man das entsprechende Vermehrungsbeet.
Von einfachen, unbeheizten Saatschalen mit Deckeln, die für die Pflanzenanzucht auf der Fensterbank geeignet sind bis hin zu Vermehrungsbeeten mit exakter Temperatursteuerung sind viele verschiedene Varianten auf dem Markt. Doch auch derjenige, der gern etwas selbst konstruiert, kann sich mit Hilfe von Wärmematten oder einem Bodenheizkabel ein preiswertes Vermehrungsbeet selbst herstellen.

Bei Platzmangel *kann man die Pflanzwanne auch auf einen Hängekulturtisch stellen.*

Zimmergewächshäuser Unter diesem Namen werden einfache Saatschalen in verschiedenen Größen angeboten, die eine frühe Anzucht auf der Fensterbank erlauben. Sie haben einen transparenten Kunststoffdeckel, der mit Lüftungsöffnungen versehen sein sollte. Wenn die Pflanzen nicht bald nach der Keimung an einen helleren Standort versetzt werden, sollten Fensterbankanzuchten möglichst immer mit Zusatzlicht betrieben werden.

TIPP

Gebrauchsgegenstände aus Kunststoff wie Abdeckhauben, Töpfe, Aussaat- und Pikierschalen, Pikierstab, Arbeitswanne usw. sollten so wenig wie nötig dem Sonnenlicht ausgesetzt und nach Gebrauch sofort wieder an einen dunklen Ort geräumt werden.
Das Sonnenlicht entzieht dem Kunststoff Weichmacher und lässt das Material verspröden und ausbleichen.

***Im Gewächshaus** gedeihen Jungpflanzen besonders gut.*

Heizbare Vermehrungsbeete

Sowohl auf der Fensterbank als auch im Gewächshaus kann man heizbare Vermehrungsbeete verwenden. Im Boden der Schale oder in separaten Untersetzschalen ist eine Heizung eingelassen, die im Allgemeinen für eine leichte Temperaturerhöhung gegenüber der Umgebungstemperatur sorgt.
Die Temperatur ist allerdings nicht exakt einstellbar. Für viele Aussaaten reicht diese Art von Vermehrungsbeet aber durchaus.
Für ein sicheres Gelingen auch etwas anspruchsvollerer Aussaaten sowie für die Stecklingsvermehrung empfiehlt sich trotz des höheren Preises die Anschaffung eines thermostatgesteuerten Vermehrungsbeetes. Stecklinge, die bis zur Bewurzelung über eine längere Zeit im Vermehrungsbeet ausharren müssen, benötigen eine dauerhaft gleichmäßige Bewurzelungstemperatur. Nur so lässt sich gewährleisten, dass sich Wurzeln bilden. Auch langsam keimende Aussaaten sind für eine geregelte Temperatur dankbar. Mittels einer Wärmematte, die unter eine Aussaatschale oder Bewurzelungsschale gelegt wird, ist eine Vermehrungseinrichtung leicht selbst herzustellen.
Man kann die Temperatur ebenfalls durch einen zwischengeschalteten Thermostat steuern. Nach der Anzuchtphase kann man diese Wärmematte dann für andere Zwecke einsetzen.

***Verschiedene selbst gezogene** Jungpflanzen*

Foliengewächshäuser und Frühbeete

Foliengewächshäuser und Frühbeete

Wer einen Garten besitzt und diesen gern und intensiv bewirtschaftet, den kitzelt bereits bei den ersten Sonnenstrahlen im Frühjahr der Wunsch, sich nach langer Winterpause gärtnerisch zu betätigen. Ein Foliengewächshaus eignet sich auf jeden Fall dazu, das Gartenjahr zu erweitern.

Zur frühen Anzucht von Gemüsen und Blumen ist alles erlaubt, was warm hält. Mit Fantasie entwickelten die Menschen einfache aber wirksame Verfahren, um die Pflanzen vor den Unbilden des Wetters zu schützen. Schon die Buchsbaumhecke um das Gemüsebeet des Bauerngartens stellte einen Schutz vor kalten Winden und Nachfrösten dar. Früher weit mehr als heute war der geschützte Anbau von Nahrungspflanzen lebensnotwendig. Wenn die Vorräte des Winters aufgebraucht waren, dann musste so schnell wie möglich Neues wachsen.

Foliengewächshaus

Einfacher Frühbeetkasten

Und auch heute noch deckt der Anbau unter Glas und Folie einen großen Teil unseres Bedarfes an Salat und Gemüse.

Im Hausgarten ist es jedoch vor allem der Spaß und die Freude am Hobby Garten, die den Wunsch nach einem Gewächshäuschen weckt.

Geschützter Anbau ohne Heizung Kleine Kunststoffkuppeln, Frühbeete, Wander- und Mistbeetkästen, Folientunnel, Tomatenhäuschen, Foliengewächshäuser, Verfrühungsvliese oder Loch- und Schlitzfolien – alle diese Anbauformen haben eines gemeinsam, was sie vom beheizbaren Gewächshaus unterscheidet – sie schützen die Pflanzen nur bedingt vor Witterungseinflüssen. Eine Beheizung mit Primärenergie ist nicht wirtschaftlich. Der Anbau unter Folienkonstruktionen verlangt demnach bereits eine gewisse Stabilität des Wetters, er beginnt also etwas später als der Anbau in einem Gewächshaus.

Ergänzung zum Gewächshaus

Allein durch die Fernhaltung von kaltem Wind durch die Folie ergibt sich schon eine gewisse Temperaturerhöhung gegenüber der Außentemperatur. Zudem kann die Temperatur auch in einem Folienhaus durch passive Energienutzung in gewissem Maße erhöht werden.

Somit steht ein solides Foliengewächshaus nicht als minderwertig gegenüber einem gut gedämmten, ganzjährig beheizbaren Gewächshaus da, sondern es gibt eine sinnvolle Ergänzung dazu ab. Man kann zwar keine Zitronen und Bananen ernten, das Spektrum der anbaubaren Pflanzen unter Folie ist aber

***Reiche Salaternte** im Frühbeet*

dennoch groß. Zwei bis drei Ernten im Jahr von Salaten, Radieschen, Spinat und anderem sind auch im Folienhaus möglich.

Geringe Anschaffungskosten
Folienkonstruktionen sind relativ preiswert, ob man sie fertig kauft oder selbst baut.

Folienhaus oder Gewächshaus?
Zwar bekommt man ein einfaches Gewächshaus mit 4- oder 6-mm-Stegdoppelplatten recht günstig. Da man aber auch ein solches nicht sinnvoll beheizen kann, sollte man lieber zum Foliengewächshaus greifen. Es bietet für den gleichen Preis mehr Rauminhalt, das Klima ist besser, es bringt mehr Ertrag pro Fläche. Der Austausch von qualitativ minderwertigen Stegdoppelplatten, die schnell altern und vergilben, ist teurer als der Austausch von Folie.

Einstieg in die Gewächshauswelt
Vergessen darf man nicht, dass es sich bei Folienbauten um einfachste Konstruktionen handelt. Die Anfälligkeit gegenüber Umwelteinflüssen ist hoch. Und spätestens alle 4 bis 5 Jahre muss die Folie ausgewechselt werden. Sie eignen sich aber sehr gut, um Erfahrungen im Gewächshausanbau zu sammeln. Nach einiger Zeit steigen viele Pflanzenfreunde auf ein ganzjährig nutzbares Gewächshaus um. Das Folienhaus stellt dann aber immer noch eine gute Ergänzung dar, um die im Gewächshaus angezogenen Gemüse und Sommerblumen aufzunehmen oder um die Kübelpflanzen langsam auf ihren Freilandaufenthalt vorzubereiten.

***Frühbeetkasten** auf Holzsockel*

Foliengewächshäuser

Unter einem Foliengewächshaus versteht man eine stabile Unterkonstruktion aus Metall oder Holz, die mit einer für den Gartenbau entwickelten UV-stabilisierten Folie aus Polyethylen eingedeckt ist. Das Foliengewächshaus bietet eine gewisse Raumhöhe, so dass man es ohne den Kopf einzuziehen begehen kann. Es verfügt über eine oder zwei Türen und über die Möglichkeit, Fenster einzubauen, welche sich bei Bedarf durch einen automatischen Fensteröffner öffnen lassen. Da die Fenster meist nur im Dach einzubauen sind und auch der Querschnitt relativ gering ist, muss die Querlüftung durch die geöffneten Türen gewährleistet werden. Deshalb sollten unbedingt zwei Türen vorgesehen werden.

Kein Fundament erforderlich Ein Folienhaus benötigt kein Fundament und kann auch auf leicht geneigtem Gelände errichtet werden. Es kann mit Kulturtischen und in begrenztem Maße auch mit Hängetischen ausgestattet werden.
Man kann es im Winter durch eine Noppenfolie isolieren, eine Behei-

Eine Folienabdeckung *fördert die Erwärmung des Bodens und schützt Jungpflanzen vor Spätfrost.*

zung ist aber wenig sinnvoll, da Undichtigkeiten und das Fehlen eines gedämmten Fundamentes einen zu hohen Energieverbrauch zur Folge hätten. Das Foliengewächshaus bietet auch hochwachsenden Pflanzen wie Tomaten, Gurken und Melonen ausreichend Platz. Sein Standort kann leicht verändert werden.

Foliengewächshäuser sind von verschiedenen Herstellern in unterschiedlichen Formen und Ausführungen erhältlich. Man sollte kein Mitnahme-Produkt, sondern immer von einem renommierten Hersteller kaufen, der auch ein abgestimmtes Zubehörangebot bietet.

Im Foliengewächshaus können fast alle Wärme liebenden Gemüse, Salate und Kräuter, dazu Frühkartoffeln, Rhabarber und andere wie im nicht beheizbaren Gewächshaus kultiviert werden. Man beginnt nur etwas später mit der Nutzung. Auch in einem Folienhaus sollten Sie vor allem bei der Kultur von Tomaten nicht auf einen Luftumwälzer verzichten. Wenn möglich legen Sie also einen Elektroanschluss in das Folienhaus.

Vor allem im Februar und März sind noch Unsicherheiten des Wetters einzukalkulieren. Ab Ende März kann aber mit der Nutzung begonnen werden. Ist starker Nachtfrost zu erwarten muss zur Not im Foliengewächshaus mit einer Vlies- oder anderweitigen Abdeckung den Pflanzen Schutz gewährt werden. Anzuchten erfolgen auf der Fensterbank am besten mit Zusatzlicht, damit die Pflanzen gestärkt in das Gewächshaus einziehen können.

▸ Folienhaus selbst bauen

Will man sich ein Foliengewächshaus selbst bauen sollte man Folgendes beachten. Eine Unterkonstruktion aus Holz sollte keine scharfen und rauen Kanten und Flächen aufweisen, da Folie sich bei Wind immer bewegt und an diesen Stellen leicht einreißen kann. Ecken sollten abgerundet werden, raue Flächen mit einem Stück Folie abgedeckt werden. Nagelflächen zusätzlich mit einer Leiste abdecken, damit keine Windlöcher entstehen. Die Dachneigung sollte so steil wie möglich sein. Regen kann sonst Nester bilden, die Folie dehnt sich unter dem Gewicht und wird zerstört. Schmutz wird nicht abgewaschen und vermindert schnell die Lichtdurchlässigkeit. Auch Schnee muss abgleiten können.

▸ Folienzelte

Dies sind einfache, selbst gebaute Konstruktionen zum Beispiel aus gebogenen Rundstäben, die in die Erde oder in Betonhülsen gesteckt werden oder aus schräg gegeneinander gestellten Holzlatten, über

Bei sonniger Witterung *müssen Folienkästen gelüftet werden.*

***Bei Sonne** wird das Foliendach einfach zurückgezogen.*

***Die Pflanzen** in der unteren Etage bekommen zu wenig Licht.*

die eine Folie gezogen wird. Statt einer Tür wird die Folie am Giebel doppelt gelegt und übereinander geschlagen. Der Einbau von Fenstern ist nicht vorgesehen. Tische finden kaum Platz. Das Folienzelt sollte 1,8 bis 2 m hoch und mindestens 1,5 m breit sein, so dass man darin stehen und arbeiten kann, sonst verliert man schnell die Lust daran.
Gelüftet wird über die Giebelseiten, indem an beiden Enden die Folie zurückgeschlagen wird. Das Zelt darf nicht zu lang sein (2 bis 3 m), damit auch bei starker Sonneneinstrahlung eine ausreichende Querlüftung gewährleistet ist. Eine Automatisierung ist nicht vorgesehen.
Im Hochsommer kann die Folie abgenommen werden, im Herbst wieder angebracht werden.
Die Nutzung beginnt Ende März mit Salaten, Kohlrabi, Möhren, Rettich, Radieschen. Ab Mai können Tomaten, Auberginen, Paprika und andere Wärme liebende Gemüse ausgepflanzt werden. Im Herbst werden Kopfsalat, Endiviensalat, Ruccola, Feldsalat, Kohlrabi, Rettich und Radieschen gepflanzt. Achten Sie beim Saatgutkauf auf Sorten, die der Jahreszeit entsprechen.

▸ Folientunnel

Ein Folientunnel ist sicherlich die preiswerteste Möglichkeit die Pflanz- und Erntesaison zu verlängern. Die Konstruktion erfolgt ähnlich wie bei den Folienzelten. Die Folie muss sich allerdings leicht öffnen und wieder schließen lassen, um pflanzen, jäten und lüften zu können. Im Handel sind Tunnelfertigkonstruktionen erhältlich. Der Tunnel sollte nicht zu niedrig sein (mindestens 50 cm), damit die Pflanzen nicht an die Folie stoßen. Will man ihn von zwei Seiten aus bearbeiten ist eine Breite von 1 bis 1,2 m günstig.
Wer ihn selbst konstruieren möchte benötigt dazu Federstahlrundstäbe (Länge 2,5 bis 3 m, Durchmesser

Bau eines Folientunnels

Die Federstahlstäbe werden jeweils paarweise im Abstand von etwa 5 cm nebeneinander in den Boden gesteckt. Die Folie wird jeweils über den einen und unter dem anderen hindurch in Längsrichtung des Tunnelbeetes gezogen. Dann kann man später die Folie, die auf diese Weise zwischen die Federstäbe gespannt ist, kontrolliert von der Seite herauf- und herunterschieben ohne dass sie auf der Rückseite herunterfällt oder wegweht. Auf diese Weise kann der Tunnel auch gelüftet werden.

5 bis 8 mm, weiß kunststoffbeschichtet), UV-stabilisierte Polyethylen-Folie (Stärke 0,2 mm; kann mehrfach verwendet werden) und Steine zur Beschwerung der Folie. Die Stäbe werden möglichst senkrecht im Abstand von 1 bis 1,5 m etwa 20 bis 30 cm tief in den Boden eingesteckt, so dass der Tunnel einen Halbkreis bildet und die Folie nicht zu flach auf den äußeren Pflanzreihen zu liegen kommt. Es ergibt sich ein halbkreisförmiger Tunnel mit einer Höhe von gut 50 cm an der höchsten Stelle.
Auch die Nutzung des Folientunnels beginnt Ende März. Salate, Paprika, Gurken, Spinat, Kohlrabi können gepflanzt werden. Es folgen sehr niedrige Tomatensorten, Paprika, Buschbohnen oder Kastengurken. Bei starker Sonneneinstrahlung sollte die Folie abgedeckt werden, damit die Pflanzen nicht überhitzt werden.

▸ Beheizter Folientunnel

Versuchen Sie einmal die Anlage eines Hochbeetes zur Beheizung eines Folientunnels. Diese Heizenergie ist kostenlos: Entsprechend der Größe des Folientunnels, welcher am besten 1,2 m breit sein sollte, wird die Umrandung für ein Hochbeet errichtet. Sie ist über längere Zeit nutzbar und kann aus Holzpfählen, Mauerwerk (sehr haltbar) oder Rasensoden bestehen. In den Wände verbleiben Öffnungen, um dort auch einige (wärmeliebende) Pflanzen setzen zu können. Dies sieht besonders schön aus in einer Steinmauer. In Schichten von 20 cm wird als unterste Schicht Mist und Gartenabfall eingefüllt. Darüber kommen Rasensoden oder Mutterboden vermischt mit Herbstblättern und Gartenabfall. Darüber Garten- und Küchenabfälle mit Erde vermischt. Als vorletzte Schicht folgt Mutterboden und schließlich etwa 15 cm reifer Kompost. Das Beet kann schon im Herbst vorbereitet werden. Der obersten Kompostschicht wird Mineral- und Tonmehl sowie Algenkalk zugefügt. Im zeitigen Frühjahr wird der Folientunnel aufgesetzt. Durch die Verrottung entsteht Wärme, welche die Pflanzen lieben! Die Temperaturen werden mit einem Bodenthermometer kontrolliert.

▸ Tomatenhäuschen

Tomaten gehören zu den beliebtesten Pflanzen im geschützten Anbau. Nicht selten werden Gewächshäuser vor allem auch zur Kultur von Tomaten angeschafft. Im Freiland gelingt die Kultur eigentlich nur in sonnenreichen, regenarmen Sommern. Allzu schnell werden Tomaten Opfer der gefürchteten Kraut- und Braunfäule.
Im Handel sind Regenhauben für Tomaten und einfache Tomatenhäuschen erhältlich. Sie erlauben zwar keine Verfrühung der Kultur, also keine längere Erntezeit, aber sie schützen die Pflanzen vor Regen und allzu kalten Winden. Die geschlossenen Seiten sollten nach Westen weisen.
Vorsicht bei geschlossenen Tomatenkästen ohne Dachentlüftung! Die Pflanzen verbrennen schnell, die Temperatur wird zu hoch. Auch eine um die Pflanze geschlungene Folie ist ungünstig. Es muss in jedem Fall eine Schlitzfolie gewählt werden.

***Ein Foliendach** verhindert, dass die Tomaten bei Regen nass werden und schützt sie so vor der Kraut- und Blattfäule.*

Eigentlich ist ein kleines, belüftbares Foliengewächshaus die bessere Unterbringung für Tomaten. Wichtig ist, dass die Tomaten möglichst weit entfernt von Kartoffelkulturen stehen, von denen die Krautfäule übertragen werden kann.

Frühbeete, Mistbeete, Wanderkästen

▸ Frühbeete

Warme und kalte Kästen beziehungsweise Frühbeete, sind eine alte Form der geschützten Pflanzenkultur. Bis weit in das 20. Jahrhundert waren sie in den Gärtnereien weit verbreitet. Sie waren billig in der Anschaffung und erfüllten durchaus ihren Zweck. Gewächshäuser aus Stahl und Glas waren viel zu teuer.
Vor allem boten Frühbeete durch ihre massiven Seitenteile, die oft aus Stein bestanden und eine gewisse Speicherkraft besaßen, die Möglichkeit zu einer sinnvollen Beheizung. Gegen Nachtfröste konnten abends einfach Strohmatten auf den Kästen verteilt werden.

▸ Mistbeete/Warmer Kasten

Wenn die Frühbeete im zeitigen Frühjahr mit einer Packung Stallmist versehen wurden, der beim Verrotten Wärme freisetzt, dann reichte diese natürliche „Heizung" aus, um den Kasten bis zu 8 Wochen frostfrei zu halten. Anschließend konnte unbeheizt kultiviert werden.

Stabiler Frühbeetkasten *aus Aluminium und Doppelstegplatten*

Wer sich heute die Mühe macht ein Mistbeet anzulegen, heizt nahezu kostenfrei.

Warmer Kasten Die Anlage eines warmen Kastens ist nicht schwierig. Die Vorbereitung erfolgt im Herbst. In der Größe des Kastens wird ein Loch von 50 cm Tiefe ausgehoben. Es wird mit Laub, Gras-

Wenn die Pflanzen größer *werden, kann die Folienhaube einfach abgenommen werden.*

***Frühbeet** im Hausgarten*

schnitt oder Stroh ausgefüllt. Der Oberboden wird mit Algenkalk, vorkompostiertem Mist sowie mit Mineral- und Tonmehl vermischt und zu einem Kegel aufgeschichtet. Dann wird der Haufen mit schwarzer Lochfolie oder Laub abgedeckt. Im Februar bei frostfreiem Wetter wird das Abdeckmaterial aus dem Loch entfernt. Anschließend wird lagenweise Pferdemist bis zu einer Höhe von etwa 30 cm eingefüllt. Jede Lage wird festgetreten. Je fester die Packung, desto gleichmäßiger und länger die Wärmeabgabe. Darüber kommt der verkompostierte, fruchtbare Aushub vom Herbst und schließlich der Frühbeetkasten. Mit einem Bodenthermometer wird die Temperatur, die bis auf 40 °C steigen kann, kontrolliert. Ab 30 °C kann gesät werden, zum Beispiel Gartenkresse, Postelein, Radieschen, Kastengurken und Salat. Wem ein Mistbeet zu viel Aufwand ist, kann ein Frühbeet allerdings auch relativ günstig mit einem Bodenheizkabel frostfrei halten. Die Seitenteile sollten dabei isoliert werden.

Wanderkasten

Der Wanderkasten ist ein mobiles Frühbeet. Er wird über eine frische Aussaat gestellt. Hat diese ein Temperatur unempfindliches Wachstumsstadium erreicht, kann der Kasten an eine neue Aussaatfläche versetzt werden. Er eignet sich besonders für Salat oder Gurken.

Folien und Vliese

Wohl die einfachste Form des geschützten Anbaus stellt das Abdecken von Pflanzen mit Folien dar. Im Erwerbsgartenbau wird dieses preiswerte Verfahren schon lange praktiziert. Im Verhältnis zu dem recht geringen Aufwand, sollten Sie einen Versuch starten. Wird zum Beispiel Rhabarber im Freiland mit einer Schlitzfolie oder einem Fließ abgedeckt, tritt die Ernte zwei bis drei Wochen früher ein als gewöhnlich. Dies trifft auch auf andere Kulturen zu wie zum Beispiel Erdbeeren, Salate oder Spargel. Wenn man einige Rhabarberpflanzen abdeckt, andere nicht, verlängert man die Erntesaison insgesamt. Folie soll nicht länger als notwendig auf den Pflanzen verbleiben. Nach der Benutzung soll sie gereinigt und getrocknet sofort an einem dunklen Platz gelagert werden. So wird die Haltbarkeit erhöht, denn UV-Licht zerstört Folie.
Sie erhalten Folien in guten Gartencentern oder Gartenmärkten.

Vlies

Vlies besteht aus Kunststofffasern und gleicht weniger einer Folie als einem stoffartigen Material. Vlies ist luftdurchlässig, so dass es bei Sonnenschein nicht abgenommen werden muss. Regen dringt durch das Vlies hindurch, der Gießaufwand ist reduziert. Es gibt lichtdurchlässige Vliese, die immer noch 85 % des Lichtes durchlassen. Dickere, die die Temperatur etwas besser halten, sind nur zu 70 bis 80 % lichtdurchlässig. Aus diesem Grund ist die dünnere Folie zu bevorzugen. Es darf nicht vergessen werden, dass sich bei schlech-

Vliestunnel

ten Lichtverhältnissen gesundheitsschädliches Nitrat im Salat anreichern kann.
Unter Folie gedeiht zudem das Unkraut schlecht, ein angenehmer Nebeneffekt. Zudem verbleibt die Feuchtigkeit länger im Boden, verdunstet aber auch schnell genug, wenn es viel geregnet hat.
Friert es in der Nacht, bildet der gefrorene Tau eine Schutzschicht über den Pflanzen. Vlies ist leicht und „wächst" mit, so dass auch empfindliche Pflanzen darunter kultiviert werden können. Als günstig erweist sich ein Vlies-Gewicht von 17 g/m^2.

***Gemüsebeet** mit Schutzgitter und Vliesabdeckung*

Schlitzfolie

Mit der Schlitzfolie können Aussaat und Ernte um etwa 2 bis 3 Wochen vorgezogen werden. Wie der Name schon sagt, sind in eine Kunststofffolie längliche Schlitze eingearbeitet. Die Schlitze sind zunächst geschlossen. Wenn die Folie sich ausdehnt, dehnen sich die Schlitze, so dass eine gute Durchlüftung gewährleistet ist. Wind richtet wenig Schaden an, da die Luft durch die Schlitze wieder entweichen kann. Die Bodenfeuchtigkeit unter der Folie ist ausgeglichen.

Lochfolie

Die Lochfolie entsteht, in dem in eine Kunststofffolie in gleichmäßigen Abständen Löcher eingearbeitet werden. Auch mit dieser Folie ist eine Ernteverfrühung zu erreichen. Sie erfordert aber gewisse Wartungsarbeiten. Sie muss je nach Wachstum der Pflanzen gelockert werden. Bei starker Sonneneinstrahlung kann es auch im Frühjahr bei den Pflanzen unter der Folie zu Verbrennungen kommen, so dass man die Folie ggf. häufig auf- und abdecken muss.
Aus diesen Gründen ist Schlitzfolie oder Vlies vorzuziehen.

Mulchfolie

Die Verwendung von schwarzer Mulchfolie aus Kunststoff hält zwar Wärme im Boden, aber die darüber wachsenden Pflanzen sind der Kälte dennoch ausgesetzt. Sie verfrüht die Ernte um etwa 2 Wochen und verlängert sie auch im Herbst, sollte aber nicht zu früh im Jahr eingesetzt werden. Mulchfolie ist lichtundurchlässig. Die Pflanzen werden in eingeschnittene Löcher gesetzt. Die Wärme wird im Wurzelbereich gehalten, nicht aber an der Pflanze selbst. Ein geringer Abstrahlungseffekt durch den unter der Folie erwärmten Boden ist dabei allerdings gegeben.
Da unter der Mulchfolie kein Unkraut wächst, wird sie gern genutzt, um Jätarbeiten zu sparen. Da Mulchfolie bis auf die Pflanzlöcher nicht regendurchlässig ist, müssen beim Anlegen eines solchen Beetes die Bodenverhältnisse berücksichtigt werden. Bei einem sandigen Boden wird das Beet um einige Zentimeter abgesenkt. Bei normalem Boden wird das Beet leicht erhöht, bei sehr nassem Boden fällt die Erhöhung etwas

***Schwarze Mulchfolie** unterdrückt Unkräuter und fördert die Bodenerwärmung.*

stärker aus. Hier sollte man etwas Erfahrung gewinnen.
Liegt das Beet am Hang, verwendet man besser gelochte Folie, denn das Wasser, welches normalerweise durch die Pflanzlöcher an die Pflanzen gelangt, fließt außen am Hang über die Folie ab.
Mulchfolie muss gut gegen Wind geschützt werden. Sie wird ausgerollt, gut gespannt und nicht nur am Rand durch Steine oder Erde gesichert, sondern auch auf der gesamten Beetfläche.

▸ Folien im Gewächshaus

Natürlich können Folien auch innerhalb eines Gewächshauses eingesetzt werden. In einem ungeheizten Haus werden sie gern genutzt, um in kalten Nächten ausgleichend zu wirken. Allerdings muss man sich im Klaren darüber sein, dass sie die bereits verminderten Lichtwerte noch weiter verschlechtern. Man sollte deshalb Feldsalat, Ruccola oder Salat der bald geerntet werden soll nicht mehr mit Folie abdecken. Besonders unter schlechten Lichtverhältnissen reichert sich in den Pflanzen das unerwünschte Nitrat an. Zudem ist im Gewächshaus die Belüftung eingeschränkt, so dass es unter Folie eher zu Pilzerkrankungen kommen kann. Es sollte nur Vlies oder Schlitzfolie verwendet werden. Bei frischen Aussaaten ist eine Folienabdeckung empfehlenswert.
Abnehmen der Folien Folien sollten nicht an einem sonnigen Tag entfernt werden. Da den Pflanzen unter der Folie mehr Feuchtigkeit und weniger Licht zur Verfügung steht, müssen sie sich an das „normale" Klima erst einmal gewöhnen. Man deckt die Folie also am besten an einem trüben Tag ab, oder jeweils für eine paar Stunden täglich.
Isolierung und passive Heizung unter Folie Um im Frühjahr die so heiß ersehnte Wärme zu den Pflanzen zu holen und zu halten, sollte in Foliengewächshäusern, -zelten oder -tunneln jede passive Heizmöglichkeit genutzt werden. Man kann davon ausgehen, dass Foliengewächshäuser, -zelte oder -tunnel die Ernte etwa drei Wochen verfrühen und um einige Wochen verlängern. Meist gelingt es unter Folie und Folienkonstruktionen die Pflanzen bei einer Außentemperatur von –3 °C noch frostfrei zu halten. Gut gedämmte Gewächshäuser schaffen das übrigens noch bei –8 bis –10 °C.
Eine Beheizung von Folienkonstruktionen aller Art mit Gas-, Öl- oder Elektroheizungen ist nicht empfehlenswert. Der Energiebedarf und damit die Kosten wären viel zu hoch. Folienkonstruktionen sollten zunächst auf Winddichtigkeit geprüft werden (Fenster, Türen, Sockelbereich). Durch Wind entstehen erhebliche Wärmeverluste. Folienhäuser können mit Noppenfolie zusätzlich gedämmt werden. Die Folie sollte aber so früh wie möglich abgenommen werden, da sie viel Licht schluckt. Die Außenflächen eines Foliengewächshauses oder eines Frühbeetes können Sie mit Styropor oder Styropur (nimmt im Gegensatz zu Styropor kein Wasser auf) gedämmt werden. Auf der Seite mit dem größten Lichteinfall sollte man aber zumindest tagsüber darauf verzichten, da sonst die Sonnenstrahlen nicht auf den Boden auftreffen, wo sie sich ja in Wärme verwandeln sollen. Obwohl Foliengewächshäuser oder Frühbeetkästen kein Fundament benötigen, sollte man sich dennoch überlegen, ob man nicht in bis in eine Tiefe von 50 bis 80 cm eine Styrodurplatte versenkt, um die Bodenwärme zu speichern.
Ein schwarzes Regenwasserfass im Folienhaus speichert bei Sonneneinstrahlung geringe Mengen an Wärme.
Unmittelbar zwischen die Pflanzreihen kann man schwarze Wasserschläuche verlegen, die Wärme direkt im Bereich der Pflanzen speichern und nachts wieder abgeben. Es gibt im Handel fertige Systeme. Auch eine Eigenkonstruktion aus dunklen Weinflaschen (können bei starkem Frost platzen!) oder aus schwarz gestrichenen Wasserflaschen aus Kunststoff ist denkbar.

***Noppenfolie** zur Isolierung des Frühbeetes*

Arbeitspraxis

Arbeitspraxis

Die Arbeitspraxis im Gewächshaus unterscheidet sich nicht grundlegend von der Gartenbearbeitung im Freiland. Der Unterschied ist, dass das Gewächshaus viel intensiver genutzt wird als ein gleich großes Stück Gartenland. Wenn das Gewächshaus aufgebaut und verglast ist, dann sollte man zunächst einmal ein kleines Richtfest feiern; vielleicht mit Nachbarn, denn diese sollen ja später einmal bei Abwesenheit des Besitzers ein Auge darauf haben. Anschließend begibt man sich daran, das Gewächshaus einzurichten und für die ersten Pflanzversuche startklar zu machen. Vermutlich wird das ein oder andere zunächst einmal nicht so gelingen, wie man es sich vorgestellt hat. Doch nach einer Saison hat man genügend Erfahrungen gesammelt, um die üblichen Gewächshauskulturen erfolgreich bewältigen zu können.

Grundausstattung

Wenn nicht bereits beim Kauf des Gewächshauses geschehen, dann

Arbeitsbedarf – Grundausstattung

Grundausstattung	Sonstiges	Hilfreich
Aussaat- und Vermehrungserde	*Karteikasten und Notizbuch*	*Erdtopfpresse*
Kultur- und Topfsubstrate	*Schwarze Filmdöschen (zur Aufbewahrung von geerntetem Saatgut)*	*Einzelkornsäer für rundes Saatgut in verschiedenen Größen*
Erdsieb (2 mm, 6 mm); ternativ Haushaltssieb	*Messbecher zum Abmessen von Düngern und Pflanzenschutzmitteln*	*Ergänzungsteile für Bewässerungsset*
Töpfe in verschiedenen Größen	*Eimer zum Anrühren von Düngermischungen*	*Wasserkocher zum Desinfizieren von Messern*
Etiketten in verschiedenen Größen	*Größere Töpfe und Kübel (nach Bedarf kaufen)*	*Kübelkarre oder Sackkarre zum Transport großer Kübelpflanzen*
Wasser- und lichtfeste Filzstifte	*Torfquelltöpfe*	*Ausrangierte elektrische Zahnbürste zur Bestäubung von Tomaten*
Aussaat- und Pikierschalen	*Arbeitskalender/ Kulturanleitungen*	*Abdeckvlies/Mulchfolie*
Pikierstab	*Gewächshausgießkanne mit langem Hals und weicher Brause*	*Skalpell (zum Beispiel zum Veredeln von Gurken und Tomaten)*
Andrückbrett und Abstreiflatte	*Feinzerstäuber zum Befeuchten von Stecklingen*	
Maxima-Minima-Thermometer	*Bodenthermometer*	
Gartenschere, Haushaltsschere, Messer	*Bücher über Gewächshäuser und Pflanzenkultur*	
Kleiner Spaten, Grabegabel, lange und kurze Hacke, Rechen, Sauzahn		
Pflanzkelle, Schnur zum Reihenziehen		
Besen, Handfeger und Kehrschaufel		
Bindebast, Bindedraht		
Stäbe und Rankhilfen in verschiedenen Längen		

***Schöne Werkzeuge** machen Lust aufs Gärtnern.*

sollte man sich spätestens jetzt eine Grundausstattung an Arbeitsmitteln zulegen, um mit den ersten Arbeiten beginnen zu können. In der Tabelle sind die Utensilien aufgeführt, die Sie üblicherweise im Laufe eines Arbeitsjahres im Gewächshaus benötigen.
Die meisten Gewächshaushersteller bieten zwar technisches Zubehör an, wie Heizungen oder Lüftungen, aber nur wenige verfügen über ein gut sortiertes Angebot an praxiserprobten Arbeitsmaterialien, wie Aussaat- und Pikierschalen, Töpfen, speziellen Düngermischungen oder Pflanzenschutzmitteln. Auch die Arbeitsmaterialien können Sie sich in der Regel per Katalog schicken lassen. Bei allen Arbeitsmaterialien aus Kunststoff sollten Sie nicht zu Billigprodukten greifen. Da die Materialien in der Regel lange Zeit der Sonne ausgesetzt sind, vergilben und verspröden billige Kunststoffe deutlich schneller als hochwertige. Sofort nach Gebrauch sollten alle Kunststoffteile an einem dunklen Platz gelagert werden. Das erhöht ihre Haltbarkeit beträchtlich.

Wartung und Pflege

Ein hochwertiges Gewächshaus erfordert wenig Wartungsaufwand. Eine Aluminiumkonstruktion bedarf keinerlei Wartung. Stahlkonstruktionen auf Beschädigungen kontrollieren. Holzkonstruktionen mit entsprechenden Pflegemitteln behandeln.
Im Frühjahr, und falls erforderlich im Herbst, werden die Scheiben von innen und von außen mit einem Hochdruckreiniger oder einem Schlauch mit weichen Bürstenaufsatz gereinigt. Dabei möglichst kein organisches Material in die Fugen drücken, da sich hier sonst Algen entwickeln können. Ist eine Scheibe beschädigt, kann sie eventuell repariert werden. Falls nicht, spätestens vor dem Winter austauschen. Möchten sie Reinigungsmittel verwenden, erkundigen Sie sich, ob es für das Eindeckungsmaterial zugelassen ist.

***Plastikschalen** werden durch direkte Sonneneinstrahlung schnell spröde.*

***Holzkonstruktionen** erfordern einen hohen Wartungsaufwand.*

Hagelschäden ersetzt u.U. die Versicherung. Sie können auch eine eigene Versicherung für ein Gewächshaus abschließen. Erkundigen Sie sich beim Lieferanten. Die Dachrinnen werden kontrolliert, der Ablauf von Laub befreit.
Behalten Sie die Funktion der Fensteröffner im Auge. Funktionieren sie nicht mehr, müssen wahrscheinlich die Patronen ersetzt werden. Werfen Sie die alten Patronen nicht weg, sondern schicken Sie sie an den Lieferanten ein. Dann erhalten Sie normalerweise die neue Patrone im Austausch, das heißt preiswerter.
Vor dem Winter muss die Heizung und der Thermostat kontrolliert werden. Die Patronen der automatischen Fensteröffner sollten jetzt bei ungeheizten Gewächshäusern ausgebaut werden. Nicht vergessen Sie im Frühjahr wieder einzusetzen.
Schnee sollte vom Dach abgefegt werden, da er die Konstruktion belastet und das Haus verdunkelt.

Boden und Substrat

Unter Boden versteht man den natürlich gewachsenen Boden. Die im Handel erhältlichen Fertigerden werden als Substrat bezeichnet. Sie sind bereits mit bestimmten Eigenschaften versehen. Der Vorteil für den Benutzer ist, dass er sich auf ganz bestimmte Eigenschaften des Substrates verlassen kann. Einige Substrate sind bereits mit Düngern angereichert. Auch für bestimmte Pflanzengruppen wie Kübelpflanzen, Zitruspflanzen, Kakteen oder Orchideen gibt es fertige Substrate zu kaufen. Die Handhabung ist bequem, der Preis etwas höher. Sparen sollte man auch bei Fertigerden nicht, denn die Qualitätsunterschiede sind erheblich.

▸ Besonderheiten des Gewächshausbodens

Der Gewächshausboden ist deutlich höheren Beanspruchungen ausgesetzt als der Freilandboden. Wenn im Gewächshaus Pflanzen auch im Grundbeet, also im natürlich gewachsenen Boden ausgepflanzt werden sollen, und das ist in der Regel der Fall, sollte dem Boden eine besondere Pflege zuteil werden. Drei Faktoren sind beim Gewächshausboden anders als im Freiland. Zunächst wird ein Gewächshausboden generell stärker beansprucht, denn die Kulturfolgen sind kürzer und intensiver. Zudem ist der Boden vom natürlichen Kreislauf, durch den er im Freiland immer wieder Humus und Nährstoffe erhält, abgeschnitten. Die Nährstoffe müssen also kontrolliert zugegeben werden. Zum Dritten ist der Wasserhaushalt im Gewächshaus ein anderer. Während im Freiland nicht verbrauchte Düngerreste durch Regen beständig in die unteren Bodenschichten ausgewaschen werden, ist es im Gewächshaus umgekehrt. Wasser steigt nach oben, da die Verdunstung höher ist als die Wasserzufuhr. Das hat zur Folge, dass Düngesalze sich mit der Zeit im Boden anreichern und ab einer bestimmten Konzentration den Pflanzenwurzeln schädlich werden. Deshalb sollte man, wenn man überwiegend mineralische Dünger verwendet, den Gewächshausboden jedes Jahr im Spätherbst kräftig wässern. Pro Quadratmeter Gewächshausfläche werden 150 Liter Wasser gegossen. Dies geschieht langsam, damit der Boden nicht verschlämmt.

***Üppiges Wachstum** im Grundbeet*

Das Grundbeet

▸ Bodenanalyse

Ob der vorhandene Boden für die Pflanzenkultur geeignet ist, welche Nährstoffe eventuell zugesetzt werden müssen oder ob der Boden Versalzungen aufweist, kann man am besten über eine Bodenanalyse abklären. Auch wenn ungeklärte

***Eine Fingerprobe** gibt Aufschluss, ob es sich um einen lehmigen oder sandigen Boden handelt.*

Pflanzenschädigungen auftreten, kann eine Bodenanalyse Anhaltspunkte liefern.

Bodenanalysen werden von verschiedenen Instituten durchgeführt. Die Kosten dafür sind wirklich gut angelegt ist. Adressen finden Sie im Anhang. Mit Hilfe der Analyse kann man den Boden gezielt verbessern oder zur Not austauschen.

▸ Der ideale Boden

Der Boden sollte nicht unnötig verdichtet werden. Deshalb empfiehlt es sich, ihn während des Gewächshausaufbaus mit Laufbrettern oder Schaltafeln abzudecken. Guten Boden kann man durch sorgsame Bearbeitung und Pflege einige Jahre im Grundbeet nutzen.

Ein idealer Boden besteht aus mittelschwerem, leicht sandigem und humosem Lehm und weist eine krümelige, wasserdurchlässige Struktur auf. In den oberen Schichten leben sichtbare (Regenwürmer) und unsichtbare (Bakterien) Bodenlebewesen. Sind sie in ausreichendem Maße vorhanden, sorgen sie durch ihre Tätigkeit für eine gute Qualität des Bodens, indem sie durch den Abbau von organischen Substanzen den Pflanze die erforderlichen Nährstoffe zur Verfügung stellen.

Der Boden sollte nicht umgegraben werden, sondern nur mit einer Grabegabel etwa zwei Spatenstiche tief gelockert werden. Der Oberboden, in welchem sich die aktiven Bodenorganismen befinden, soll nicht mit dem eher unbelebten Untergrund vermischt werden. Dort würde das Bodenleben absterben.

Um die Qualität zu erhalten, sollte der Boden im Winter nicht zu sehr austrocknen. Er wird deshalb mit Stroh abgedeckt oder es wird eine Gründüngung eingesät. Auch ein über den Winter ungenutztes Haus sollte deshalb gelegentlich gegossen werden. Während der Kulturzeit im Frühjahr, Sommer und Herbst sollte der Boden gemulcht werden.

***Gesteinsmehl** dient der Bodenverbesserung im Grundbeet.*

Im Herbst und im späten Frühjahr verteilt man eine 2 bis 3 cm dicke Schicht Gartenkompost auf den Beeten.

Schwerer Tonboden Ein stark tonhaltiger Boden verschlämmt schnell und ist für ein gesundes Wurzelwachstum unzuträglich. Tonboden kann mit Kompost, Rindenhumus und Gründüngung verbessert werden. Kalk zur Bodenverbesserung sollte nur eingesetzt werden, wenn der pH-Wert unter 7 liegt und wenn keine kalkempfindlichen Pflanzen ausgepflanzt werden sollen. Ist der Boden extrem tonhaltig, sollte er durch eine Fertigerde (Einheitserde oder Rindenkultursubstrat) oder durch eine Mischung aus Gartenerde, Kompost und Sand (4:4:1) ersetzt werden.

Leichter Sandboden Leichte Böden können bis zu einem bestimmten Grad durch Tonmehle wie zum Beispiel Bentonit verbessert werden. Sie quellen auf und verbessern das Wasser- und Nährstoffhaltevermögen. Zu sandige Böden sollten ausgetauscht werden.

Moorboden Dieser Bodentyp ist zu sauer (pH-Wert unter 6) und somit für die meisten Gewächshauskulturen weniger geeignet. Moorboden sollte ersetzt werden oder eine Kultur in Fertigerden erfolgen. Auch eine Kalkung zur Anhebung des pH-Wertes ist sinnvoll.

„Holländern“ Ein Verfahren zur Aufbereitung des Gewächshausboden vor der Nutzung ist das so genannte „holländern". Der Boden wird zunächst zwei Spatenstiche tief mit einer Grabegabel aufgelockert. Dann werden einen Spatenstich tief pro Quadratmeter etwa 5 kg Stallmist, der ein Jahr abgelagert ist, untergegraben. Auf die Bodenoberfläche wird eine 1 bis 2 cm dünne Schicht Kompost aufgebracht und leicht eingeharkt.

Gründüngung Auch im Gewächshaus entfaltet eine Gründüngung ihre positiven Wirkungen. Sie eignet sich zur Verbesserung des Bodens vor der ersten Nutzung, als Untersaat für lichte Kulturen und als Abschlusskultur im Herbst. Gründüngung bringt organische Substanzen in den Boden, bindet überschüssige Nährstoffe, verhindert unnötige Verdunstung von Wasser und lockert den Boden. Im Winter verbleibt sie als Mulchdecke auf den Beeten und wird im Frühjahr im Garten kompostiert. Als Gründüngung werden Ackerbohnen (über den Winter), Lupinen und Dinkel (für schwere Böden) und auch Feldsalat empfohlen. Weniger geeignet sind Raps und Senfsaat.

Mulchen Wie im Freiland so ist auch im Gewächshaus das Mulchen eine sinnvolle Pflegemaßnahme. Das Bodenleben wird geschützt und die Verdunstung eingedämmt. Zum Mulchen eignet sich Strohhäcksel, Rasenschnitt, Gründünger, schwarze Folie (Winter/Frühjahr) oder weiße Schlitzfolie im Sommer. Leider fühlen sich auch Schnecken unter Mulch sehr wohl. Entweder stellt man Schneckenkorn aus oder sammelt die Schnecken gelegentlich unter dem Mulch ab.

pH-Wert Bei zu hohem pH-Wert wird ungedüngter Torf untergemischt. In der Folgezeit möglichst mit Regenwasser gießen und sauer wirkende Dünger wie Ammonsulfatsalpeter und schwefelsaures Ammoniak verwenden. Zu saure Böden werden aufgekalkt. Gedüngt wird vorwiegend mit alkalisch wirkenden Düngern.

***Eine Mulchschicht** hält die Feuchtigkeit länger im Boden.*

Bodenaustausch Findet man am Standplatz des Gewächshauses stark verdichteten Boden, Bauschutt oder andere ungeeignete Böden vor, sollte man den Boden gegen eine Mischung aus Gartenerde, Kompost und Sand austauschen (Mischungsverhältnis 4:4:1). Die Erde wird gemischt aber nicht gesiebt, da sie sonst leicht verschlämmt.

Gute Fertigerden eignen sich ebenfalls zum Austausch. Wenn der Boden gut gepflegt wird, muss er nicht jedes Jahr erneuert werden. Erst im Laufe der Zeit entwickelt sich ein gesundes Bodenleben.

Boden dämpfen Wenn der Befall durch bestimmte Schädlinge und Krankheiten zu groß ist, wird der Boden entweder ausgetauscht oder durch Dämpfen sterilisiert. Dazu sind im Fachhandel spezielle Erddämpfgeräte erhältlich.

Nicht zu große Mengen können auch im Backofen 30 Minuten bei 150 °C gedämpft werden.

▸ Alternativen zum Grundbeet

Sackkultur Ist kein Grundbeet vorhanden oder ist die Bodenqualität zu schlecht, kann man sich auf bequeme Weise behelfen, indem man die Kulturen direkt in Säcke mit aufgedüngter Fertigerde auspflanzt. Dazu werden die Säcke auf dem Gewächshausboden ausgelegt. Zunächst wir der Sack auf der Unterseite mit Löchern versehen, die den Wasserablauf garantieren. Dann werden auf der Oberseite Pflanzlöcher ausgeschnitten (2 für Tomaten, Gurken oder Auberginen,

***Pak-Choi** in Sackkultur*

3 bis 5 für Paprika). Das Substrat sollte nicht vollständig austrocknen. Bewährt hat sich bei der Sackkultur die Kombination mit einem automatischen Bewässerungssystem. Tomaten zeigen bei der Kultur in Fertigerde einen deutlich geringeren Befall mit der gefürchteten Krautfäule.

Nach Gebrauch wird die Fertigerde im Garten verteilt oder bereichert den Kompost.

Container, Kübel, Kästen, Töpfe
Es ist nicht notwendig, alle Pflanzen in Grundbeete auszupflanzen. Auch in Containern, Kübeln, Töpfen, Pikierschalen oder Blumenkästen kann im Gewächshaus kultiviert werden. Da die Kulturen auf diese Weise mobil bleiben, kann die Fläche im Gewächshaus besser ausgenutzt werden. Unempfindliche Pflanzen können nach der Aussaat bei gutem Wetter in den Garten gestellt werden. Kräuter werden in Abständen in Töpfe ausgesät und nach Bedarf ins Haus geholt. Pflanzen mit kurzer Kulturzeit und relativ geringem Platzbedarf wie Radieschen, Pflücksalat, Portulak werden auf Tischen und Konsolen kultiviert. Das Grundbeet bleibt frei für Pflanzen mit längerer Kulturzeit. Die Kultur in Gefäßen erfordert vermehrte Wassergaben. Man sollte einen ständigen Wechsel zwischen feucht und trocken vermeiden. Dies führt zu Wachstumsstörungen der Pflanzen. Größere Gefäße sind aber bequem an ein automatisches Bewässerungssystem anzuschließen. Kleinere Töpfe sollten in einer Unterschale stehen, in die ein kleiner Wasservorrat gegeben werden kann. Im Hochsommer sollten Pflanzen möglichst nicht in schwarzen Kunststoffgefäßen kultiviert werden. Durch die Sonneneinstrahlung heizen sie sich zu stark auf, die Wurzeln werden geschädigt. Hat man nur schwarze Gefäße zur Verfügung, sollte man sie schattieren, indem man sie zum Beispiel mit einem Stück heller Folie ummantelt.

Fertigerden, in der Fachsprache als Substrate bezeichnet, werden zur Pflanzenaussaat und zur Pflanzenkultur in Töpfen und Kübeln benutzt. Sie bestehen aus einem erdigen Grundmaterial. Der früher häufig verwendete Torf wird aus Umweltschutzgründen mehr und mehr durch andere Stoffe wie Rindenhumus, Kompost oder Holzfaserstoffe ersetzt. Je nach Einsatzbereich sind die Substrate mit bestimmten Zusatzstoffen angereichert. Zum einen sind sie bereits mit einer mineralischen Grunddüngung versehen, zum anderen garantieren bestimmte Zuschlagstoffe günstige Eigenschaften wie Wasserhaltefähigkeit oder eine Pufferung gegenüber zu kalkhaltigem Wasser. Es gibt Balkon- und Kübelpflanzen-, Azaleen-, Zitrus-, Kakteen- oder Orchideensubstrate. Gute Fertigerden sind standardisiert, das heißt ihre Eigenschaften sind garantiert. Sie sind von stets gleicher Qualität. Billige, nicht standardisierte, Erden weisen häufig nicht die geforderten Qualitätsmerkmale auf. So wird minderwertiger Torf verwendet oder der pH-Wert ist zu niedrig. Deshalb sollte man besser ein wenig mehr anlegen und Qualitätserden verwenden.

Bankbeete Bankbeete sind erhöht angelegte Grundbeete. Der wesentliche Vorteil ist eine leichtere Bearbeitung der Beetfläche. Wer sich ein Gewächshaus für die Zeit des Ruhestandes anschafft, sollte über die Anlage von Bankbeeten nachdenken. Der bequemste Weg ist es, den Gewächshaussockel bereits in der gewünschten Höhe der

Beete aufzumauern. Im Gewächshaus kann man die Einfassung dann ebenfalls aufmauern. Dies stellt sicher die stabilste und optisch ansprechendste Lösung dar. Oder man konstruiert eine Abtrennung mit Hilfe von Holzbohlen. Da man wegen der Schadstoffabgabe ins Beet kein imprägniertes Holz benutzen sollte, ist diese Lösung allerdings nicht sehr dauerhaft.

Schöne Utensilien *zur Jungpflanzenanzucht*

Jungpflanzenanzucht

Selbst in guten Gartencentern und Gärtnereien ist das Jungpflanzenangebot an Gemüse, Salaten und Kräutern oder Blumen doch recht eingeschränkt. Schaut man aber die Angebote der Saatgutanbieter durch, so findet man leicht über 600 verschiedene Sämereien in nur einem Katalog. Dazu kommen noch Anbieter von Spezialsortimenten wie Kräuter, Stauden, Kürbisse, Kakteen oder Gartenpflanzen. Und wem das noch nicht reicht, der schaut einmal in die Saatgutlisten für alte Nutzpflanzen, wie sie zum Beispiel der VEN (Verein zur Erhaltung alter Nutzpflanzen e.V.) jährlich herausgibt. Oder geben Sie einmal das Stichwort „Tomatensamen" in eine Suchmaschine des Internets ein ...
Spätestens jetzt fragt man sich, wie man jemals ohne Gewächshaus ausgekommen ist.

Aussaaten vorplanen Bei der Fülle des Angebotes ist es ratsam zu Beginn des Jahres die Aussaaten vorzuplanen. Man unterscheidet zwischen den Pflanzen, die im Gewächshaus ausgepflanzt werden und denjenigen, die nur vorgezogen und dann ins Freiland oder in Kübeln und Balkonkästen ausquartiert werden.
Ein Arbeitskalender hilft bei der

Saatgutkauf – was sagt das Etikett?

Resistenz	*Durch stetige Auswahl widerstandsfähiger Sorten durch den Züchter entwickeln die Pflanzen Resistenzen (Widerstandskräfte) gegen Krankheiten oder Schädlinge. Dieses Saatgut ist teurer, der Einsatz aber lohnend.*
Toleranz	*Das Saatgut ist nicht vollständig resistent, aber deutlich weniger anfällig als herkömmliche Sorten.*
Pilliert	*Feines Saatgut wird mit einer Schicht umhüllt, damit es besser auszusäen ist.*
Kalibriert	*Das Saatgut ist auf eine bestimmte Größe ausgesiebt, da große Körner über eine bessere Keim- und Entwicklungsfähigkeit verfügen.*
Saatbänder	*Die Saatkörner sind in ein Papiervlies eingearbeitet und liegen bereits im richtigen Abstand zu einander. Auch Mischungen verschiedener Pflanzen in einem Saatband sind erhältlich.*
Saatscheiben	*Sind das gleiche wie Saatbänder, nur in runder Form*

TIPP

Saatgut von ganz bestimmten Pflanzen finden Sie auf Tauschbörsen der Gartenzeitschriften oder im Internet.

Planung des Gewächshausjahres. Dort sind für jeden Monat die wichtigsten Aussaaten aufgelistet.
Wer bei der Aussaat nichts falsch machen will, kann sich in Büchern über Pflanzenvermehrung schlau machen. Dort sind genaue Angaben zur Aussaatzeit, Keimtemperatur und zur Weiterkultur sowie zu den Besonderheiten der Stecklingsvermehrung zu finden.

Aussaat im Gewächshaus Zunächst überlegt man sich, ob das Gewächshaus ganzjährig beheizt werden soll, gar nicht beheizt wird oder nur in den Übergangszeiten Herbst und Frühjahr. Danach richtet sich, welche Pflanzen wann ausgesät und ausgepflanzt werden können. Auch in einem ungeheizten Haus kann man ganzjährig säen und ernten. Weit mehr Möglichkeiten hat man aber, wenn man das Gewächshaus auf 5 °C beheizt.
Um Heizenergie zu sparen kann es auch durchaus Sinn machen, Pflanzen im Haus auf der Fensterbank vorzuziehen. Dies sollte aber immer mit Zusatzlicht erfolgen. Auch an einem scheinbar hellen Fenster reicht die Lichtmenge nicht aus. Die Sämlinge werden zu lang, fallen um und sterben ab oder sind sehr krankheitsanfällig.
Es empfiehlt sich auf jeden Fall die Anschaffung eines beheizbaren Vermehrungsbeetes. Bessere Ergebnisse erzielt man mit einem Beet, in welchem die Temperaturen durch einen automatischen Temperaturregler genau vorgewählt werden können.

Das Saatgut Beim Saatgutkauf sollte man möglichst auf Qualität achten. Gutes Saatgut ist nicht nur in einfachen Papiertüten, sondern in luftdicht verschlossenen Keimschutzverpackungen abgefüllt und mit einem Haltbarkeitsdatum versehen. Die Keimergebnisse sind meist besser. Das Saatgut muss stets kühl und trocken aufbewahrt werden.
Saatgut ist meist über mehrer Jahre haltbar. Auch nach Ablauf des Haltbarkeitsdatums kann es in der Regel noch verwendet werden.
Besonders feines Saatgut wird häufig pilliert. Es wir mit einem Mantel aus Torf und Porzellanerde umhüllt, damit es sich besser aussäen lässt.
Gelegentlich wird Saatgut kalibriert, das heißt es werden nur die größeren Körner einer Saatguternte in den Handel gebracht, da deren Keimfähigkeit besser ist als die der kleineren Körner. Es leuchtet ein, dass solchermaßen behandeltes Saatgut teurer ist als normales.
Wer es ganz einfach haben möchte, kann zu Saatbändern greifen. Hier ist das Saatgut in ein Band aus Papier eingearbeitet. Das Saatband wird in eine Saatreihe eingelegt. Die Samen befinden sich bereits im richtigen Abstand zueinander.
Gelegentlich verläuft die Keimung bei Saatbändern nicht zufriedenstellend. Im Gegensatz zu normalem Saatgut müssen Saatbänder schon vor dem Abdecken intensiv

***Aussaaterde** in der Schale flach andrücken*

***Samen** mit der Tüte ausäen*

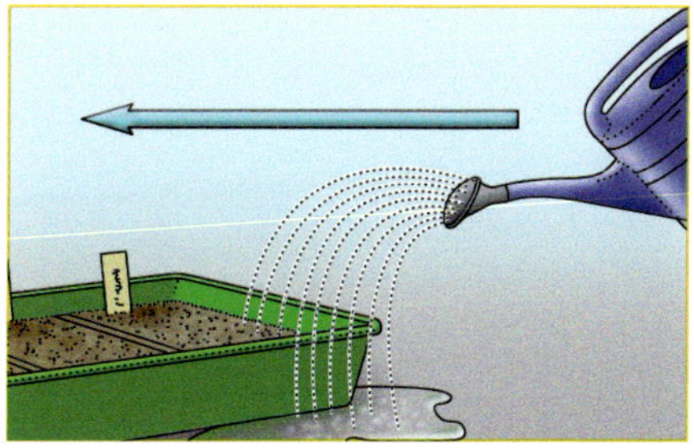

***Vorsichtig** angießen*

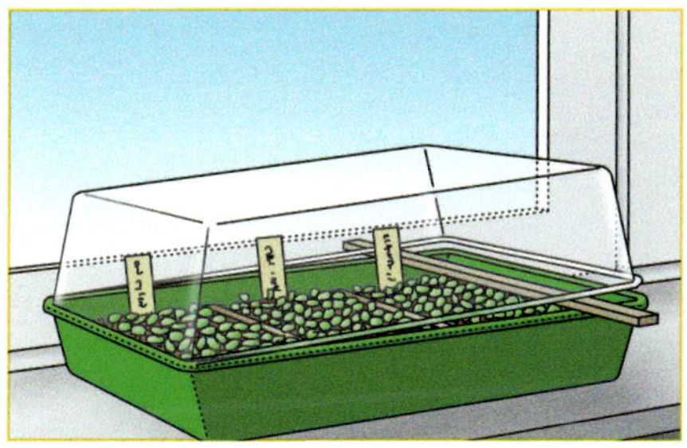

***Nach dem Keimen** für ausreichende Lüftung sorgen*

angegossen werden. Erst dann werden sie mit Erde abgedeckt und nochmals angegossen.
Neuerdings sind auch so genannte Kräutersaatscheiben im Handel. Die Samenkörner befinden sich bereits im richtigen Abstand zueinander. Die runden Scheiben werden einfach in entsprechend große Töpfe gelegt und gut angegossen.

Hilfsmittel Aussaat- und Pikierschalen mit Untersetzern, Andruckbrett, Abziehlatte, transparente Abdeckplatten, Etiketten mit einem wasser- und lichtechten Filzstift und ein Pikierstab gehören zur Grundausstattung der Aussaatpraxis. Wer sehr viel und sehr feines Saatgut aussät, kann sich mit einem Einzelkornsäer die Arbeit erleichtern. Das Saatgut wird in einem Behälter eingefüllt, aus dem man es dann kontrolliert Korn für Korn aussäen kann. Der Einzelkornsäer funktioniert nur mit rundem Saatgut.

***Substrat** lockern und Keimlinge zum Pikieren entnehmen*

***Jungpflanzen** trennen*

***Einzeln** in Multitopfplatten setzen*

▸ Aussaatpraxis

Ausgesät wird nach den Angaben auf den Saatguttüten oder in der Fachliteratur. Manches Saatgut kann direkt in das Grundbeet gesät werden. Meistens werden die Jungpflanzen aber in Schalen oder Töpfen vorgezogen. Zur Aussaat muss immer eine spezielle, ungedüngte Vermehrungserde benutzt werden. Dünger im Substrat würde die Keimlinge sofort absterben lassen. Feuchtigkeit und Wärme lösen den Keimvorgang aus. Das Substrat muss vor der Aussaat gleichmäßig angefeuchtet werden und auch nach der Aussaat gleichmäßig feucht gehalten werden, um den Keimvorgang nicht zu unterbrechen. Die Keimlinge können absterben. Das Vermehrungssubstrat wird locker eingefüllt, das Gefäß mehrmals aufgestoßen, damit sich das Substrat setzt, an den Rändern leicht angedrückt und anschließend mit einer Latte über dem Gefäßrand glatt abgezogen. Darauf wird das Saatgut möglichst gleichmäßig und nicht zu dicht ausgesät. Mit einem Brett wird das Saatgut leicht angedrückt und anschließend fein mit Vermehrungserde übersiebt. Nicht übersiebt werden so genannte Lichtkeimer, das ist Saatgut, welches nur unter Lichteinwirkung keimt. Nach der Aussaat wird die Schale angegossen. Entweder übersprüht man das Saatgut mit einem Feinzerstäuber oder man gießt aus einer Gießkanne, die jedoch über einen ganz feinen Strahl verfügen muss. Man gießt zunächst neben die Schale. Wenn der Strahl fein genug ist, führt man den Strahl über die Schale und setzt erst neben der Schale wieder ab. So vermeidet man, dass durch einen zu heftigen Wasserstrahl der Samen abgeschwemmt wird.
Jetzt werden die Schalen in das Vermehrungsbeet gestellt oder mit einer Glasplatte abgedeckt. Bald nach dem Auflaufen, wie das Quellen und Keimen in der Fachsprache genannt wird, wird die Glasplatte wieder entfernt.
Die Saatschalen sollen zwar warm und hell stehen, allerdings nicht zu intensiver Sonneneinstrahlung ausgesetzt sein. Eventuell wird mit feinem, lichtdurchlässigen Papier abgedeckt.

Pikieren Wenn die Keimlinge über zwei gut ausgebildete Keimblätter verfügen und einen weiteren Trieb entwickeln, werden sie vereinzelt oder wie der Gärtner sagt „pikiert". Dies ist in der Regel nach ein bis zwei Wochen der Fall. Als Pikiergefäße haben sich Multitopfplatten bewährt. Sie haben den Vorteil, dass sie leicht zu transportieren sind und weniger Platz benötigen. Wenn in Schalen pikiert wird, besteht die Gefahr, dass die Wurzeln miteinander verwachsen und beim Herausnehmen beschädigt werden. Zum Pikieren verwendet man ein nur leicht gedüngtes Pikiersubstrat. Die Gefäße werden locker befüllt, aufgestoßen, das Substrat leicht angedrückt. Es soll ein etwa 5 mm hoher Gießrand verbleiben, damit das Wasser beim Gießen nicht sofort von der Topfoberfläche abläuft. Mit einem Pikierstab wird ein ausreichend tiefes Loch gestochen. Die Wurzel der Pflanze muss der Länge nach gut in dieses Loch hineinpassen. Anschließend wird vorsichtig mit dem dünnen Ende des Pikierstabes die Erde seitlich an die Wurzeln gedrückt. Die Pflanzen müssen so fest sitzen, dass sie durch leichtes Ziehen nicht wieder herausgezogen werden können.

Wenn man die Sämlinge zum Vereinzeln aus dem Aussaatgefäß herausnimmt, legt man sie am besten auf einen gut mit Wasser durchtränkten Ziegel oder auf feuchtes Zeitungspapier, damit sie nicht welken. Schwache Pflanzen werden nicht pikiert. Nach dem Pikieren wird sofort mit feinem Strahl angegossen.

Bis die Sämlinge gut angewachsen sind und sich die feinen Haarwurzeln, die sie beim Pikieren verloren haben, erneuert haben, sollten sie im Vermehrungsbeet verbleiben, da hier ausreichend Wärme und Luftfeuchtigkeit zur Verfügung stehen. Hier zeigt sich schnell, dass ein Vermehrungsbeet über eine gewisse Größe verfügen sollte. Wenn Sie viele Pflanzen selbst aussäen, dann empfiehlt es sich, im Gewächshaus einen größeren, abdeckbaren Vermehrungskasten zu bauen, der mit einem Bodenheizkabel und einem Automatischen Temperaturregler ausgestattet ist. Darüber sollte eine Pflanzenlampe zur zusätzlichen Belichtung angebracht werden. Die meisten Pflanzen werden nur einmal pikiert und dann ausgepflanzt.

Umtopfen Wenn Sie Sommerblumen aussäen, müssen diese, bevor sie nach den Eisheiligen an ihrem endgültigen Standort ausgepflanzt werden, meist nach dem Pikieren einmal umgetopft werden. Auch Kübelpflanzen benötigen alle ein bis zwei Jahre einen neuen Topf. Der richtige Zeitpunkt zum Umtopfen ist gekommen, wenn die Pflanze den Topf stark durchwurzelt hat. Meist erkennt man auch an den heller werdenden Blättern, das der Nährstoffvorrat des Substrates verbraucht ist.

Der Durchmesser des neuen Topfes sollte etwa 2 bis 3 cm größer sein; von einem 10er wird also in einen 12er Topf umgetopft. Über das Wasserabzugsloch werden ein paar Tonscherben gelegt. Darauf kommt so viel Substrat, dass sich die Oberkante des alten Wurzelballens knapp 1 cm unter der Oberkante des Topfrandes befindet. Jetzt wird der Topf mit Substrat aufgefüllt. Die Erde wird zwischendurch immer leicht angedrückt. Nach dem Umtopfen wird möglichst bald mit lauwarmem Wasser angegossen.

Kunststoff- oder Tontöpfe Die Frage, ob Kunststoff- oder Tontöpfe besser seien, wird häufig diskutiert. Tontöpfe haben einen wesentlichen Vorteil – sie sehen besser aus als Kunststofftöpfe. Wer dazu neigt eher zu viel zu gießen, ist mit Tontöpfen gut bedient, denn das Wasser verdunstet schneller. Auch Staunässe empfindliche Pflanzen sind in einem Tontopf besser aufgehoben. Bei warmem Wetter müssen Tontöpfe aber manchmal zweimal am Tag gegossen werden.

Mit dem verdunstenden Wasser dringen Salze durch die Topfwand und lassen den Topf nach einiger Zeit fleckig aussehen. Ein großer Nachteil der Tontöpfe ist ihr Gewicht. Es gibt aber mittlerweile sehr praktische Kübelkarren, die, anders als Sackkarren, einen waagerechten Transport der Kübel erlauben und über eine größerer Stellfläche verfügen.

Werden kalkempfindliche Pflanzen (Azaleen, Kakteen, Zitrus) in Tontöpfe gepflanzt, sollten diese gründlich gewässert werden, um alkalischen Staub auszuwaschen. In der Praxis hat es sich bewährt nach dem Pikieren in Kunststofftöpfe oder Multitopfplatten zu topfen. Größere Kübelpflanzen fühlen sich dagegen in einem Tontopf recht wohl. Wenn sie in einem schwarzen Container der prallen Sonne ausgesetzt sind, wird der Wurzelballen zu heiß. Auch während der Überwinterung sind Tontöpfe günstig. Wenn einmal zu stark gegossen wurde, trocknet der Wurzelballen schneller ab und Staunässe kann weniger Schaden anrichten.

Richtig gießen

Während Temperatur und Lüftung im Gewächshaus weitgehend automatisiert werden kann, so ist das Gießen doch immer noch vom Fingerspitzengefühl des Pflanzenfreundes abhängig. Zu viel Wasser ist mindestens genauso schädlich für die meisten Pflanzen wie zu wenig Wasser. Die Luftfeuchtigkeit spielt bei herkömmlichen Kulturen wie Tomaten, Gemüse, Kräuter oder Kübelpflanzen dagegen kaum eine Rolle.

Die Pflanze benötigt Wasser, um Nährstoffe von der Wurzel in die Stängel, Blätter und Blüten zu transportieren. Durch den Wasserdruck wird die Standfestigkeit gewährleistet. Durch die stetige Verdunstung des Wassers über die Blätter verschafft die Pflanze sich zudem die nötige Kühlung bei starker Sonnenstrahlung.

***Ein großer Teich** vor dem Gewächshaus sorgt für ein angenehmes Kleinklima.*

Kann die Pflanze nicht genügend Wasser aufnehmen, um den Wasserverlust auszugleichen, dann fällt der Druck ab, die Zellen verkleinern sich, die Pflanze wird schlapp. Der Wasserdruck, beziehungsweise Wassersog, muss mühsam wieder aufgebaut werden. Manchmal gelingt dies nicht, die Pflanze stirbt dann ab. Stark ausgetrocknete Wurzelballen kleinerer Töpfe sollten für etwa 5 Minuten in leicht temperiertes Wasser getaucht werden. Wenn sich bei Tomaten die Blätter aufrollen deutet dies auf eine zu unregelmäßige Wassergabe oder einen zu hohen Salzgehalt des Gießwassers hin. Die Pflanzen möglichst nie vollständig austrocknen lassen.

▸ Wurzelschäden

Nicht nur Wassermangel kann den Wasserhaushalt beeinträchtigen, auch Wurzelschäden verschiedenster Art lassen Pflanzen welken und absterben. Wenn die Salzkonzentration (durch Überdüngung) im Boden höher ist als in den Pflanzenzellen, kann sich in der Pflanze kein Sog aufbauen. Auch wenn die Wurzeln und die feinen Wurzelhärchen durch die Salze verbrannt wurden, können sie kein Wasser mehr aufnehmen.

Zu viel Wasser Ein häufiger Gießfehler ist das Übergießen. Bei trüben und kaltem Wetter benötigen die Pflanzen weniger Wasser, gleichzeitig fördert ein solches Klima in Verbindung mit einem nassen Wurzelballen Pilzbefall des Wurzelballens. In der Folge verfaulen die Wurzeln und sterben ab. Sie können kein Wasser mehr aufnehmen. So vertrocknen die Pflanzen durch ein Zuviel an Wasser. Auch bei frisch pikierten oder umgetopften Pflanzen besteht diese Gefahr. Im Grundbeet ist die Gefahr des Vergießens vor allem im Sommer nicht so groß.

Wägen Sie gut ab, bevor Sie zu großzügig mit der Wassergabe sind. Gießen Sie bei trübem Wetter sparsamer. Kontrollieren Sie im Überwinterungshaus die Kübelpflanzen genau, bevor Sie gießen. Tonkübel reduzieren die Gefahr des Vergießens. Sorgen Sie für einen guten Wasserabzug der Töpfe. Im Winter kein Wasser im Untersetzer stehen lassen. Haben Sie aus Versehen zu viel gegossen, können Sie für ein bis zwei Tage die Heizung etwas höher stellen, damit das Wasser möglichst schnell wieder verdunstet.

Wenn man viele Pflanzen *zu versorgen hat, wird das Gießen von Hand schnell mühsam.*

▸ Der richtige Zeitpunkt

Gießen Sie möglichst morgens, auf jeden Fall aber vormittags. Mittags ist der Wasserverbrauch in Abhängigkeit von der Wärme und vom Licht am höchsten. Überschüssiges Wasser verdunstet bis zum Abend weitgehend. In der Nacht findet fast keine Verdunstung statt.

▸ Regenwasser

Regenwasser ist zum Gießen immer noch das ideale Wasser. Nur in industriereichen Gegenden muss es mit Vorsicht genossen werden. Gelegentlich wird empfohlen, das erste nach langer Trockenzeit fallende Regenwasser zunächst nicht zu verwenden. Dies ist aber in der Praxis schwierig durchzuführen. Besser ist es, das Gewächshausdach, wenn nach längerer Trockenperiode Regen angesagt ist, mit einem Hochdruckreiniger oder mit einem Schlauch und einem weichen Lappen zu reinigen. Schaffen Sie sich genügend Vorratsbehälter an. Günstig sind Regentonnen, die untereinander verbunden werden können. Sie sollten mit einem Deckel versehen sein, damit keine Verunreinigungen hineingelangen. Ist zeitweilig kein Regenwasser vorhanden, sollte man das Leitungswasser in den Regentonnen zunächst abstehen und vorwärmen lassen.

Ist das Gewächshaus groß genug kann Regenwasser auch innerhalb des Gewächshauses gesammelt und gelagert werden. Das über die Regenrinne ablaufende Wasser wird durch ein Rohr in den Innenraum geleitet. Die Behälter können in der Erde versenkt werden oder unter den Tischen stehen. Diese Methode hat mehrere Vorteile. Das Wasser ist stets etwas vorgewärmt und in Solargewächshäusern kann es in gewissem Umfang als Wärmespeicher eingesetzt werden.

▸ Brunnenwasser

Auch Wasser aus Hausbrunnen kann sehr kalkhaltig, nitratbelastet oder auch sauer sein. Lassen Sie auf jeden Fall eine Wasserprobe machen. Auch Brunnenwasser sollte vorgewärmt werden.

▸ Kalkhaltiges Wasser

Wenn das Leitungswasser zu viel Kalk enthält, sollten Sie auf jeden Fall mit Regenwasser gießen. Ist zeitweise nicht genug Regenwasser vorhanden, sollten Sie es bevorzugt für die kalkempfindlichen Pflanzen verwenden. Die anderen Pflanzen kommen eher mit abgestandenem Leitungswasser zur recht.

Wenn Sie nur sehr wenige kalkempfindliche Pflanzen (zum Beispiel Zitrus, Kamelien, Azaleen) haben, können Sie kleinere Mengen abkochen.

Im Fachhandel sind Entkalkungsanlagen erhältlich, die aber nicht ganz billig sind. Hier sollte man sich im Einzelfall beraten lassen und nur zu technisch ausgereiften Anlagen greifen.

Regenwasser *ist ideal zum Gießen.*

Anschluss *an das Regenrohr*

Gießhilfen

Das Gießen kann vor allem im Sommer eine recht aufwändige Angelegenheit sein. Hier sollte man sich mit einigen technischen Hilfsmitteln die Arbeit erleichtern, um nicht der Sklave des Gewächshauses zu werden. Und in der Urlaubszeit soll ja auch der freundliche Nachbar mit dieser Aufgabe nicht überfordert werden. Bei heißem Wetter kann es durchaus vorkommen, dass man zweimal am Tag gießen muss.

Gießkannen Wenn Sie mit der Gießkanne gießen wollen, bieten sich drei verschiedene Modelle an. Eine 3 bis 5 Literkanne mit einer sehr feinen Brause empfiehlt sich für Aussaaten und frisch pikierte Jungpflanzen. Um auch die hinteren Reihen der Tische oder die Pflanzen auf Hängen und Konsolen gut zu erreichen sind spezielle Gewächshausgießkannen erhältlich. Sie haben in der Regel ein Fassungsvermögen von 5 Litern und verfügen über einen extralangen Hals. Um Kübelpflanzen und Grundbeete zu gießen, sollte man über mindestens zwei 10- oder 15-Liter-Kannen verfügen. Nach dem Gießen werden die Gießkannen sofort wieder aufgefüllt, damit das Wasser vorwärmen kann.

Bewässerungsvliese Dies sind Matten aus einem filzartigen Material, die in die Untersetzschalen von Aussaat- und Pikierkisten, Multitopfplatten oder unter die pikierten Töpfe gelegt werden. Sie speichern Wasser ohne dass die Pflanzen unmittelbar im Wasser stehen. Zudem erhöhen sie die Luftfeuchtigkeit unmittelbar im Bereich der Pflanzen, was sich vor allem für frisch pikierte Sämlinge, die erst noch neue Wurzeln bilden müssen, sehr positiv auswirkt.

TIPP **Gießwasser soll nie mehr als 18 °dH haben, ideal sind 10 bis 15 °dH. Kalk meidende Pflanzen: unter 10 °dH. Nicht geeignet ist Wasser unter 5 °dH.**

***Der Gießkannenaufsatz** sorgt für einen weichen Strahl.*

Pumpe In einem größeren Gewächshaus, wenn täglich viele Töpfe zu gießen sind oder wenn man Gießkannen nicht tragen kann oder will, empfiehlt sich der Einsatz einer elektrischen Pumpe. Da diese Pumpe im Sommer häufig in Betrieb ist, sollte auch hier auf eine gute Qualität aus Edelstahl geachtet werden.

Schlauchgießgeräte An die Pumpe oder auch an die Wasserleitung kann ein so genanntes Schlauchgießgerät angeschlossen werden. Dies ist ein Gießrohr aus Metall oder Kunststoff, ausgestattet mit einem Handventil und einem Düsenaufsatz. Diese Düsenaufsätze sind austauschbar und in den

***Basilikum** braucht Wärme und eine gleichmäßige Wasserversorgung.*

TIPP

Die wichtigsten Gießregeln:
1. Morgens oder vormittags gießen
2. Möglichst Regenwasser verwenden
3. Wasser leicht vorwärmen
4. Leitungswasser abstehen lassen
5. Nicht direkt über die Blätter gießen
6. Nur wenig Wasser im Untersetzer belassen
7. Zu viel Wasser ist genauso schädlich wie zu wenig

verschiedensten Ausführungen erhältlich. Man kann einen kräftigen Gießstrahl wie auch einen weichen Strahl zum Angießen von Aussaaten erzeugen.
Die Arbeit mit einem Schlauchgießgerät ist sehr bequem und Zeit sparend. Ein weiterer Vorteil ist die genaue Dosierungsmöglichkeit des Wassers; sie helfen also Wasser sparen.
Automatische Bewässerung Wer berufstätig ist, häufiger übers Wochenende wegfahren möchte oder aus anderen Gründen nicht zu viel Zeit hat, sich um das Gewächshaus zu kümmern, kann eines der verschiedenen automatischen Bewässerungssysteme installieren, die es auf dem Markt gibt.
Sie sind preiswert in der Anschaffung, beliebig erweiterbar und arbeiten ganz ohne Strom. Sie funktionieren alle nach einem ähnlichen Prinzip. Das Blumat-System besteht aus Keramik-Sensor-Kegeln, Verteilerschläuchen und Tropfstellen. Der Keramikkegel stellt fest, wenn es in seiner Umgebung zu trocken wird. Es öffnet sich ein Ventil und das Wasser strömt zu den Tropfstellen, die im Bereich der Pflanzen angeordnet werden. Was sich ein wenig kompliziert anhört, funktioniert in der Praxis verblüffend zuverlässig. Das System eignet sich für fast alle Pflanzen im Grundbeet, im Kübel oder in Balkonkästen. Es kann durch ein umfangreiches Zubehörprogramm nahezu beliebig erweitert werden. Lediglich kleine Töpfe und Schalen lassen sich durch dieses System nicht bewässern.
Wichtig ist es, dass das automatische Bewässerungssystem rechtzeitig vor dem Urlaub installiert wird. Die Installation erfordert einen gewissen Zeitaufwand. Das System muss dann über ein paar Tage hinweg beobachtet und eingestellt werden. Wer sichergehen will, dass alles richtig funktioniert, sollte vorsichtshalber zwei Wochen einplanen.

Luftfeuchtigkeit

Die Luftfeuchtigkeit sollte in der Regel nicht zu hoch sein und kann vor allem durch eine ausreichende Lüftung und (im Winter) durch etwas höhere Temperaturen reduziert werden. Gewächshäuser, die vorwiegend zur Kübelpflanzenüberwinterung und zur Jungpflanzenanzucht genutzt werden, kann man mit einem geschlossenen Boden ausstatten, so dass eine Verdunstung über die Grundbeete nicht gegeben ist.
Klimageräte zur Luftentfeuchtung sind in den seltensten Fällen erforderlich.
Zur Erhöhung der Luftfeuchtigkeit (zum Beispiel für Gurken) besprüht man die Beete und Wege mehrmals am Tag. Übrigens mögen auch die Kamelien eine etwas höhere Luftfeuchtigkeit. Ist sie zu niedrig, kommt es zu dem gefürchteten Blütenabwurf. Dies passiert auch häufig, wenn die Pflanzen gekauft und in trockene Wohnräume geholt werden. Spezialkulturen wie Orchideen oder Bromelien benötigen einen Luftbefeuchter.

***Auberginen** mögen keine hohe Luftfeuchtigkeit.*

Richtig düngen

Wie alle Lebewesen benötigen Pflanzen für ihre Lebensvorgänge Nährstoffe. Im Gewächshaus, wo durch die besonderen Klimabedingungen das Pflanzenwachstum intensiver und schneller abläuft, muss dementsprechend auch etwas stärker als im Freiland gedüngt werden. Auf keinen Fall aber sollten Sie nach dem Motto „Mehr bringt auch mehr" vorgehen. Wie beim Gießen gilt es auch beim Düngen das rechte Maß zu wahren.

Nährstoffe als Wachstumsfaktor

Die Pflanzen benötigen verschiedene Nährstoffe für das Blatt-, Trieb- und Wurzelwachstum, für die Zellvermehrung, die Blüten- und Fruchtbildung, für die Chlorophyllbildung und die Assimilation. Über die Aufnahme der Nährstoffe und besonders auch der Spurenelemente entscheidet nicht allein die Menge der zur Verfügung stehenden Nährstoffe, sondern in hohem Maße auch der pH-Wert des Bodens beziehungsweise des Wassers. Alkalische Böden (pH-Wert über 7,5) verhindern die Aufnahme der meisten Spurenelemente, Mangelerscheinungen sind die Folge. Man unterscheidet zwischen den drei Hauptnährstoffen Stickstoff (N), Phosphor (P) und Kalium (K). Darüber hinaus benötigt die Pflanze verschiedene Spurennährstoffe.

***Engelstrompeten** brauchen viel Dünger.*

Hauptnährstoffe

Das Verhältnis der drei Hauptnährstoffe untereinander entscheidet über die Wirkung des Düngers. Soll im Frühjahr vor allem das Wachstum von Blättern und Trieben gefördert werden, wird Stickstoff benötigt. Soll im Sommer und im Herbst die Blüten- und Fruchtbildung angeregt werden, wird Phosphor gebraucht. Für die Ausreifungsphase der Früchte verarbeitet die Pflanze vor allem Kalium. Es festigt das Gewebe, senkt die Frostempfindlichkeit und sorgt für eine längere Haltbarkeit der Früchte. Weist ein Dünger zum Beispiel einen hohen Stickstoffanteil auf, spricht der Fachmann von stickstoffbetontem Dünger. Vielleicht haben Sie schon einmal auf der Verpackung von Dünger drei Zahlen in dieser Form gelesen: 16-3-4 (NPK). Sie geben das Mischungsverhältnis der drei Hauptnährstoffe Stickstoff (N), Phospor (P) und Kalium (K) an. Wenn zusätzlich Spurenelemente enthalten sind, werden sie mit ihrer Abkürzung als chemische Elemente genannt: Fe (Eisen), Mg (Magnesium) oder Ca (Kalzium). Im Laufe des Jahres werden den Anforderungen entsprechend verschiedene Dünger gegeben.

Spurennährstoffe

Die Wirkung der Spurennährstoffe auf die Pflanzen ist nicht zu unterschätzen. Fehlen sie, kommt es zu Mangelerkrankungen.

Mangelerscheinungen

Bestimmte Merkmale der Pflanzen, die als Krankheiten gedeutet werden, beruhen oft nur auf einem Mangel an Nährstoffen. Als Gegenmaßnahme sollte zunächst, falls noch nicht geschehen, der Boden untersucht werden. Beruhen die Symptome auf einem tatsächlichen Mangel an Nährstoffen oder können sie aufgrund eines falschen pH-Wertes nicht aufgenommen werden? Mit der Bodenanalyse erhält man meist auch schon eine Düngeempfehlung. Wenn Sie unsicher sind, welcher Mangel oder welche Erkrankung an Ihren Pflanzen vorliegt, dann sollten Sie mit einem aussagekräftigen Pflanzenteil eine der zahlreichen Pflanzenschutzberatungsstellen aufsuchen. Sie finden sie zum Beispiel in fast jedem botanischen Garten. Meist wird kostenlos beraten. Adressen von Beratungsstellen finden Sie auch auf Seite 150.

***Nährstoffmangel** von links nach rechts: Stickstoff-, Phosphor-, Kaliummangel; gesundes Blatt*

Stickstoffmangel zeigt sich durch ein schwaches Wachstum und kleine Blätter. Die älteren Blätter werden gelb und vertrocknen mit hellbrauner Färbung. Das Laub wirkt insgesamt hell.
Man gibt einen stickstoffbetonten Dünger nach Anweisung.
Phosphormangel ist in Gartenerde selten. Wenn er auftritt, zeigt sich dies durch dunkel- bis blaugrüne, auch rötlich verfärbte Blätter, die mit grünbrauner Färbung vertrocknen. Die Reife der Früchte verzögert sich.
Kaliummangel ist ebenfalls selten in Gartenböden. Die Blätter hellen sich vom Rand aus relativ gleichmäßig auf und sterben vom Rand her ab.
Tomaten sollten mit einem kaliumbetonten Tomatendünger gedüngt werden, der für bessere Erträge sorgt.
Kalziummangel tritt meist auf durch eine Überdüngung mit Stickstoff oder Kalium. Er kann bei Tomaten zur so genannten Blütenendfäule-Krankheit führen.
Bormangel macht sich bemerkbar vor allem bei Blumenkohl. Der Strunk ist hohl, die Köpfe sind locker, die Blumen verfärben sich braun.
Magnesiummangel zeigt sich durch hellgelb, unregelmäßig gesprenkelte Blätter, während die Blattadern grün bleiben.
Eisenmangel führt zu gleichmäßig aufgehellten Blättern.
Die Adern bleiben grün. Eisenmangel entsteht meist durch einen zu hohen Kalkgehalt des Wassers, der die Aufnahme des Eisens für die Pflanze erschwert. Besonders anfällig sind zum Beispiel Zitruspflanzen, wenn sie mit kalkhaltigem Wasser gegossen werden. Ein spezielles Eisenpräparat für Pflanzen kann Abhilfe schaffen.
Es muss aber gleichzeitig die Ursache beseitigt werden. Sie sollten unbedingt auf Regenwasser umstellen und sauer wirkende Dünger verwenden, wie zum Beispiel Stickstoff in Form von Ammonsulfatsalpeter. Beachten Sie immer genau die Anweisungen des Herstellers.

Hortensie, *links mit typischen Eisenmangelsymptomen*

▸ Überdüngung

Zu bedenken ist, dass eine zu reichliche Nährstoffgabe ebenfalls zu Pflanzenschädigungen führen kann. Besonders häufig ergibt sich ein Stickstoffüberschuss. Die Blätter sind kräftig grün, rollen sich aber an den Enden ein. Es bilden sich nur wenig Blüten und somit ist auch nur ein geringer Fruchtansatz zu erwarten. Die Zellen werden weich und die Pflanzen sind anfälliger gegenüber Pilzerkrankungen und Schädlingsbefall. Kübelpflanzen, die zu stark mit Stickstoff gedüngt wurden, sind im Winterquartier anfälliger gegen Pilzerkrankungen.
Vor allem Winterkulturen im Gewächshaus wie Feldsalat oder Ruccola sollten nicht zu stark mit

Eine reiche Gemüseernte *ist nur bei ausgewogener Düngung möglich.*

Stickstoff gedüngt werden, da sich sonst zu viel Nitrat anreichern kann.

Organische Dünger

In organischem Dünger sind Nährstoffe enthalten, die aus organischem, also ehemals lebendem Material gewonnen werden. Dies können Gartenkompost, Rinder- und Pferdemist, Rhizinus-Schrot oder Produkte tierischer Herkunft wie Hornspäne, Knochen- oder Blutmehl sein. Organisch gedüngte Böden versalzen nicht, Nährstoffe werden kaum ausgewaschen und helfen, das Bodenleben zu erhalten. Wichtig für alle diese Dünger ist, dass sie ein gesundes Bodenleben vorfinden, denn erst die verschiedenen Mikroorganismen im Boden bauen die Inhaltstoffe so um, dass sie für die Pflanzen zur Verfügung stehen. Deshalb sollten Sie auf ein gutes Bodenleben achten und den Boden entsprechend pflegen.

***Überdüngung** macht Pflanzen anfällig für Krankheiten: hier Mehltau an Gurken.*

***Organische Dünger** wie Hornspäne müssen eingearbeitet werden.*

Organische Dünger werden meist schon vor der Pflanzung eingearbeitet, damit sie rechtzeitig zur Verfügung stehen. Die Bodenlebewesen dürfen nicht durch zu stark salzhaltige mineralische Dünger oder durch Umgraben abgetötet werden. Der Boden sollte nur mit einer Grabegabel gelockert werden. Auch sollte im Winter der Boden nicht gänzlich austrocknen (mulchen!) und möglichst nicht zu stark durchfrieren.

Mineralische Dünger

Mineralische Dünger werden auch anorganische Dünger genannt, weil sie aus Mineralien, also Gesteinen, gewonnen werden. Sie haben den Vorteil, dass sie schnell und gezielt eingesetzt werden können. Verwendet man häufig anorganischen Dünger, sollte man jährlich eine Bodenanalyse anfertigen lassen und den Boden vor Beginn der Pflanzungen kräftig wässern, ihn aber nicht verschlämmen lassen. Auch wenn Sie überwiegend anorganischen Dünger verwenden, sollten Sie auf organische Ergänzungen wie Kompost, Gründüngung oder Hornspäne nicht verzichten. In Versuchen wurde festgestellt, dass eine zusätzliche organische Düngung die Erträge um etwa 10 % steigert.

Spurenelementdünger

Normalerweise ist im Boden und auch in Fertigerden bereits eine ausreichende Menge an Spurenelementen vorhanden. Ist aber ein Mangel an Spurenelementen festgestellt worden, sind im Fachhandel entsprechende Dünger erhältlich. Diese Dünger werden auch gern zur Grunddüngung selbst gemischter Substrate verwendet.

Fertig- und Spezialdünger Dünger kann man mittlerweile in den verschiedensten Fertigmischungen kaufen. Man sollte aber für Grundbeete durch eine Bodenanalyse zunächst immer den genauen Bedarf ermitteln lassen. Gemüse im Grundbeet kann mit festen oder flüssigen Düngern gedüngt werden.

Eine relativ schnelle organische Stickstoffdüngung erfolgt mit Hornmehl. Kübelpflanzen und Balkonkästen werden am besten mit Universal-Flüssigdüngern gedüngt. Es gibt spezielle Mischungen für Zitrus, Bonsai, Rosen, Kakteen, Orchideen, Azaleen, Hortensien und andere. Für Tomaten gibt es einen kaliumbetonten Fertigdünger. Für Orchideen sollte man nur salzarmen, stabilisierten Flüssigdünger verwenden, wie speziell ausgewiesenen Orchideendünger.

Wie wird gedüngt?

Dünger sollte nicht auf ausgetrocknetem Boden ausgebracht werden;

vorher also gut wässern. Am besten bei zu erwartendem guten Wetter morgens düngen. Flüssigdünger nicht auf die Blätter gießen. Sie verbrennen sonst. Kübelpflanzen werden mit Flüssigdünger gedüngt. Grundsätzlich sollten die Anweisungen auf der Verpackung beziehungsweise die Kulturanleitungen für die verschiedenen Pflanzen befolgt werden.

Blattdüngung Ist ein akuter Stickstoffmangel festgestellt, kann mit einer Blattdüngung schnell Abhilfe geschaffen werden. Da die Aufnahme einerseits von der Luftfeuchtigkeit abhängig ist und andererseits die feuchten Blätter nicht dem direkten Sonnenlicht ausgesetzt werden sollen (Verbrennungsgefahr), sollte die Blattdüngung in den frühen Morgenstunden erfolgen. Hierzu eignet sich Harnstoff, der entsprechend dosiert mit einer Gartenspritze gesprüht wird. Auch Eisendünger kann bei akutem Mangel über die Blätter gedüngt werden.

Düngehilfen Sie benötigen eine Waage für festen Dünger und einen Messbecher für Flüssigdünger. Hier haben sich auch Spritzen, die man in der Apotheke erhält, bewährt.

Dauerdünger *gibt es als Granulat oder Düngestäbchen.*

Flüssigdüngung *ermöglicht eine genaue Dosierung der Nährstoffe.*

Man saugt die entsprechende Menge Dünger an und kann auf der Skala sehr genau die Menge ablesen. Für Blattdüngungen wird eine Gartenspritze verwendet. Diese kann auch zum Ausbringen von Schädlingsbekämpfungsmitteln genutzt werden, muss aber jeweils entsprechend gründlich gereinigt werden. Wird sehr viel gedüngt, eventuell auch im Freiland, so lohnt sich möglicherweise die Anschaffung eines Düngemischers. Flüssigdünger wird in den Mischer gegeben. Am Mischer wird das gewünschte Mischungsverhältnis eingestellt. Der Dünger mischt sich automatisch dem durchfließenden Leitungs- oder Regenwasser bei. Sie müssen also nicht vorher in großen Gefäßen die Düngelösungen anrühren.

Krankheiten und Schädlinge

Je gesünder eine Pflanze, desto weniger anfällig ist sie gegenüber Krankheiten und Schädlingen. Während wir im Freiland an den Klimaverhältnissen nichts ändern können und meist entsprechend angepasste Pflanzen verwenden und zudem natürliche Feinde für die Dezimierung von Schädlingen sorgen, schaffen wir das Gewächshausklima weitgehend selbst. Schädlinge finden nahezu paradiesische Zustände vor, denn sie leben weitgehend ohne Feinde. Im Winter werden sie durch den fehlenden Frost nicht entsprechend dezimiert. Die Pflanzen stehen meist sehr dicht beieinander, so dass Krankheiten und Schädlinge sich schnell ausbreiten können.

▸ Vorbeugende Maßnahmen

Kaufen Sie gesunde Pflanzen ein, verwenden Sie Qualitätssaatgut von renommierten Firmen sowie Qualitätserden. Wählen Sie zunächst bevorzugt resistente und tolerante Sorten. Beachten Sie die Kulturhinweise zu Mischkulturen und Kulturfolgen. Einige Pflanzen

Gelbtafeln *im Tomatenhaus*

Spinnmilben

vertragen sich untereinander nicht, manche helfen sich sogar gegenseitig. Einige Pflanzen sollten nicht mehrmals hintereinander auf dem

***Kohlhernie** an Chinakohl*

Sicherheitshinweise

- *Bewahren Sie Pflanzenschutzmittel und Dünger immer kindersicher in einem abschließbaren Schrank auf.*
- *Richten Sie sich immer nach den Angaben auf der Verpackung. Sie entsprechen der amtlichen Zulassung. Diese kann sich im Laufe der Zeit ändern.*
- *Die Wartezeiten zwischen Anwendung und Ernte müssen genau eingehalten werden.*
- *Halten Sie unbedingt die Wiederholungszeiten für eine Behandlung ein. So bekämpft man auch die später schlüpfenden Schädlinge und verhindert Resistenzen (das Mittel wird unwirksam) und Neubefall.*
- *Hängen Sie nach der Anwendung von Pflanzenschutzmitteln ein Warnschild am Eingang auf. Am besten verschließen Sie das Gewächshaus während der Wartezeit, damit niemand aus Versehen behandelte Früchte erntet.*
- *Nicht mehr benötigte Mittel können Sie normalerweise bei Ihrer Gemeinde entsorgen. Niemals in den Ausguss oder in das Grundwasser geben.*
- *Seien Sie niemals leichtsinnig im Umgang mit Pflanzenschutzmitteln!*
- *Sollten Sie eine Vergiftung erlitten haben, zeigen Sie dem Arzt die Packung. Nicht nur der Name des Präparates ist wichtig, sondern vor allem die enthaltenen Wirkstoffe.*

gleichen Platz angebaut werden. Düngen Sie in Maßen und wässern Sie ebenso mit Bedacht. Im Grundbeet nur im Wurzelbereich gießen,

Weiße Fliege

Checkliste Schädlinge und Krankheiten rechtzeitig erkennen

Gewöhnen Sie sich an, beim Betreten des Gewächshauses die Pflanzen kurz auf Schädlings- und Krankheitsbefall zu kontrollieren. Rechtzeitig erkannt, ist die Bekämpfung deutlich einfacher als bei fortgeschrittenem Befall.

- *Sind die Blätter ungewöhnlich verfärbt?*
- *Sind die Blätter normal gewachsen oder deformiert?*
- *Wie sieht die Blattunterseite aus?*
- *Zeigen sich Fraßstellen?*
- *Welken Pflanzen trotz ausreichender Feuchte?*
- *Befinden sich auf den Gelbtafeln oder Blautafeln auffällig viele Schädlinge und wenn ja, welche?*

TIPP

Verwenden Sie Pflanzenschutzmittel mit System. Eine einmalige Spritzung reicht meist nicht aus. Es müssen auch die nach einem bestimmten Rhythmus schlüpfenden Larven bekämpft werden.

nicht über die Blätter. Kontrollieren Sie die Pflanzen regelmäßig. Immer wenn Sie das Gewächshaus betreten, sollte ein routinemäßiger Blick auf die Pflanzen fallen. Besonders an der Unterseite der Blätter fühlen sich Schädlinge sehr wohl. Wenn Pflanzenschutzmittel unbedingt erforderlich werden, setzen Sie diese rechtzeitig ein, damit der Schaden nicht zu groß wird. Vergessen Sie nicht die Wiederholungsspritzungen, um auch die neu geschlüpften Tiere zu erfassen.

Krankheiten im Überblick

Krankheit	Symptome	Bekämpfung
Pilzkrankheiten		
Grauschimmel	*grauer Pilzrasen auf den Pflanzenteilen*	*Luftumwälzer installieren; nicht überdüngen; ausreichend Licht; Luftfeuchtigkeit senken*
Kraut- oder Braunfäule an Tomaten	*graugrüne und braune Blattflecken*	*Anbau unter Folie oder Glas; kein Spritzwasser auf die Blätter; untere Blätter entfernen; keine Kartoffeln in der Nähe anbauen; Sackkultur bevorzugen; eventuell Bodenaustausch*
Echter Mehltau	*mehliger Belag auf der Blattoberseite*	*befallene Blätter bei ersten Anzeichen entfernen; Spritzen*
Falscher Mehltau	*weißliche Flecken auf der Blattunterseite; bräunlicher Pilzrasen*	*Luftfeuchtigkeit senken; Blätter trocken halten*
Umfallkrankheit bei jungen Aussaaten	*Wurzeln von Keimlingen faulen; Pflanzen fallen um*	*nicht zu viel gießen; Lüften; Temperaturen nicht zu niedrig halten*
Rostpilze	*rostbraune Flecken auf der Blattunterseite*	*Luftfeuchtigkeit senken*
Kohlhernie	*Missbildungen an den Wurzeln*	*Anbaupause mindestens 6 bis 7 Jahre für alle Kohlarten und andere Kreuzblüter*
Bakterienerkrankungen		
Verschiedene	*Blattflecken ohne Pilzrasen; weiche, wässrige Stellen an Stängeln und Blättern*	*Beseitigung der Kulturfehler; Luftumwälzer; nicht überdüngen: ausreichend Licht; Bekämpfung schwierig, befallene Pflanzenteile entfernen (nicht auf den Kompost geben)*
Viruserkrankungen		
Verschiedene Viren	*helle Blattflecken; mosaikartige Verfärbungen*	*Bekämpfung der Überträger (Blattläuse) Schneidewerkzeuge desinfizieren; befallene Pflanzen vernichten (nicht auf den Kompost) Chemische Bekämpfung ist nicht möglich*
Sonstige		
Blütenendfäule an Tomaten	*braune, eingesunkene Flecken an der Frucht*	*Zur Blütezeit auf ausreichende Kalziumversorgung achten*

Nützlinge müssen möglichst frühzeitig eingesetzt werden. Informieren sie sich genau über die Lebensbedingungen der Nützlinge. Biologischer Pflanzenschutz erfordert etwas Erfahrung. Zeitschriften, Fachliteratur und praktische Seminare helfen dabei. Verwenden Sie saubere Geräte, Schalen, Töpfe und Erden, besonders die Aussaaterden sollten keimarm sein.
Je größer und höher das Gewächshaus, desto besser das Klima. Um Pilzerkrankungen zu vermeiden, sollte ein Gewächshaus nicht ohne Luftumwälzer betrieben werden (am besten rund um die Uhr). Stellen Sie den Pflanzen soviel Licht wie möglich zur Verfügung. Lichtmangel führt dazu, dass die Pflanzen nach dem Licht wachsen und dadurch zu lang und zu weich werden. Sie sind anfälliger gegen Krankheiten und Schädlinge.
Wie beim Menschen werden auch bei der Pflanze Krankheiten durch verschiedene Erreger ausgelöst. Pilze, Bakterien oder Viren sind neben Ernährungsfehlern die häufigsten Krankheitsursachen. Beachten Sie bei chemischen Pflanzenschutzmitteln unbedingt die Gebrauchsanweisungen! Das Motto: „Viel hilft viel" trifft hier nicht zu. Im Gegenteil, zu häufige Anwendungen oder zu hohe Konzentrationen

Die wichtigsten Schädlinge im Überblick

Schädling	**Erkennung**	**Nützling/Bekämpfung**
Weiße Fliege	*2 mm großes weißes Insekt in Scharen auf der Blattunterseite*	*Schlupfwespen; unbedingt Gelbtafeln aufhängen, schon vorbeugend ab April; chemische Präparate*
Rote Spinne	*feine gelbliche und gräuliche Flecken auf den Blättern; Gespinstfäden an den Trieben*	*Nützlingseinsatz ist möglich. Die Nützlinge benötigen allerdings Mindesttemperaturen von ca. 18 °C; Luftfeuchtigkeit erhöhen; chemische Präparate*
Blattläuse	*1 bis 2 mm große, grüne oder schwarze Insekten*	*Gallmücken, Florfliegen, Marienkäfer; blattlausresistente Sorten (bei Salat) verwenden*
Schildläuse	*2 bis 3 mm große warzenartige Höcker auf Blättern und Trieben*	*Rapsölpräparate, systemische (von innen wirkende) Präparate; Nicht mit Seifenwasser abwaschen, das verteilt die Läuse nur.*
Woll- und Schmierläuse	*watteartige Wachsumhüllung; meist in den Blattachseln*	*Marienkäfer; Rapsölpräparate, systemische Mittel wie bei Schildläusen*
Minierfliegen	*hell durchscheinenden Fraßgänge an den Blättern*	*Gelbtafeln zur Vorbeugung; Schlupfwespeneinsatz; befallene Blätter sofort entfernen*
Thrips/ Blasenfuß	*1 mm lange gelbbraune Insekten an Blättern und Blattscheiden*	*Luftfeuchtigkeit erhöhen, chemische Präparate*
Trauermücken	*kleine schwarze Insekten auf dem Substrat, Larven fressen an Wurzeln*	*Gelbtafeln zur Vorbeugung; Substrat und Boden trockener halten; spezielle Nützlinge*
Dickmaulrüssler	*10 bis 12 mm großer Rüsselkäfer, der U-förmige Fraßstellen an Blättern hinterlässt Larven fressen an den Wurzeln*	*Die Larven sind durch den Einsatz von speziellen Nematoden (Nützlinge) zu bekämpfen; die Käfer mit chemischen Mitteln*
Raupen	*Fraßschäden*	*Absammeln,* Bacillus-thuringhienis-*Präparate Chemische Mittel*
Schnecken	*Fraßschäden, Schleimspuren*	*Schneckenfallen; Schneckenkorn; Als Lockmittel zum Absammeln Gurkenscheiben auslegen; Schneckenzaun an der Türinnenseite*

führen schnell zu Pflanzenschäden und Resistenzen. Verwenden Sie nur Mittel, die auch für die befallene Kultur zugelassen sind und halten Sie die Wartezeiten genau ein!

Pilze

Pilzinfektionen sind eine der häufigsten Krankheiten, die nahezu alle Pflanzenarten befallen können. Wenn eine Pilzinfektion rechtzeitig bekämpft wird, kann der Schaden meist begrenzt werden. Vorbeugenden Maßnahmen sind gerade bei Pilzerkrankungen Erfolg versprechend.

Viren

Viren lassen sich kaum bekämpfen. Wichtig ist, beim Kauf auf gesunde, virenfreie Pflanzen zu achten.

Bakterien

Bakterienerkrankungen sind ebenfalls nicht einfach zu bekämpfen. Vermeiden Sie eine Ausbreitung durch radikales Entfernen befallener Pflanzen oder Pflanzenteile. Desinfizieren Sie regelmäßig Gefäße, Scheren, Messer und Arbeitsflächen.

Schädlinge

Schädlinge finden im Gewächshaus meist recht angenehme Lebensbedingungen vor, denn es fehlen natürliche Feinde. Zudem herrscht meist das ganze Jahr ein ausgeglichenes angenehmes Klima. Sollten Sie unbekannte Tiere entdecken, bei denen es sich nicht unbedingt um Schädlinge handeln muss, können Sie sich in einer guten Fachgärtnerei oder in botanischen Gärten informieren.

Chemische Bekämpfung

Wenn alle vorbeugenden Maßnahmen nichts geholfen haben und es dennoch zu einer Krankheit oder einem Schädlingsbefall gekommen ist, den Sie mit Nützlingen nicht in den Griff bekommen, können Sie zu einem chemischen Bekämpfungsmittel greifen. Hier gilt die Devise: „Nicht mit Kanonen auf Spatzen schießen!“
Nutzen Sie die qualifizierte Beratung in Fachgeschäften oder Pflanzenschutzberatungsstellen.

Auswahl von Kübelpflanzen

Die Auswahl an Kübelpflanzen ist verlockend groß. Doch wer Kübelpflanzen kauft, ohne sich zuvor über die Kultur- und Überwinterungsbedingungen zu informieren, steht spätestens zu Beginn der kalten Jahreszeit vor einem Problem. Dem Lorbeer, der Olive oder der Kamelie reicht ein kühles Plätzchen, gerade frostfrei. Die Olive liebt es aber hell und sonnig, die Kamelie

***Spezialgärtnereien** haben eine große Auswahl an Kübelpflanzen.*

Auswahl empfehlenswerter Kübelpflanzen

Duftkübelpflanzen
Aloysia *(Zitronenverbene)*
Choisya ternata *(Orangenblume)*
Citrus *(diverse Arten)*
Eriobotrya *(Wollmispel)*
Heliotropium *(Vanillestrauch)*
Jasminum officinale *(Jasmin)*
Jasminum odoratissimum *(Duftjasmin)*
Jasminum sambac *(Arabischer Jasmin)*
Rosmarinus *(Rosmarin)*

Rankende Kübelpflanzen
Bougainvillea
Jasminum officinale *(Jasmin)*
Jasminum sambac *(Arabischer Jasmin)*
Passiflora *(Passionsfrucht)*
Sollya *(Blauglöckchen)*
Thunbergia grandiflora

Ansprechendes Laub
Abutilon pictum *(Schönmalve)*
Aucuba *(Aukube)*
Buxus *(Buchsbaum)*
Cycas *(Sagopalme)*
Eriobotrya *(Wollmispel)*
Dodonaea *(Felsenweide)*
Grevillea *(Silbereiche)*
Laurus *(Gewürzlorbeer)*
Pittosporum *(Klebsame)*
Rosmarinus *(Rosmarin)*

Mediterranes Flair
Arbutus *(Erdbeerbaum)*
Bougainvillea
Cycas *(Sagopalme)*
Ficus carica *(Feige)*
Laurus *(Gewürzlorbeer)*
Lavandula *(Lavendel)*
Nerium *(Oleander)*
Olea *(Olive)*
Plumbago *(Bleiwurz)*
Rosmarinus *(Rosmarin)*

dagegen nur halbschattig. Ist eine Zitruspflanze dabei, sollte man mit der Überwinterungstemperatur lieber auf 8 °C gehen. Eine Banane, ein Hibiskus oder ein Kaffeebaum verlangen schon 12 bis 15 °C. Olive und Kamelie ist dies jedoch viel zu warm. So stellt man diese dann vielleicht in den warmen Wintergarten am Haus. Doch hier droht schon das nächste Problem. Es ist dort zwar warm genug, aber die Luftfeuchtigkeit ist in der Regel zu gering und die Banane wird fast zwangsläufig von Spinnmilben befallen.
Um lange Freude an den Pflanzen zu haben, sollten Sie eine spezielle Kübelpflanzengärtnerei besuchen. Die Pflanzen sind vielleicht etwas teurer, die Qualität und die Auswahl ist aber meist deutlich besser. Die fachkundige Beratung bewahrt vor Pflegefehlern. Versuchen Sie es zunächst mit Pflanzen, die in etwa gleiche, möglichst bescheidene Pflegeansprüche stellen.

Kübelpflanzen richtig überwintern

Die Überwinterung von Kübelpflanzen erfolgt am besten in einem Gewächshaus oder in einem kühlen Wintergarten, denn verglaste Winterquartiere bieten optimale Licht- und Luftverhältnisse. Der Erfolg einer Überwinterung im Freien oder im unbeheizten Gewächs- oder Folienhaus ist von einigen unwägbaren Faktoren abhängig. Sie ist deshalb nicht zu empfehlen; auch nicht für Pflanzen die über eine gewisse Frosttoleranz verfügen.
Um die Pflanzen erfolgreich zu überwintern, sollten Sie einige Grundregeln beachten. Je gesünder sie in die Überwinterung gehen, desto besser. Räumen Sie die Pflanzen entsprechend ihrer individuellen Kältetoleranz ein und aus. Je kürzer der Aufenthalt im Gewächshaus, umso besser für die Pflanzen. Mit der Zeit entwickeln Sie ein Gefühl für die richtige Behandlung der Pflanzen in ihrem Winterquartier.

▸ Düngen

Über den Sommer werden die Pflanzen regelmäßig gedüngt, zum Herbst aber sollte die Düngung eingestellt werden. Depotdünger sollte so verabreicht werden, dass er vor dem Herbst verbraucht ist. Die Pflanzen wachsen jetzt kaum noch und benötigen entsprechend weniger Nährstoffe. Durch Überdüngung im Spätsommer werden die Blätter weich und damit anfällig

TIPP

Volkshochschulen, Gartenbaulehranstalten oder Fachgärtnereien bieten Rückschnitt- oder Überwinterungsseminare an.

Temperaturansprüche im Winterquartier

Kalt (Minimum 2 °C)
Acacia *(Akazie)*
Agapanthus *(Schmucklilie)*
Aloysia *(Zitronenverben)*
Arbutus *(Erdbeerbaum)*
Aucuba *(Aukube)*
Buxus *(Buchsbaum)*
Camellia *(Kamelien)*
Erythrina christa-galli *(Korallenstrauch)*
Eucalyptus *(Eukalyptus)*
Ficus carica *(Feige)*
Jasminum *(Duft-Jasmin)*
Olea *(Olive)*
Laurus nobilis *(Gewürzlorbeer)*
Nerium *(Oleander)*
Viburnum tinus *(Schneeball)*

Kalt (5 bis 10 °C)
Agyranthemum *(Margerite)*
Aloe *(Aloe)*
Callistemon *(Zylinderputzer)*
Choisya ternata *(Orangenblume)*
Citrus *(nicht alle; Zitruspflanzen)*
Brugmansia *(Engelstrompete)*
Eriobotrya *(Wollmispel)*
Fuchsia *(Fuchsien)*
Geranien und Pelargonien
Heliotropium *(Vanillestrauch)*
Lantana *(Wandelröschen)*
Pittosporum *(Klebsame)*
Plumbago *(Bleiwurz)*
Psidium *(Guave)*
Solanum *(diverse Arten)*

Kalt und halbschattig (5 bis 10 °C)
Agapanthus *(Schmucklilie)*
Brugmansia *(Engelstrompete)*
Camellia *(Kamelien)*
Cestrum *(Hammerstrauch)*
Choisya ternata *(Orangenblume)*
Erythrina christa-galli *(Korallenstrauch)*
Eucomis *(Schopflilie)*
Ficus carica *(Feige, wenn laubabwerfend)*
Lantana *(Wandelröschen)*
Laurus nobilis *(Gewürzlorbeer)*

Temperiert (10 bis 15 °C)
Abutilon *(Schönmalve)*
Bougainvillea
Cassia *(diverse Arten)*
Cestrum *(Hammerstrauch)*
Citrus *(je nach Art)*
Cycas *(Palmfarn)*
Hibiscus *(Hibiskus)*
Jasminum sambac *(Arabischer Jasmin)*
Musa *(Zierbanane, 15 °C)*
Thunbergia grandiflora
Yucca *(Yuccapalme)*

gegen Pilz- und Schädlingsbefall. Niedrige Temperaturen werden schlechter vertragen.

▸ Rückschnitt

Wenn möglich sollte der Rückschnitt vor der Einwinterung erfolgen. Manche Pflanzen wie der Zylinderputzer, der bald nach der Blüte knospentragende Triebe für das nächste Jahr ausbildet, sollten bereits direkt nach der Blüte zurückgeschnitten werden. Da es keine einheitlichen Regeln gibt empfiehlt sich der Blick in ein gutes Kübelpflanzenbuch, um den Rückschnitt nach den Bedürfnissen der jeweiligen Pflanze durchzuführen.

▸ Umtopfen

Umgetopft wird, wenn das Gefäß zu klein geworden ist, das Substrat versalzt oder stark verdichtet ist. Jüngere Pflanzen werden meist jährlich, ältere alle 2 bis 3 Jahre

Tauschbörsen *für Kübelpflanzen*

***Mit einer Sackkarre** geht es ins Winterquartier.*

umgetopft, am besten im Frühjahr. Schwarze Kunststoffkübel heizen sich, wenn sie der Sonne ausgesetzt sind, im Ballenbereich zu stark auf, die Wurzeln werden geschädigt. Dies gilt bedingt auch für den Aufenthalt im Gewächshaus. Pflanzen in schwarzen Kübeln sollten deshalb durch einen Übertopf geschützt werden.

Gießen im Winterquartier

Das richtige Gießen ist ein ganz entscheidender Faktor für die erfolgreiche Überwinterung von Kübelpflanzen. Gegossen wird äußerst sparsam, besonders in den dunkeln Monaten von November bis Januar. Dennoch sollten die Pflanzen regelmäßig kontrolliert werden. Der Ballen sollte leicht feucht sein, niemals nass. Laubabwerfende Arten werden etwas trockener gehalten. Wenn gegossen wird, dann nur morgens. An warmen Tagen im Februar/ März wird die Wassermenge entsprechend der Entwicklung langsam erhöht.

Lüftung

Der zweite entscheidende Einfluss auf den Überwinterungserfolg hat die Lüftung. Im Winter, wenn draußen Temperaturen unter 0 °C herrschen, wird man die Fenster nicht öffnen wollen. So spart man zwar Heizkosten, doch da bei geschlossenen Fenstern die Luftfeuchtigkeit stark ansteigt, erhöht sich auch die Gefahr des Pilzbefalls. Deshalb ist es sehr wichtig, die fehlende natürliche Luftbewegung durch einen Luftumwälzer zu ersetzen. Sobald offenes Wetter herrscht muss regelmäßig gelüftet werden. Automatische Fensteröffner bewahren ein Gewächshaus vor Überhitzung, die an sonnigen Tagen auch in den Wintermonaten eintreten kann. Ist das Gewächshaus sehr stark der Sonneneinstrahlung ausgesetzt oder verfügt es nur über unzureichende Lüftungsmöglichkeiten, so kann eine leichte Schattierung angebracht werden.

Schädlinge und Krankheiten

Räumen Sie nur gesunde und schädlingsfreie Pflanzen in das Winterquartier ein. Behandeln Sie sie eventuell vorher mit einem entsprechenden Mittel. Abgefallene Blätter und Blüten sollten regelmäßig entfernt werden.

Ausräumen

Vor dem Ausräumen müssen die Pflanzen abgehärtet werden. Man lüftet so viel wie möglich und lässt auch die Tür offen stehen. Die Schattierung wird bei trübem Wetter entfernt. Am besten räumt man die Pflanzen nicht bei sonnigem Wetter aus dem Winterquartier und stellt sie zunächst an einem schattigen Platz auf oder deckt sie in der Mittagszeit ab. Dies gilt auch für Licht liebende Pflanzen.

Gemüse im Porträt

Fruchtgemüse

Tomate (Paradiesapfel, Liebesapfel)

Lycopersicon esculentum

Standort: sonnig, Wärme liebend; **Erde/Substrat:** neutral, ausgeglichen; frisch, tiefgründig, fruchtbar; **Nährstoffbedarf:** hoch; **Gießen:** regelmäßig, Blätter trocken halten; **Pflanzabstand:** 40 bis 50 x 60 cm (sortenabhängig); **Pflanzenzahl:** Mindestens 10 Pflanzen für die Vollversorgung einer vierköpfigen Familie; **Anzucht:** Aussaat ab Februar in Saatschalen, Pflanzung ab April; **Pflege:** Die meisten Tomaten müssen an Stäben oder Rankschnüren aufegbunden werden. Seitentriebe regelmäßig ausbrechen (ausgeizen). Ist die Pflanze unter dem Gewächshausdach angekommen wird auch die Spitze gekappt. Die ausgegeizten Triebe können übrigens als Stecklinge weiterverwendet werden.

Besonderheiten: Zur Vermeidung der Krautfäule: im Gewächshaus einen Luftumwälzer installieren, das Aufspritzen von Gießwasser vermeiden, nicht in der Nähe von Kartoffeln anbauen, untere Blätter bis zum ersten Fruchtansatz entfernen. Verwenden Sie keine Schutzhauben, besser ist ein Regendach, das eine Seitenlüftung sichert. Für einen reichen Fruchtansatz müssen Tomaten bestäubt werden. Besonders geeignet ist dafür eine elektrische Zahnbürste, mit der man in der heißen Mittagszeit die Stängel nahe den Blütenansätzen berührt und sie auf diese Weise in Schwingungen versetzt. Auf diese Weise wird der Blütenstaub aufgewirbelt. Erwerbsgärtner setzen zum Bestäuben Hummeln ein.

Cocktailtomate

Sorten Ursprüngliche Tomatensorten sind nicht unbedingt rot, sondern auch gelb, grün oder orange. Man geht davon aus, dass es weltweit mindestens 10.000 verschiedene Tomatensorten gibt oder gab. Der Übersicht halber teilt man Tomaten in verschiedene Klassen ein.

Stab- und Strauchtomaten mit runden, mittelgroßen Früchten und normalem oder kartoffelblättrigem Laub.

Gelbe Birnentomate

Paprika in Sackkultur

Buschtomaten mit gedrungenem, buschigen Wuchs, geeignet für die Kultur im Kasten, auf den Tischen oder Hängen im Gewächshaus; die Erntemengen sind aber relativ gering.
Fleischtomaten zeichnen sich durch reiche Ernte und oft guten Geschmack aus. Fleischtomaten besitzen große, mehrkammerige Früchte und reifen spät bis sehr spät.
Cocktail-, Kirsch- oder Cherrytomaten haben kleine, aber oft sehr süße, Früchte in traubigen Rispen. Es gibt früh oder spät reifende Sorten.
In kühleren Lagen oder als erste Aussaat im Jahr wählt man früh reifende Sorten.

Tomatensorten

Klasse	**Sorte**	**Eigenschaften**
normale, runde Stabtomate	*'Concorde'*	*robust, ertragreich, früh*
	'Goldene Köngin'	*gelb, mittelgroß, platzfest*
	'Harzfeuer'	*robust, früh reifend*
	'Tigerella'	*früh reifend, Früchte gestreift*
	'Vanessa'	*ertragreich, platzfest*
	'Virginia'	*robust, ertragreich, saftig*
	'Vitella'	*ertragreich, schnittfest*
Fleischtomate	*'Luxor'*	*große Früchte, saftig*
	'Marmande'	*früh reifend, große Früchte*
	'Myrto'	*robust, platzfest, ertragreich*
Eiertomate	*'Roma'*	*Buschtomate, spätreifend, süß-aromatisch, dickfleischig*
Kirsch-/ Cocktailtomate	*'Goldita'*	*gelb, ertragreich*
	'Picolino'	*relativ groß, platzfest*
	'Sweet Million'	*robust, klein, süß-aromatisch*
	'Yellow Pearshaped'	*birnenförmig, gelb*
Topf-, Balkontomate	*'Balkonstar'*	*kompakter Wuchs, platzfest*
	'Gnom'	*früh reifend, süß-aromatisch, mittelgroß*
	'Tumbler'	*früh reifend, kleine Früchte*
Spezialitäten	*Ananastomate (Riesentomate)*	*ungewöhnlicher Geschmack; enorme Größe, braucht eine Stütze*
	'Banana Legs'	*länglich, gelb, interessante Form*
	'Big White Pink Stripes'	*weiß mit rosa Streifen*
	'Brandywine'	*sehr aromatisch*
	'Green Zebra'	*grün, mittelgroß, sehr aromatisch*
	'Green Grapes'	*klein, gelbgrün*
	'Ochsenherz/ Stierherz'	*groß, weich, wohlschmeckend*
	'Pink Grapefruit'	*gelborange, innen rosa*
	'Reisetomate'	*interessante Form*

Paprika, Peperoni, Chili

Capsicum annuum

Standort: sonnig, Wärme liebend; **Erde/Substrat:** schwach sauer bis schwach alkalisch; frisch bis feucht, fruchtbar; locker; **Nährstoffbedarf:** mittel; **Gießen:** regelmäßig; **Pflanzabstand:** 40 x 40 cm; **Anzucht:** Aussaat ab Februar/März je nach Sorte und Temperaturen; **empfehlenswerte Sorten:** 'Gourmet' früh reifend, orange; 'Merit' – mittelfrüh, rot; 'Golden Bell' – früh, gelb; 'Goldflame' eine neue widerstandsfähige Sorte mit großen, roten Früchten. 'Toscana' langfrüchtige, süße Sorte für die Mittelmeerküche. Peperoni-Sorten sind in verschiedenen Schärfegraden erhältlich.

Paprika

Schlangengurke
Cucumis sativus

Standort: sonnig; **Erde/Substrat:** frisch, fruchtbar; humos, nährstoffreich; **Nährstoffbedarf:** hoch; **Gießen:** regelmäßig; **Pflanzabstand:** 50 x 50 cm; **Anzucht:** Aussaat ab Ende Februar, je nach Sorte; **Temperatur:** nachts nicht unter 14 °C; **empfehlenswerte Sorten:** 'Flamingo' tolerant gegen Echten Mehltau, 'Hayat' Resistenzen gegen Echten Mehltau; 'Adrian RZ' für den ganzjährigen Anbau im beheizten Gewächshaus, bringt kleine Früchte hervor, günstig für kleine Haushalte; 'Cordoba' ist eine spezielle Gewächshausgurke, 'Sudica' besonders resistent; **Besonderheiten:** Hohe Luftfeuchtigkeit; Gewächshaussorten nachts nicht unter 14 °C.
Werden Tomaten und Gurken gleichzeitig kultiviert, sollten die Gurken im hinteren Bereich angesiedelt werden, wo sie vor kühler Zugluft geschützt sind, die durch die geöffnete Tür eindringt. Der Luftumwälzer sollte etwas entfernt aufgehängt werden.
Gerade bei Gurken entscheidet die Sortenwahl maßgeblich über den Erfolg. Die etwas teureren Hybriden haben selbstbestäubende weibliche Blüten, müssen also nicht bestäubt werden und sind gegen etliche Krankheiten resistent.
Verkümmernde Früchte deuten auf Nährstoffmangel, faulende Wurzeln auf zu niedrige Temperaturen hin. Nach ein paar Jahren der Kultur am gleichen Standort, kann es vermehrt zur Gurkenwelke kommen. Entweder pausieren Sie mit dem Gurkenanbau oder versuchen die Sackkultur, also Kultur in Fertigerdsäcken. Installieren Sie dann ein automatisches Gießenssystem, damit gleichmäßige Feuchtigkeit gewährleistet ist. Auch die Veredelung auf den Feigenblattkürbis (*Cucurbita ficifolia*) ist empfehlenswert, da diese Pflanzen unempfindlicher gegen Fusariumwelke sind.

Schlangengurke

Luffa-Gurke, Schwammgurke
Luffa cylindrica (syn. *aegyptiaca*)

Kultur: wie Gurken; **Verwendung:** Junge Früchte als Gemüse; ältere Früchte als Schwamm; **Besonderheiten:** Exotische Gurke. Um Schwämme zu ernten, die ausgereiften Früchte schälen, Fruchtfleisch in Wasser faulen lassen, das Schwammgewebe abspülen und trocknen lassen. Spannende Kultur für Kinder!

Schlangenhaar-Kochgurke
Trichosanthes cucumerina

Kultur: wie Gurken; rankt 2 m; **Anzucht:** Aussaat ab März; **Temperatur:** nachts nicht unter 15 °C; **Erntegut:** junge Gurken bis 70 cm; **Erntezeit**: Sommer bis Herbst; **Verwendung:** Junge Früchte als Kochgemüse; **Besonderheiten:** Ein Kochgemüse aus Südindien mit interessanten Früchten.

Bittergurke, Balsambirne
Momordica charanthia

Kultur: wie Gurken; rankt 3 bis 4 m, aufbinden; **Anzucht:** Vorkultur ab April; **Temperatur:** nachts nicht unter 15 °C; **Erntegut:** unreife grüne Früchte von etwa 15 cm; **Verwendung:** Junge Früchte als Kochgemüse. Ältere Früchte werden gelb und sind sehr dekorativ.

Zucchini
Cucurbita pepo var. *giromontiina*

Standort: sonnig; Wärme liebend; **Erde/Substrat:** schwach sauer bis schwach alkalisch; frisch bis feucht, fruchtbar; lehmig-humos; **Nährstoffbedarf:** hoch; **Gießen:** regelmäßig bis häufig; **Pflanzabstand:** 90 x 90 cm; **Anzucht:** Aussaat in Saatkisten ab April, Pflanzung im Mai; **Erntezeit**: regelmäßig, wenn Früchte gewünschte Größe erreicht haben; **Gute Sor-**

Zucchini

ten: Zucchini nehmen relativ viel Platz ein. 'Black Forest' ist eine kletternde Sorte, deshalb für das Gewächshaus besser geeignet. Pilzkrankheiten vermeiden Sie durch gute Belüftung und Luftumwälzung.

Zuckermelone

Cucumis melo

Standort: sonnig, Wärme liebend, mit Vliesbedeckung Wärmeangebot verbessern; **Erde/Substrat:** schwach sauer bis schwach alkalisch; frisch bis feucht, fruchtbar; lehmig-humos; **Nährstoffbedarf:** hoch; **Gießen:** regelmäßig bis häufig – nicht auf die Blätter gießen; **Pflanzabstand:** 100 x 75 cm; **Anzucht:** Jungpflanzenanzucht ab März oder April, Auspflanzung ab Mitte Mai; **Besonderheiten:** Für das Gewächshaus oder Folienhaus werden Samen von Zuckermelonen in verschiedenen Sorten angeboten, Jungpflanzen sind kaum noch erhältlich. Bei der Befruchtung muss eventuell nachgeholfen werden, indem man mit einem Pinsel den Pollen der männlichen Blüte auf den Fruchtknoten der weiblichen bringt. Besonders bei kühlem Wetter nicht zu feucht halten. Die Pflanzen ranken an Schnüren hoch. Die Melonenfrüchte müssen, da sie sehr schwer werden, in ein Netz gelegt und aufgebunden werden. Wassermelonen (Sorten für das nordeuropäische Klima wählen) werden im Gewächshaus vorgezogen und dann an eine warme Stelle im Freiland oder Folienhaus ausgepflanzt.

Melone

Aubergine, Eierfrucht

Solanum melongena

Standort: sonnig, wärmeliebend; **Erde/Substrat:** schwach sauer bis alkalisch; frisch; durchlässig, sandig-lehmig; **Nährstoffbedarf:** ausgeglichen bis hoch; **Gießen:** regelmäßig; **Pflanzabstand:** 50 x 70 cm; **Anzucht:** Aussaat ab Ende Februar in Saatschalen, Pflanzung ins Gewächshaus ab April, ins Freiland nur in geschützten Lagen ab Mitte Mai; **Erntezeit**: Sommer bis Herbst; **Besonderheiten:** Zwar sind Auberginen sehr wärmebedürftig und deshalb eine typische Gewächshauskultur. Es gibt aber einige Nachteile beim Anbau. Sie benötigen viel Platz, deshalb sollten kleinwüchsige Sorten gewählt und der Anbau nur in größeren Häusern oder Folienhäusern stattfinden. Außerdem sind sie relativ anfällig für Schädlinge wie Weiße Fliege oder Blattläuse. Die Früchte müssen pünktlich, solange die Kerne noch milchig sind, geerntet werden, sonst werden die Früchte bitter und fast ungenießbar. Möglichst nicht zusammen mit Gurken kultivieren, da Auberginen hohe Luftfeuchtigkeit nicht mögen. Eine Kombination mit Tomaten ist ideal.

Zuckermais

Zea mays

Standort: sonnig; **Erde/Substrat:** anpassungsfähig, frisch bis feucht; durchlässig, sandig-lehmig; **Nährstoffbedarf:** hoch; **Gießen:** regelmäßig bis häufig; **Pflanzabstand:** 30 x 50 cm; **Anzucht:** Aussaat ab März für die Kultur im Gewächshaus, ab April Vorkultur für spätere Kultur im Freiland; **Erntegut:** Maiskolben in Milchreife. Die Körner müssen noch milchig weich sein, später geht der Zuckergehalt zurück; **Verwendung:** als Gemüse gedünstet, roh, gegrillt

Zuckermais

Blattgemüse und Salate

Alle Angaben zur Kultur beziehen sich, falls nicht anders angegeben, auf ein frostfrei gehaltenes Gewächshaus mit einer Mindesttemperatur im Winter von 5 bis 8 °C. Achten Sie beim Saatgutkauf darauf, dass die Sorten für den Anbau im Gewächshaus geeignet sind.

Stangensellerie, Bleichsellerie

Apium graveolens var. *dulce*

Standort: sonnig; **Erde/Substrat:** schwach sauer bis schwach alkalisch; durchlässig, sandig-lehmig; **Nährstoffbedarf:** hoch; **Gießen:** häufig, Blätter trocken lassen (Pilzkrankheiten); **Pflanzabstand:** 30 x 35 cm; **Anzucht:** Voranzucht ab März im Gewächshaus, Auspflanzung von Mai bis Juni ins Freiland; ab Mitte April mit Vliesabdeckung; **Verwendung:** roh als Salat oder gedünstet; **Besonderheiten:** Wählen Sie neuere Sorten, bei denen man auf das Bleichen verzichten kann.

Sellerie

Barbarakraut

Barbarea vulgaris

Standort: sonnig, halbschattig; **Erde/Substrat:** schwach sauer bis schwach alkalisch; frisch; durchlässig; **Nährstoffbedarf:** ausgeglichen; **Gießen:** regelmäßig, feucht bis nass; **Anzucht:** März bis September, Reihenabstand 30cm; **Erntegut:** Blätter bis zur Blütenbildung; **Erntezeit:** ab Mai; **Verwendung:** als Salat oder mit Spinat zusammen kochen, leicht bitter;

Malabarspinat, Indischer Spinat

Basella alba, Basella rubra

Standort: sonnig; **Erde/Substrat:** neutral, ausgeglichen; frisch bis feucht; sandig-lehmig; **Nährstoffbedarf:** ausgeglichen; **Gießen:** regelmäßig; **Pflanzabstand:** 50 x 50 cm; **Anzucht:** Aussaat ab März bei 25 °C; **Erntegut:** junge Blätter und Triebe; **Erntezeit:** ab Juli; **Verwendung:** wie Spinat; **Besonderheiten:** 3 bis 5 m rankender Spinat aus dem südlichen Asien. Enthält viel Vitamin C, Eisen und Kalzium. Der Saft wird als Farbstoff verwendet.

Mangold

Beta vulgaris ssp. *vulgaris* var. *cicla*

Standort: sonnig; **Erde/Substrat:** anpassungsfähig; frisch; durchlässig, sandig-lehmig; **Nährstoffbedarf:** ausgeglichen bis hoch; **Gießen:** regelmäßig; **Pflanzenabstand:** 40 x 40 cm; **Anzucht:** Ab März Voranzucht im Gewächshaus; ab Mitte April Direktsaat im Freiland; Anfang August Aussaat für die Winterpflanzung im Gewächshaus; **Erntegut:** äußere Blätter mit Blattstiel; **Erntezeit:** fast ganzjährig; **Verwendung:** Salate, gedünstet, rote Sorte auch als Zierpflanze im Gemüse- und Bauerngarten; **Schmackhafte Sorten:** 'Bright Lights', Stängel rot und orange, 'Rhubarb Chard', rote Stängel; **Besonderheiten:** Eigentlich ein Freilandgemüse, kann aber im Gewächshaus vorgezogen werden und dann im Freiland früher geerntet werden. Er ist zudem auch eine ideale Winterkultur für das Gewächshaus, da er wenig kältempfindlich ist und stets neue

Mangold

Stängel produziert, also bedarfsgerecht zu ernten ist. Viele Nährstoffe befinden sich im Blattstiel.

Erdbeerspinat

Chenopodium capitatum

Standort: sonnig bis halbschattig; **Erde/Substrat:** neutral, ausgeglichen; frisch bis feucht; sandig-lehmig; **Nährstoffbedarf:** ausgeglichen; **Gießen:** regelmäßig; **Pflanzabstand:** 20 x 25 cm; **Anzucht:** Aussaat ab April oder Pflanzung; **Erntegut:** junge Blätter oder Triebe mit roten Früchten; **Erntezeit**: von Mai bis zur Blüte; **Verwendung:** Bauern- und Kräutergarten, Zubereitung wie Spinat, Triebe mit Früchten zur Dekoration; **Besonderheiten:** Erdbeerspinat bringt keine großen Erträge, ist aber durch seine roten Beeren, die über wenig Geschmack verfügen, aber essbar sind, sehr dekorativ. Auch Kinder erfreuen sich an den hübschen Früchten.

Endivie

Cichorium endivium

Standort: sonnig; **Erde/Substrat:** schwach sauer bis schwach alkalisch; frisch bis feucht, fruchtbar; lehmig-humos; **Nährstoffbedarf:** ausgeglichen; **Gießen:** regelmäßig, empfindlich gegen anhaltende Blattfeuchte in der Erntephase; **Pflanzabstand:** 30 x 30 cm; **Anzucht:** Aussaat im März birgt Schossgefahr, besser im Juni (Sortenwahl beachten); **Besonderheiten:** Für den Herbstanbau können Sie auch den Frisée-Salat 'Wallonne' mit besonders feinen Blättern und etwas milderem Geschmack pflanzen.

Endivie

Radicchio

Cichorium intybus var. *foliosum*

Standort: sonnig; **Erde/Substrat:** schwach sauer bis schwach alkalisch; frisch; durchlässig, sandig-lehmig; **Nährstoffbedarf:** ausgeglichen; **Gießen:** regelmäßig; **Pflanzabstand:** 30 x 30 cm; **Anzucht:** Aussaat im April/Mai; **Verwendung:** für Salatmischungen, leicht bitterer Geschmack.

Zuckerhut, Fleischkraut

Cichorium intybus var. *foliosum*

Standort: sonnig; **Erde/Substrat:** schwach sauer bis schwach alkalisch; frisch; durchlässig, sandig-lehmig; **Nährstoffbedarf:** ausgeglichen; **Gießen:** regelmäßig; **Pflanzabstand:** 20 x 40 cm; **Anzucht:** Aussaat im April oder Mai; **Verwendung:** als Salat, relativ bitterer Geschmack.

Chicorée

Cichorium intybus var. *foliosum*

Standort: im Freilandbeet, sonnig; **Erde/Substrat:** schwach sauer bis schwach alkalisch; frisch; durchlässig, sandig-lehmig; **Nährstoffbedarf:** ausgeglichen; **Gießen:** regelmäßig; **Pflanzabstand:** 30 x 30 cm; **Anzucht:** Aussaat Mai ins Freiland in Reihen, auf 10 cm vereinzeln; **Erntezeit:** Wurzeln werden ab Ende August getrieben, Ernte über den ganzen Winter möglich; **Verwendung:** als Salat oder Gemüse, Treiben erforderlich. Ernte über den ganzen Winter möglich. Nicht die Blätter des ersten Jahres werden geerntet, sondern der zweite Austrieb. Wurzeln Anfang November aus der Erde nehmen, Blätter auf 3 bis 5 cm einkürzen und frostfrei bei höchstens 5 °C lagern. Treibgefäße (etwa 40 cm hoch) mit 10 cm Erde füllen, die Wurzeln dicht an dicht hineinstellen, mit Erde abdecken und angießen. Bei zunächst 12, später 17 °C im Gewächshaus antreiben.

Chicorée

Löffelkraut, Skorbutkraut
Cochlearia officinalis L.

Standort: sonnig; **Erde/Substrat:** schwach sauer bis schwach alkalisch; frisch; durchlässig, sandiglehmig; **Nährstoffbedarf:** ausgeglichen; **Gießen:** regelmäßig; **Anzucht:** Direktsaat ab September, Reihenabstand 20 cm; **Erntegut:** Blätter oder Blattrosetten; **Verwendung:** als Salatbeigabe, Würzkraut für Gemüsesuppen; **Besonderheiten:** Winterkultur im ungeheizten Geäwchshaus möglich. Frostfest bis –20 °C. Eine frostfreie Überwinterung ermöglicht das Wachstum in der kalten Jahreszeit. In Abständen säen, damit stets frisch geerntet werden kann. Abdeckung mit dünnem Vlies zur Schattierung möglich. Bei Sommeranbau besteht die Gefahr, dass die Blätter bitter werden.

Cardy
Cynaria cardunculus

Standort: sonnig, liebt Wärme; **Erde/Substrat:** neutral, ausgeglichen; frisch; durchlässig, sandiglehmig; **Nährstoffbedarf:** ausgeglichen; relativ hoch; **Gießen:** gleichmäßig feucht halten; **Pflanzabstand:** 1 m x 1 m; **Anzucht:** April; **Erntegut:** gebleichte Blattstiele **Erntezeit:** August/September; **Verwendung:** als Gemüse, Haut von den Stielen abziehen, in Essigwasser kochen (färben sich sonst schwarz) und wie Spargel zubereiten; **Besonderheiten:** Verwandt mit der Artischocke. Hoher Platzbedarf, besser in einem größeren Folienhaus oder Vorkultur im Gewächshaus und Mitte Mai im Freiland auspflanzen. Ende August werden die Stiele locker zusammen gebunden und mit schwarzer Folie umwickelt. Ernte nach 2 bis 3 Wochen. Mit Frostschutz kann Cardy auch überwintern.

Rauke, Ruccola
Eruca sativa, Diplotaxis tenuifolia

Standort: sonnig; **Erde/Substrat:** schwach sauer bis schwach alkalisch; frisch; durchlässig, sandiglehmig; **Nährstoffbedarf:** ausgeglichen; **Gießen:** regelmäßig; **Anzucht:** Direktsaat ganzjährig, Reihenabstand 25 cm; **Verwendung:** als Salat; **Besonderheiten:** ganzjährge Kultur auch im ungeheizten Gewächshaus möglich (bis –8 °C). Im Sommer besser pausieren, da die Blätter bitter werden. Säen Sie im Abstand von 2 bis 3 Wochen, damit stets frisch geerntet werden kann.

Rauke

Fenchel

Fenchel (Knollenfenchel)
Foeniculum vulgare var. *azoricum*

Standort: sonnig, liebt Wärme; **Erde/Substrat:** neutral, ausgeglichen; frisch; durchlässig, sandiglehmig; **Nährstoffbedarf:** ausgeglichen; relativ hoch; **Gießen:** regelmäßig; **Pflanzabstand:** 50 x 30 cm; **Anzucht:** Je nach Sorte März bis Juli; **Besonderheiten:** Für das Gewächshaus besonders als Früh- und Herbstkultur geeignet. Im Sommer kann der Anbau im Freien erfolgen. Gleichmäßiges Gießen verhindert Wachstumsstockungen, die zu Verholzungen führen – dann kaum noch zu verwenden.

Kopfsalat
Lactuca sativa var. *capitata*

Standort: sonnig; **Erde/Substrat:** schwach sauer bis schwach alkalisch; frisch, fruchtbar; lehmighumos; **Nährstoffbedarf:** ausgeglichen bis hoch; **Gießen:** regelmäßig; **Pflanzabstand:** 30 x 30 cm;

Kopfsalat

Anzucht: Aussaat ab Februar; **geeignete Sorten:** 'Chagall' Aussaat August bis November; auch für den Anbau im kühlen Gewächshaus geeignet. 'Tom Thumb' – Minisalat, für den kleinen Haushalt oder das kleine Gewächshaus mit tennisballgroßen Köpfen. Geeignet auch für die Kultur in Kästen oder Kübeln auf Tischen und Hängen. Erntereif nach etwa 8 Wochen. **Bataviasalat, Krachsalat** Kultur und Nutzung wie Kopfsalat. Kreuzung aus Kopf- und Eissalat. Anbau im Gewächshaus von Januar bis September. Kräftig rote, dekorative Blätter. **Eissalat** Ab Februar vorziehen. Die Sorte 'Frillice' ist eine neue Sorte mit der Struktur von Eissalat und der Blattform von Endivien. Kultur wie Eissalat.

Eisalat

Pflücksalat, Schnittsalat

Lactuca sativa var. *crispa*

Standort: sonnig; **Erde/Substrat:** schwach sauer bis schwach alkalisch; frisch bis feucht, fruchtbar; lehmig-humos; **Anzucht:** Direktsaat ab Januar; **Sortenbeispiel:** 'Grand Rapids'; **Besonderheiten:** Bauen Sie Pflücksalat im Blumenkasten auf einer Hänge an. Sie können ihn bei gutem Wetter herausstellen und im Gewächshaus Platz gewinnen. Bei Bedarf werden die Blätter einfach gepflückt.

Romana-Salat

Lactuca sativa var. *longifolia*

Standort: sonnig; **Erde/Substrat:** schwach sauer bis schwach alkalisch; frisch bis feucht, fruchtbar; lehmig-humos; **Pflanzabstand:** 40 x 40 cm; **Anzucht:** Vorkultur ab März (Sorteneignung beachten); **Erntezeit**: ab Sommer bis Herbst

Spargelsalat

Lactuca sativa var. *angustana*

Standort: sonnig; **Erde/Substrat:** schwach sauer bis schwach alkalisch; frisch bis feucht, fruchtbar; lehmig-humos; **Pflanzabstand:** 30 x 30 cm; **Anzucht:** Vorkultur ab Februar; **Erntezeit:** Sommer, Blätter nach 30 Tagen, Stängel nach 3 Monaten; **Verwendung:** Blätter wie Pflücksalat, Stängel wie Spargel.

Winterportulak, Postelein, Kubaspinat

Montia perfoliata

Standort: sonnig; **Erde/Substrat:** neutral, ausgeglichen; frisch, fruchtbar; lehmig-humos; **Nährstoffbedarf:** ausgeglichen; **Gießen:** regelmäßig; **Anzucht:** Aussaat ab Mitte August/September, Reihenabstand 15 bis 20 cm, auch breitwürfig; **Erntegut:** Blätter; **Erntezeit**: 6 bis 8 Wochen nach Aussaat; **Verwendung:** als Salat oder auch wie Spinat; **Besonderheiten:** Ernte über den ganzen Winter. Auch im ungeheizten Gewächshaus möglich. Kurze Kulturzeit. In Abständen von 2 Wochen aussäen, damit man immer frisches Grün zum Ernten hat.

Brunnenkresse

Nasturtium officinale

Standort: sonnig bis halbschattig; **Erde/Substrat:** schwach sauer bis schwach basisch; lehmig/humos; **Nährstoffbedarf:** ausgeglichen; **Gießen:** regelmäßig, immer feucht halten, verträgt auch Nässe, hohe Luftfeuchtigkeit; **Anzucht:** September bis Oktober, Reihenabstand 15 cm; **Erntegut:** Triebe ab 6 bis 8 cm; **Erntezeit**: November/Dezember; **Verwendung:** als Salat, Würzkraut; **Besonderheiten:** Alte Kulturpflanze, Normalkultur im fließenden Wasser oder in wassergefüllten Containern.
Die oben beschriebene Erdkultur im frostfreien Gewächshaus ist aber auch möglich.

Hirschhornwegerich, Kapuzinerbart

Plantago coronopsus

Standort: sonnig; **Erde/Substrat:** schwach sauer bis schwach alkalisch; frisch; durchlässig, sandig-lehmig; **Nährstoffbedarf:** ausgeglichen; **Gießen:** regelmäßig; **Anzucht:** Direktsaat März und Oktober, Reihenabstand 20 cm; **Erntegut:** 10 cm große Blätter für Salatmischungen; **Verwendung:** wie Salat; **Besonderheiten:** Diese Wegerichart fand sich früher in vielen Hausgärten.

Feldsalat, Rapunzel, Nüssli-Salat

Valerianella locusta

Standort: sonnig; **Erde/Substrat:** neutral, ausgeglichen; frisch, fruchtbar; lehmig-humos; **Nährstoffbedarf:** ausgeglichen bis hoch; **Gießen:** gleichmäßig; **Aussaatabstand:** 3 x 20 cm; **Anzucht:** Aussaat ab März bis August; **Erntezeit:** 2 bis 6 Monate nach Aussaat; **Besonderheiten:** Typische Winterkultur. Auch im ungeheizten Gewächshaus möglich, allerdings nur langsames Wachstum. Kurze Kulturzeit. In Abständen von 2 bis 3 Wochen aussäen.

Feldsalat

Spinat

Spinacia oleracea

Standort: sonnig; **Erde/Substrat:** schwach sauer bis alkalisch; frisch, fruchtbar; lehmig-humos; **Nährstoffbedarf:** ausgeglichen bis hoch; **Gießen:** regelmäßig; Aussaatabstand: 1 x 20 cm; **Anzucht:** Januar für Frühkultur, Ende September für die Nachkultur. In Sätzen aussäen, Abstand in der Reihe 5 x 20 cm, auf geeignete Sorten achten, sonst schossen die Pflanzen; **Empfehlenswerte Sorte:** 'Dolphin RZ'; **Besonderheiten:**

Spinat

Geeignet für die Winterkultur bei 2 °C oder mehr. Bei der Herbstkultur mäßig düngen, um Nitratanreicherungen zu verhindern.

Neuseeländer Spinat

Tetragonia tetragonioides

Standort: sonnig; **Erde/Substrat:** schwach sauer bis alkalisch; frisch, fruchtbar; lehmig-humos; **Nährstoffbedarf:** ausgeglichen; **Gießen:** regelmäßig; **Pflanzabstand:** 80 x 80 cm; **Anzucht:** Aussaat oder Pflanzung im Mai; **Erntegut:** Triebspitzen mit Blättern; **Erntezeit**: mehrmalig über die Wachstumszeit bis zum Frost; **Verwendung:** als Gemüse und wie Salat; **Besonderheiten:** bedarfsgerecht zu ernten, anspruchslos und pflegeleicht, guter Geschmack. Da mehrjährig, überwintert er in einem frostfreien Gewächshaus.
Da die Pflanzen recht viel Platz einnehmen, können sie auch in Töpfe oder Kästen gesät werden und dann im Sommer im Freien weiterkultiviert werden.

Kohlgemüse

Chinesischer Senfkohl, Pak Choi

Brassica chinensis

Standort: sonnig; **Erde/Substrat:** schwach sauer bis schwach alkalisch; frisch, fruchtbar; lehmig-humos; **Nährstoffbedarf:** ausgeglichen bis hoch; **Gießen:** regelmäßig; **Pflanzabstand:** 30 x 10 bis 20 cm; **Anzucht:** in Saatkisten ab März oder Direktsaat ab Ende April; **Erntegut:** junge Pflanzenrosette; **Verwendung:** roh für Salate oder gedünstet als Gemüse.

Scherkohl, Bremer Scherkohl

Brassica napus ssp. napus

Standort: sonnig; **Erde/Substrat:** anpassungsfähig; frisch; durchlässig, sandig-lehmig; **Nährstoffbedarf:** ausgeglichen bis hoch; **Gießen:** regelmäßig; **Pflanzabstand:** Reihenabstand 15 cm; **Anzucht:** Ende Januar bis März; September/ Oktober zur Nachkultur; Folgesaaten alle 14 Tage; **Erntegut:** Blattstiele; **Erntezeit**: April bis Sommer; **Verwendung:** als Gemüse, gedünstet; **Besonderheiten:** Eine realtiv unbekannte, aber lohnenswerte Kohlart. Zubereitung wie Spinat oder Wirsing. Als Früh- und Nachkultur sogar im ungeheizten Gewächshaus. Fragen Sie nach winterharten Sorten.

Kohlrabi

Brassica oleracea var. gongylodes

Standort: sonnig; **Erde/Substrat:** schwach sauer bis schwach alkalisch; fruchtbar; humos, locker; **Nährstoffbedarf:** ausgeglichen bis hoch; **Gießen:** regelmäßig; **Pflanzabstand:** 25 x 25 cm; **Anzucht:** Jungpflanzenanzucht ab Januar, auch auf der Fensterbank; Pflanzung Ende Februar; für das Freiland Aussaat ab Februar im Haus, Auspflanzung von April bis Mai, Verfrühen mit Vliesbedeckung; **Sorten:** unbedingt Gewächshaussorten wählen und Jahreszeit abhängige Sorten, zum Beispiel 'Blaro' und 'Kohyro'; **Besonderheiten:** Wenn Kohlrabi platzt, liegt dies an unregelmäßigen Wassergaben. Kann im Gewächshaus schon sehr früh ausgepflanzt werden.

Kohlrabi

Chinakohl

Brassica pekinensis

Standort: sonnig; **Erde/Substrat:** schwach sauer bis schwach alkalisch; frisch, fruchtbar; lehmig-humos; **Nährstoffbedarf:** ausgeglichen bis hoch; **Gießen:** regelmäßig; **Pflanzabstand:** 30 x 10 bis 20 cm; **Anzucht:** in Saatkisten ab März oder Direktsaat ab Ende April; **Verwendung:** roh für Salate oder gedünstet; **Sorten**: möglichst Sorten mit Resistenz gegen Kohlhernie verwenden, zum Beispiel 'Bilko'; **Besonderheiten:** Spätkultur auch im ungeheizten Gewächshaus möglich. Frostfest bis –6 °C.

Chinakohl

Kohlhernie vermeiden

Bei Kohlpflanzen aller Art möglichst Sorten mit Resistenzen gegen Kohlhernie wählen.
Kohlhernie ist eine Pilzkrankheit, die Kohl, Rettich und Radieschen und auch andere Pflanzen aus der Familie der Kreuzblüter befällt und nur schwer zu bekämpfen ist. Sie tritt bevorzugt bei zu sauren und zu nassen Böden auf.

Wurzel- und Zwiebelgemüse

Zwiebel

Gemüsezwiebel

Allium cepa

Standort: sonnig; **Erde/Substrat:** schwach sauer bis schwach alkalisch; frisch bis feucht; durchlässig, sandig-lehmig; **Nährstoffbedarf:** ausgeglichen; **Gießen:** regelmäßig; **Pflanzabstand:** Reihenabstand 20 cm, nach dem Keimen auf etwa 10 cm Abstand verziehen; **Anzucht:** Ende Februar/März und Ende August; **Erntezeit**: April/Mai und Oktober/November.

Lauchzwiebel

Allium cepa

Standort: sonnig; **Erde/Substrat:** schwach sauer bis schwach alkalisch; frisch bis feucht; durchlässig, sandig-lehmig; **Nährstoffbedarf:** ausgeglichen; **Gießen:** regelmäßig; **Pflanzabstand:** 5 x 20 cm; **Anzucht:** Ende Februar/März und Ende August; **Erntezeit**: April/Mai und Anfang August; **Besonderheiten:** Sehr gute Zwischenkultur fast über das ganze Jahr mit geringem Platzbedarf. Steckzwiebeln werden dicht an dicht in einen zu zwei Dritteln mit Erde gefüllten Topf oder Kasten gesetzt, mit Erde abgedeckt und bei mindestens 15 °C aufgestellt. Die Erde feucht, aber nicht zu nass halten. Das Zwiebellaub kann nach gut einem Monat geerntet werden. In Abständen von 2 bis 3 Wochen neue Töpfe anlegen. Diese Methode spart Platz und nutzt Tische und Hängen aus.

Möhre, Karotte

Daucus carota ssp. sativa

Standort: sonnig; **Erde/Substrat:** schwach sauer bis schwach alkalisch; durchlässig, sandig-lehmig: tief gelockert, damit die Möhre sich gerade entwicklen kann; **Nährstoffbedarf:** gering; **Gießen:** regelmäßig; **Anzucht:** Direktsaat von Oktober bis März, Abstand 20 cm in der Reihe, nicht zu dicht, später auf 5 cm Pflanzabstand verziehen; Keimtemperatur mindestens 5, besser 10 °C; **Sortentipp:** frühe Sorten verwenden; **Besonderheiten:** Bei frühem Anbau ist die Gefahr des Befalls mit der Möhrenfliege relativ gering.

Möhre

Rettich

Raphanus sativus var. *niger*

Standort: sonnig; **Erde/Substrat:** schwach sauer bis schwach alkalisch; frisch; durchlässig, sandig-lehmig; **Nährstoffbedarf:** gering; **Gießen:** regelmäßig; **Pflanzabstand:** 25 x 10 cm (sortenabhängig); **Anzucht:** Januar bis März mit Vorkultur und September in Direktaussaat; **Erntezeit**: März bis Mai und November/Dezember; **Besonderheiten:** In Bayern bedient man sich einer Spezialmethode, um besonders lange Rettiche zu erhalten: Man sät sehr dicht in einen Topf aus und kultiviert bei 18 bis 20 °C. Die Sämlinge wachsen dann zum Licht

Rettich

und werden länger als gewöhnlich. Wenn das Stück zwischen Wurzel und den zwei Keimblättern etwa 5 bis 6 cm lang ist, werden die Sämlinge senkrecht in tief gelockerten Erde/Substrat gepflanzt.

Radieschen

Raphanus sativus var. *sativus*

Standort: sonnig; **Erde/Substrat:** schwach sauer bis schwach alkalisch; frisch; durchlässig, sandig-lehmig; **Nährstoffbedarf:** ausgeglichen; **Gießen:** regelmäßig; **Anzucht:** September bis März, ab März im Freien 1 cm tief aussäen, Reihenabstand 10 cm, in der Reihe 5 cm, Keimtemperatur 15 bis 20 °C; **Erntezeit**: 4 bis 10 Wochen nach Aussaat; **Sortentipp:** Nur Gewächshaussorten verwenden; **Besonderheiten:** Da der Kulturerfolg schnell eintritt und täglich zu verfolgen ist, mögen auch Kinder die Anzucht von Radieschen gern beobachten. Immer ausreichend wässern sonst werden die Radieschen scharf. Säen Sie die Radieschen in Topfplatten oder auch in kleine Balkonkästen und lassen Sie sie in einem Vermehrungsbeet oder in der Wohnung keimen. Später vertragen sie auch niedrigere Temperaturen.

Radieschen

Kartoffel

Solanum tuberosum

Standort: sonnig, wärmeliebend; **Erde/Substrat:** schwach sauer bis alkalisch; frisch bis feucht, fruchtbar; lehmig-humos; **Nährstoffbedarf:** ausgeglichen; **Gießen:** regelmäßig; **Pflanzabstand:** 30 x 30 cm; Pflanzen wenn die Keime etwa 2 cm lang sind; **Anzucht:** ab Mitte Januar vorkeimen. Die Knollen dazu in eine mit Zeitungen ausgelegte luftige Holzkiste legen (die Seite mit den meisten Augen nach oben), mit Erde abdecken, für etwa 2–3 Wochen bei mindestens 15, besser 20 °C hell lagern; **Weiterkultur:** mehrmals Anhäufeln. Kartoffeln sind frostempfindlich; **Erntezeit**: Sommer/Spätsommer; **Besonderheiten:** Frühkultur von Kartoffeln lohnt sich nur in einem etwas größeren Gewächshaus oder Foliengewächshaus. Besonders auch für Kinder interessant ist die Kultur in einem Kübel. Für die Containerkultur einen Kunststoffeimer (Wasserabzugslöcher nicht vergessen) mit 12 bis 20 Liter Fassungsvermögen gut 10 cm hoch mit Gartenerde füllen; zwei gekeimte Kartoffeln darauf legen, mit Erde bedecken, sobald die Triebe durchwachsen wieder mit einer neuen Schicht Erde bedecken. Gleichmäßig feucht halten, sonst kann es zu Wachstumsstörugen und Ernteeinbußen kommen.
Pro Eimer kann man etwa 2 kg Kartoffeln ernten. Immer häufiger erhält man interessante Kartoffelsorten auf Pflanzenmärkten, die auch Raritäten anbieten. Darunter auch alte, wiederentdeckte Sorten.
Meist erhält man ein Sortiment aus veschiedenen Sorten, welche man ausprobieren kann.

Hülsenfrüchte

Erbsen

Zuckererbse, Kaiserschote

Pisum sativum ssp. sativum

Standort: sonnig; **Erde/Substrat:** schwach sauer bis schwach alkalisch; frisch; sandig-humos, sandig-lehmig; **Nährstoffbedarf:** hoch; **Gießen:** regelmäßig; **Pflanzabstand:** 50 x 3 cm; **Anzucht:** Aussaat Mai bis Juni; **Erntezeit**: Sommer; **Besonderheiten:** Der Anbau von Zuckererbsen lohnt mehr als der von normalen Erbsen. Viel lüften. Die Aussaat ist auch Platz sparend in Balkonkästen auf Tischen oder Hängen möglich. Für regelmäßige Feuchtigkeit sorgen. Erde/Substrat-wärme beschleunigt die Keimung.

Stangenbohnen

Phaseolus vulgaris var. vulgaris

Standort: sonnig; **Erde/Substrat:** neutral bis schwach alkalisch; frisch, fruchtbar; humos; **Nährstoffbedarf:** gering; **Gießen:** regelmäßig; Achtung! Trockenheit während der Blütezeit fördert Blütenabwurf; **Pflanzabstand:** 6 Korn (Horstsaat) in einen Topf säen; die 3 stärksten Pflanzen stehen lassen und zusammen in ein Pflanzloch auspflanzen. Abstand der Pflanzlöcher 50 cm; **Anzucht:** Ende März für die Frühkultur; Ende Juli für die Spät- und Nachkultur; **empfehlenswerte Sorten:** 'Markant', früh; 'Neckarkönign' und Neckargold', 'Rakker' nicht zu groß werdend mittelspät. **Tipp:** 'Princessa Ramses' – Türkische Erbse – eine flache, weichfleischige, besonders wohlschmeckende Stangenbohne. Man erhält sie gelegentlich in türkischen Lebensmittelgeschäften. **Besonderheiten:** Effektiver als die Kultur von Buschbohnen sind Stangenbohnen, die den Platz im Haus in voller Höhe ausnutzen. Sie können mit Gurken und Tomaten zusammen kultiviert werden oder auch im Anschluss an die Tomatenkultur gesetzt werden. Feuerbohnen vertragen auch kühlere Temperaturen und werden zudem ziemlich groß, deshalb sind sie für das Gewächshaus weniger geeignet. Eher können sie von außen als Schattenspender verwendet werden.

Stangenbohnen

Spargelerbse, Flügelerbse

Tetragonolobus purpureus

Standort: sonnig; **Erde/Substrat:** schwach sauer bis alkalisch; frisch; durchlässig, sandig-lehmig; **Nährstoffbedarf:** ausgeglichen; **Gießen:** regelmäßig; **Pflanzabstand:** 50 x 30 cm; **Anzucht:** Vorkultur ab Ende April; **Erntegut:** Hülsenfrüchte; **Erntezeit**: ab Ende Juni; **Besonderheiten:** Die Zubereitung erfolgt wie bei Zuckererbsen, der Geschmack ähnelt dem von Spargel. Sie liebt noch etwas mehr Wärme als Zuckererbsen.

Spargelbohnen

Vigna unguiculata ssp. sesquipedalis

Standort: sonnig; **Erde/Substrat:** neutral bis schwach alkalisch; frisch, fruchtbar; humos; **Nährstoffbedarf:** gering; **Gießen:** regelmäßig; **Pflanzabstand:**100 x 50 cm; **Anzucht:** Anfang Mai; **Erntegut:** Hülsen mit unreifen Samen; **Verwendung:** gekocht als Gemüse; trockene Samen wie Bohnen; **Besonderheiten:** Hülsenfrucht aus Südostasien, rankt bis 3 Meter, sollte also in einem etwas größeren Gewächshaus gepflanzt werden. Der Nährstoffgehalt ist höher als der von normalen Gartenbohnen.

Kräuter im Porträt

Kräuter

Schnittlauch

Allium schoenoprasum

Standort: sonnig; **Erde/Substrat:** schwach sauer bis alkalisch; frisch; durchlässig,; **Nährstoffbedarf:** hoch; **Gießen:** regelmäßig; **Anzucht:** Vorkultur März bis Mai oder August bis September. Vorgezogene Pflanzen können im Garten ausgepflanzt werden. Von der Aussaat bis zur Ernte vergehen etwa 10 Monate, deshalb wird auch die Treiberei von Schnittlauch empfohlen; **Treiberei:** Schnittlauchpflanzen im Herbst ausgraben, aufschichten und trocknen lassen. Geringfügige Frosteinwirkung fördert die Triebwilligkeit. Nacheinander werden die Pflanzen in das Gewächshaus geholt, eingeschlagen und einmal mit warmem Wasser (40 bis 45 °C) übergossen. Bald entwickeln sich die Triebspitzen; **Erntegut:** frisches Kraut; **Verwendung:** für Salate aller Art, Rührei, gekochten Fisch; **weitere *Allium*-Arten:** Ein naher Verwandter ist der Schnittknoblauch (*Allium tuberosum*), der ebenfalls mehrjährig ist. Er wird nach seiner Herkunft auch Chinesischer Schnittlauch genannt. Seine Halme sind etwas breiter als die vom Schnittlauch. Er schmeckt nach Knoblauch, ohne dessen unangenehme Nebenwirkungen zu entwickeln. Bärlauch (*Allium ursinum*), ein Waldbewohner, der im Halbschatten unter Bäumen lebt. Er wird auch wilder Knoblauch genannt. Seine gesundheitsfördernde Wirkung nutzten bereits die Germanen. Bärlauch ist wie Schnittknoblauch als Saatgut erhältlich, kann im Gewächshaus vorgezogen werden und im Freiland ausgepflanzt werden. Er bringt im zeitigen Frühjahr schöne weiße Blüten hervor. Auch Knoblauch (*Allium sativum*) gehört in die Familie der Lauchgewächse. Er benötigt einen möglichst warmen, sonnigen Platz. Er wird nicht gesät, sondern gesteckt.
Man verwende nur Pflanzzehen, die für unser Klima geeignet sind.

Schnittlauch

Bärlauch

Dill

Anethum graveolens

Standort: sonnig, dann entfaltet sich das Aroma am besten; windgeschützt; auch gut als Untersaat zwischen Möhren und Gurken; **Erde/Substrat:** schwach sauer bis alkalisch; frisch; durchlässig, humos; **Nährstoffbedarf:** ausgeglichen; **Gießen:** regelmäßig feucht, aber keine Staunässe; **Anzucht:** Vorkultur April bis Juni, im Gewächshaus ganzjährig. Vorgezogenen Pflanzen können auch im Garten ausgepflanzt werden; **Erntegut:** Kraut; **Verwendung:** frisch oder getrocknet für Bohnen-, Fleisch- und Schmorgerichte, magenstärkend, blähungsmildernd; **Besonderheiten:** Dill wird schon seit mindestens 3.000 Jahren als Küchenkraut verwendet. Er macht schweres Essen bekömmlicher und wirkt leicht beruhigend. Man sollte für die Anzucht in Töpfen und die Kultur im Gewächshaus den kleinwüchsigen „Topfdill" mit dem Sortennamen „Sperlings Brevi" wählen. Da Dill sich sehr gut einfrieren lässt, kann man für das Freiland zusätzlich die großwüchsige Sorte „Elefant" heranziehen, die reiche Ernte bringt.

Kerbel

Anthriscus cerefolium

Kerbel

Standort: halbschattig; **Erde/Substrat:** schwach sauer bis alkalisch; frisch; durchlässig, humos; **Nährstoffbedarf:** niedrig; **Gießen:** regelmäßig feucht, sonst erscheinen die Blüten zu früh, was den Geschmack negativ beeinflusst; **Anzucht:** im Gewächshaus ganzjährig. Vorgezogene Pflanzen können auch im Garten ausgepflanzt werden. Folgesaaten in 14-tägigen Abstand; **Erntegut:** junge Triebe und Blätter vor der Blüte können bereits wenige Wochen nach der Aussaat geerntet werden; **Verwendung:** für Gemüsesuppen, Frankfurter Grüne Sauce, Kräuterbutter, Fischgerichte; Pflanze für den Bauerngarten; **Besonderheiten:** Kerbel ist ursprünglich in Westasien und dem Kaukasus beheimatet. Er enthält viel Vitamin C, dient der Blutreinigung und Entschlackung während einer Frühjahrskur. Ernten Sie den Samen und verwenden Sie ihn im nächsten Jahr.

Dill

Koriander
Coriandrum sativum

Standort: sonnig; **Erde/Substrat:** kalkhaltig; frisch; durchlässig, locker; **Nährstoffbedarf:** ausgeglichen; **Gießen:** regelmäßig feucht, aber keine Staunässe; **Anzucht:** März/April; **Erntegut:** Kraut; Samen, wenn sie sich hellbraun färben; **Verwendung:** für Suppe, Fisch, Fleischgerichte; Bestandteil von Lebkuchengewürz und indischen Curry-Mischungen; der Samen wird auch für Kräuterliköre genutzt; **Besonderheiten:** Koriander kam aus dem mittleren Orient über den Mittelmeerraum nach Europa. Medizinisch wurde er im Mittelalter zur Vertreibung von Läusen und Flöhen eingesetzt.

Koriander

Echter Lavendel
Lavandula angustifolia

Standort: vollsonnig; **Erde/Substrat:** neutral bis alkalisch; mäßig trocken; durchlässig; **Nährstoffbedarf:** ausgeglichen; **Gießen:** wenig, vor Staunässe schützen; **Pflanzabstand:** 30 cm; **Ernte:** ab Mai junge Triebe und frische Blätter, nach Öffnen der Blüte bündeln und zum Trocknen aufhängen; **Verwendung:** Küchenkraut, intensiv duftend; **Besonderheiten:** Küchenkraut für bunte Beet- und Staudenpflanzung, auch als robuste Kübelpflanze geeignet. Lockt Bienen und Schmetterlinge an. Getrocknete Blüten in Duftsäckchen zwischen die Wäsche gelegt, hält Motten ab

Lavendel

Basilikum und Thaibasilikum
Ocimum basilicum

Standort: sonnig; **Erde/Substrat:** schwach sauer bis alkalisch; frisch; durchlässig, Einheitserde oder Aussaaterde; **Nährstoffbedarf:** ausgeglichen; **Gießen:** regelmäßig, aber keine Staunässe; **Anzucht:** Im Gewächshaus ganzjährig, Samen nicht mit Erde abdecken. Die Nachttemperatur sollte nicht unter 17 °C liegen; **Erntegut:** frische Blätter; können eingefroren werden, verlieren aber etwas an Aroma; **Verwendung:** magenstärkend, appetitanregend, beruhigend; **Besonderheiten:** Basilikum gibt es mit grünem Laub (groß- und kleinblättrig), in rot oder nach

Basilikum

Oregano

Zitrone duftend. Thaibasilikum mit einer eigenwilligen Geschmacksnote wird in der Asiatischen Küche genutzt.
Da die Pflanze recht empfindlich ist, empfiehlt es sich, alle 2 bis 4 Wochen neu auszusäen. Bei günstigen Verhältnissen vergehen von der Aussaat bis zur Ernte 4 Wochen. Bei kühlerem Wetter Aussaat auf der Fensterbank, da es vor allem nachts zu kalt ist im Gewächshaus. Gelegentlich mit dem Gießwasser etwas Flüssigdünger verabreichen. Basilikum kam aus Indien über die Mittelmeerländer nach Europa und ist vor allem in Italien sehr beliebt. Wenn Sie einmal zu viele Pflanzen ausgesät haben, können Sie ein klassisches italienisches Pesto aus den Blättern herstellen: Eine kleine Schüssel voller Blätter waschen, trocknen, von den Stielen befreien, fein hacken, mit einem Esslöffel fein gehackter Pinienkerne, einer gepressten Knoblauchzehe, etwas Olivenöl und Salz und Pfeffer nach Geschmack vermischen.

Majoran und Oregano

Origanum majorana, O. vulgare

Standort: sonnig, dann entfaltet sich das Aroma am besten; windgeschützt; **Erde/Substrat:** schwach sauer bis alkalisch; frisch; durchlässig, sandig; **Nährstoffbedarf:** gering; **Gießen:** relativ trocken halten; **Anzucht:** Vorkultur April bis Juni, im Gewächshaus ganzjährig. Lichtkeimer, Saatgut nicht abdecken. Vorgezogene Pflanzen können auch im Garten an einem warmen Platz oder Steingarten ausgepflanzt werden, sind aber nicht winterhart; **Erntegut:** Kraut; **Verwendung:** frisch und getrocknet für Pizza, Bohnen-, Fleisch- und Schmorgerichte, magenstärkend, macht Fettes bekömmlicher, deshalb als Gewürz zum Beispiel in Leberwurst unverzichtbar; **Besonderheiten:** Majoran kam durch die Araber über den Mittelmeerraum zu uns. Griechen und Römer benutzten es als Heilmittel oder mischten es Rotwein als Aphrodisiakum bei. Während der Blüte lockt er Bienen und Schmetterlinge an. In der Medizin als Hustentee oder Mittel gegen Darmerkrankungen und zur Anregung der Gallentätigkeit verwendet.

Petersilie

Petroselinum crispum

Standort: sonnig bis halbschattig; **Erde/Substrat:** schwach sauer bis alkalisch; frisch; tiefgründig, humos; **Nährstoffbedarf:** hoch; **Gießen:** gleichmäßig feucht, keine Staunässe; **Anzucht:** Aussaat ganzjährig, im Dezember bis Februar für die Frühjahrsernte säen; im Juli für die Winterernte säen; leicht mit Erde bedecken, die Keimung dauert rund 15 Tage.; **Erntegut:** frisches Kraut; **Verwendung:** frisch für Suppen, Soßen, Salate, Gemüse, Kartoffeln u. a. **Besonderheiten:** Petersilie ist schon lange in Mitteleuropa beheimatet und darf in keinem Kräuterbeet fehlen. Sie sollte nicht mitgekocht werden, damit das enthaltene Vitamin C nicht zerstört wird.

Petersilie

Rosmarin

Rosmarin

Rosmarinus officinalis

Standort: sonnig geschützt; **Erde/Substrat:** schwach sauer bis alkalisch; trocken bis frisch; durchlässig, sandig-kiesig; **Nährstoffbedarf:** gering; **Gießen:** sehr wenig bis regelmäßig; **Überwinterung:** vor dem ersten Frost Kübel einräumen; **Ernte:** ab dem Frühjahr junge Triebspitzen, zum Trocknen vor der Blüte; **Verwendung:** Heilkraut, Naturkosmetik (Bäder), Küchenkraut; **Besonderheiten:** intensiv duftend, für bunte Beet- und Staudenpflanzung, Bienen und Schmetterlingspflanze. Es gibt auch hängende Sorten, die sich für Ampeln eignen. Die Sorte 'Arp' ist relativ winterhart.

Bohnenkraut

Satureja hortensis

Standort: sonnig; **Erde/Substrat:** schwach sauer bis alkalisch; frisch; durchlässig, humos; **Nährstoffbedarf:** ausgeglichen; **Gießen:** regelmäßig; **Anzucht:** Vorkultur April bis Juni, im Gewächshaus ganzjährig. Vorgezogene Pflanzen können auch im Garten ausgepflanzt werden; **Erntegut:** Kraut; **Verwendung:** frisch oder getrocknet für Bohnen-, Fleisch- und Schmorgerichte, magenstärkend, blähungsmildernd; **Besonderheiten:** Bohnenkraut gelangte im 9. Jahrhundert mit Benediktinermönchen aus dem Mittelmeerraum in unserer Breiten. Hübsch als Kübelpflanze im Topfgarten.

Kübelpflanzen im Porträt

Kübelpflanzen

Schönmalve
Abutilon x hybridum

Wuchs: aufrecht buschig; 1,5 bis 4 m hoch und 1,2 bis 2 m breit; **Blütezeit:** Mai bis September; **Blüte:** gelb, orange, rosa, rot, weiß; becherförmig; **Laub:** mittel- bis dunkelgrün; **Standort:** sonnig; **Erde/Substrat:** schwach sauer bis neutral; mittel bis frisch; durchlässig, sandig-lehmig; **Nährstoffbedarf:** ausgeglichen bis hoch; **Gießen:** regelmäßig, Ballentrockenheit vermeiden; **Überwinterung:** bei 10 °C an einem hellen Standort; **Besonderheiten:** Für Einzelstellung geeignet, da die Blüten sehr auffällig sind. Anfällig für Weiße Fliege.

Schönmalve

Zitronenverbene, Zitronenstrauch
Aloysia triphylla

Wuchs: aufrecht buschig; schnell wachsend; 1 bis 3 m hoch und 0,6 bis 2,5 m breit; **Blütezeit:** August bis September; **Blüte:** blass fliederfarben bis weiß; **Standort:** sonnig; **Erde/Substrat:** schwach sauer bis alkalisch; mäßig trocken bis frisch; durchlässig, sandig-lehmig; **Nährstoffbedarf:** ausgeglichen; **Gießen:** wenig bis regelmäßig, im Winter kaum; **Überwinterung:** vor dem ersten Frost ins Winterquartier holen (3 bis 5 °C); **Besonderheiten:** die frischen Blätter können von Mai bis August geerntet und getrocknet als Küchenkraut und Teekraut verwendet werden. Der Duft ist sehr intensiv nach Zitrone.

Schmucklilie
Agapanthus africanus

Wuchs: aufrecht, horstbildend; 45 bis 60 cm hoch und 50 bis 70 cm breit; **Blütezeit:** Juni bis August; **Blüte:** tiefblau; trompetenförmig; **Laub:** sattgrün; **Standort:** sonnig; **Erde/Substrat:** schwach sauer bis neutral; frisch; sandig-humos, sandig-lehmig; **Nährstoffbedarf:** hoch; **Gießen:** regelmäßig; **Überwinterung:** bei mindestens 3 °C;

Schmucklilie

Weitere Art: *A. praecox* ssp. *orientalis* ist eine wüchsige Schmucklilie mit blau und weiß blühenden Sorten.

Scheinmalve
Anisodontea capensis

Wuchs: aufrecht buschig; 0,6 bis 1 m hoch und 40 bis 80 cm breit; **Blütezeit:** April bis Oktober; **Blüte:** rosarot; **Laub:** mittelgrün; **Standort:** sonnig; **Erde/Substrat:** schwach sauer bis neutral; frisch; durchlässig, sandig-humos; **Nährstoffbedarf:** hoch; **Gießen:** regelmäßig,

Scheinmalve

Empfehlenswerte Schönmalven

Botanischer Name	Höhe	Blütenfarbe
Abutilon × hybridum *'Boule de Neige'*	*1,5 bis 4 m*	*weiß*
Abutilon × hybridum *'Souvenir de Bonn'*	*1 bis 3 m*	*blassorange bis hellrosa*
Abutilon indicum	*0,7 bis 1,5 m*	*weißgelb*
Abutilon megapotamicum	*1 bis 2 m*	*rotgelb*
Abutilon pictum *'Thompsonii'*	*2 bis 5 m*	*gelb bis orangerosa*

empfindlich gegenüber Staunässe und Ballentrockenheit; **Überwinterung:** bei 10 °C an einem hellen Standort (nicht unter 5 °C)

Erdbeerbaum

Arbutus unedo

Wuchs: ausladend strauchförmig bis rundlich; 3 bis 8 m hoch und ebenso breit; **Blütezeit:** Oktober bis Dezember, am Heimatstandort (Südeuropa), als Kübelpflanze ab Juli; **Blüte:** weiß bis rosa; **Frucht:** gelb bis dunkelrote, erdbeerähnliche Früchte; **Laub:** mittelgrün; **Standort:** sonnig bis schattig; **Erde/Substrat:** schwachsauer; frisch; durchlässig, sandig-humos; **Nährstoffbedarf:** ausgeglichen; **Gießen:** regelmäßig, kein hartes Gießwasser; **Überwinterung:** hell, 5 bis 15 °C; **Besonderheiten:** der Erdbeerbaum treibt nur zögernd aus, deshalb nicht in das alte Holz zurückschneiden. Die auffälligen Blätter, die roten Früchte, und die orangefarbene Rinde sind immer ein Blickfang.

Aukube

Aucuba japonica

Wuchs: straff aufrecht bis ausladend; 2 bis 2,5 m hoch und breit; **Blütezeit:** März bis Mai; **Blüte:** rotpurpur, weibliche und männliche Pflanzen (zweihäusig); Frucht: leuchtend rote Beeren, giftig; **Laub:** glänzend dunkelgrün; **Standort:** halbschattig, hell; **Erde/Substrat:** schwach sauer bis neutral; mäßig trocken bis frisch; durchlässig, sandig-humos; **Nährstoffbedarf:** ausgeglichen bis hoch; **Gießen:** wenig bis regelmäßig; **Besonderheiten:** Die auffallenden Blätter sind bei vielen Sorten gefleckt. Aukuben sind in milden Gegenden winterhart, ansonsten empfiehlt sich eine helle Überwinterung bei 5 °C.

Bougainvillee

Bougainvillea glabra

Wuchs: klimmend; 1,5 bis 3 m hoch und bis 2 m breit; **Blütezeit:** Juli bis September; **Blüte:** weiß, magentarot, purpurviolett, gelb; Farbwirkung durch Hochblätter, welche die kleinen, cremefarbenen Blüten umgeben; **Laub:** mittel- bis dunkelgrün; **Standort:** sonnig; **Erde/Substrat:** schwach sauer bis neutral; frisch; durchlässig, sandig-humos; **Nährstoffbedarf:** hoch; **Gießen:** regelmäßig, hoher Bedarf während der Blütezeit; **Überwinterung:** bei 3 bis 10 °C an einem hellen Standort, trocken halten; **Besonderes:** kann als Hochstämmchen gezogen werden. Vor der Überwinterung Pflanzen in Form schneiden: lange Triebe einkürzen, um die Bildung kurzer, reichlich blühender Seitentriebe zu fördern.

Engelstrompete, Stechapfel

Brugmansia suaveolens

Wuchs: aufrecht strauchförmig; 1,5 bis 4 m hoch und bis 2,5 m breit; **Blütezeit:** Juni bis September; **Blüte:** gelb, rosa oder weiß; trompetenförmig, duften in der Dämmerung, periodisch blühend; **Laub:** hell- bis mittelgrün; **Standort:** sonnig; **Erde/Substrat:** schwach sauer bis neutral; frisch bis feucht; durchlässig; **Nährstoffbedarf:** hoch; **Gießen:** sehr hoher Bedarf; **Schnitt:** vor der Überwinterung Krone auf die Hälfte bis zwei Drittel zurückschneiden, bei zu starkem Rückschnitt verspätet sich die Blüte im Folgejahr; **Überwinterung:** bei mindestens 5 bis 7 °C; **Besonderheiten:** wunderschöne große Blüten und eindrucksvoller Wuchs, giftig.

Engelstrompete

Engelstrompeten-Arten

Botanischer Name	Höhe	Blütenfarbe
Brugmansia arborea	*1,5 bis 4 m*	*weiß*
Brugmansia aurea	*1,5 bis 4 m*	*goldgelb bis weiß, rosa*
Brugmansia sanguinea	*2,5 bis 4 m*	*orangerot bis orangegelb, mehrfarbige Blüten*
Brugmansia × candida	*1,5 bis 2,5 m*	*weiß bis zartgelb, apricotfarben*

Kübelpflanzen im Porträt

Zylinderputzer

Zylinderputzer, Schönfaden

Callistemon citrinus

Wuchs: aufrecht strauchförmig; 1,2 bis 3 m hoch; **Blütezeit:** Mai bis Juli; **Blüte:** leuchtend rot, flaschenbürstenartig; **Laub:** lanzettlich, bis 7 cm lang; **Standort:** sonnig; **Erde/Substrat:** sauer bis neutral; mäßig trocken bis frisch; durchlässig, sandig-humos; **Nährstoffbedarf:** ausgeglichen bis hoch; **Gießen:** wenig bis regelmäßig; **Überwinterung:** Überwinterung bei mindestens 5 °C; **Besonderheiten:** Vor der Überwinterung oder im Frühjahr Verjüngungsschnitt, sonst nach der Blüte auf Wegschneiden abgeblühter Triebspitzen beschränken.

Kamelie

Camellia japonica

Wuchs: breit strauchförmig bis ausladend; 1,5 bis 9 m hoch und 1 bis 6 m breit; **Blütezeit:** März bis April; **Blüte:** rot bis rosarot, weiß; einfach oder gefüllt; **Laub:** glänzend dunkelgrün; **Standort:** halbschattig; **Erde/Substrat:** schwach sauer; frisch bis feucht; durchlässig, humos; **Nährstoffbedarf:** ausgeglichen; **Gießen:** regelmäßig bis häufig, gleichmäßig feucht halten, enthärtetes Gießwasser verwenden; **Überwinterung:** bei 5 bis 10 °C; **Besonderheiten:** Es gibt viele Sorten, davon sind einige auch bedingt winterhart. Kamelien vertragen kein kalkhaltiges Gießwasser!

Gewürzrinde, Kassie

Cassia corymbosa

Wuchs: breit strauchförmig bis ausladend; 1,5 bis 4 m hoch und bis 3 m breit; **Blütezeit:** Mai bis September; **Blüte:** goldgelb; **Laub:** dunkelgrün; Blätter sind nachts in Schlafstellung gefaltet; **Standort:** sonnig; **Erde/Substrat:** schwach sauer bis neutral; frisch; durchlässig, sandig-humos; **Nährstoffbedarf:** ausgeglichen bis hoch; **Gießen:** regelmäßig; **Überwinterung:** bei 5 bis 10 °C; **Weitere Art:** *Cassia didymobotrya* – der Kerzenstrauch besitzt ausgesprochen auffallende, nach oben stehende, goldgelb-schwarzbraune Blüten. Die Fiederblätter duften bei Berührung nach Erdnussbutter.

Gewürzrinde

Hammerstrauch

Hammerstrauch

Cestrum aurantiacum

Wuchs: breit strauchförmig bis ausladend; 2 bis 3 m hoch und bis 2 m breit; **Blütezeit:** Mai bis Juni; **Blüte:** orange bis purpurrot; **Laub:** hellgrün; **Standort:** sonnig bis halbschattig; **Erde/Substrat:** neutral, ausgeglichen; frisch; durchlässig, sandig-humos; **Nährstoffbedarf:** ausgeglichen bis hoch; **Gießen:** regelmäßig, hoher Wasserbedarf im Sommer; **Überwinterung:** bei mindestens 5 bis 7 °C; **Beson-**

derheiten: Vor der Überwinterung Krone auf die Hälfte bis ein Drittel zurückschneiden, verblühte Blütenstände gelegentlich abschneiden; weitere Arten: *C. elegans* – Blüte karmin- bis purpurrot, Juli bis September; *C. fasciculatum* – leuchtend rote Blüte von Mai bis Juni; *C. parqui* hat gelbgrüne, duftende Blüten.

Zwergpalme

Chamaerops humilis

Wuchs: aufrecht buschig; 2 bis 3 m hoch und 1 bis 2 m breit; **Blütezeit:** bei älteren Pflanzen möglich; gelbe bis braune Beerenfrüchte nur an weiblichen Pflanzen durch Befruchtung einer männlichen Pflanze; **Blüte:** gelb; **Laub:** bläulich- bis graugrün; **Standort:** sonnig bis halbschattig; **Erde/Substrat:** neutral, ausgeglichen; frisch durchlässig; sandig-humos; **Nährstoffbedarf:** ausgeglichen, mittel; **Gießen:** regelmäßig; **Überwinterung:** bei mindestens 3 °C; **Pflege:** Abgestorbene Pflanzenteile regelmäßig entfernen. Im Winter nicht zu feucht halten, da sonst die Wurzeln faulen.

Zwergpalme

Orangenblume

Choisya ternata

Wuchs: kompakt strauchförmig; bis 2 m hoch und 2 bis 2,5 m breit; **Blütezeit:** Februar bis Juni; **Blüte:** weiß; stark nach Orangen duftend; **Laub:** glänzend dunkelgrün; **Standort:** halbsonnig, Schutz vor direkter Mittagssonne; **Erde/Substrat:** schwach sauer; frisch; durchlässig, humos; **Nährstoffbedarf:** ausgeglichen bis hoch; **Gießen:** regelmäßig, empfindlich gegenüber kalkreichem Gießwasser; **Überwinterung:** bei mindestens 3 °C; **Besonderheiten:** Gut schnittverträgliches Blüten- und Ziergehölz mit auffälligen dreigeteilten Blättern und duftenden Blüten. Die Sorte 'Sunburst' hat im Austrieb leuchtend gelbes Laub.

Zitrone

Citrus limon

Wuchs: breit strauchförmig bis ausladend, stachelig und dicht verzweigt; 2 bis 7 m hoch und 1,5 bis 4 m breit; **Blütezeit:** ganzjährig; **Blüte:** weiß; intensiv duftend; **Frucht:** gelbe Zitronen; **Laub:** mittelgrün; **Standort:** sonnig bis halbschattig; **Erde/Substrat:** schwach sauer; frisch bis feucht; durchlässig, sandig-lehmig; **Nährstoffbedarf:** ausgeglichen bis hoch; **Gießen:** regelmäßig; **Überwinterung:** bei mindestens 5 bis 7 °C, trocken halten; **Besonderheiten:** wenn das Gießwasser zuviel Kalk enthält, kommt es schnell zu Blattverfärbungen (Chlorosen) durch Eisenmangel.

Weitere Citrus-*Arten*

Botanischer Name	Deutscher Name	Größe	Besondere Merkmale
C. aurantiifolia	*Limette*	*2 bis 8 m*	*gelblichgrüne Limetten*
C. aurantium	*Pomeranze*	*2 bis 8 m*	*orangefarbene Früchte, pflegeleicht*
C. × nobilis	*Clementine*	*2 bis 7 m*	*orangefarbene Clementinen, auffallende Früchte*
C. × paradisi	*Grapefruit*	*2 bis 7 m*	*orangegelbe Grapefruits, pflegeleicht*
C. reticulata	*Mandarine*	*2 bis 7 m*	*aromatische Früchte*
C. sinensis	*Apfelsine, Orange*	*2 bis 8 m*	*orangefarbene Apfelsinen, bekannte Kübelpflanze*

Zierbanane
Ensete ventricosum

Wuchs: aufrecht, bananenähnlich; 2 bis 6 m hoch und 1 bis 5 m breit; **Blütezeit:** Juli bis August (nach 6 bis 8 Jahren); **Blüte:** weiß mit dunkelroten Hochblättern (Brakteen); **Laub:** intensiv olivgrün; **Standort:** sonnig; **Erde/Substrat:** schwach sauer bis neutral; frisch bis feucht; durchlässig, sandig-humos; **Nährstoffbedarf:** ausgeglichen bis hoch; **Gießen:** regelmäßig bis häufig; **Überwinterung:** bei mindestens 5 bis 7 °C; **Besondere Sorte:** 'Maurelii'– Blätter rot überlaufen, besonders robust.

Japanische Mispel, Wollmispel
Eriobotrya japonica

Wuchs: ausladend strauchförmig; 3 bis 8 m hoch und 3 bis 8 m breit; **Blütezeit:** Oktober bis Dezember; **Blüte:** weiß, duftend; Früchte: gelb bis orange, eiförmig; **Laub:** dunkelgrün, lederartig; **Standort:** sonnig; **Erde/Substrat:** schwach sauer bis neutral; frisch; durchlässig, sandig-lehmig; **Nährstoffbedarf:** hoch; **Gießen:** regelmäßig; **Besonderheiten:** kann in milden Regionen mit Winterschutz auch im Freiland gehalten werden, ansonsten bei 10 °C überwintern.

Korallenstrauch
Erythrina crista-galli

Wuchs: locker strauchförmig; 1,5 bis 2,5 m hoch und 1 bis 1,5 m breit; **Blütezeit:** Juli bis September; **Blüte:** leuchtend rot; **Laub:** mittel- bis bläulichgrün, Laubabwurf im Winter; **Standort:** sonnig; **Erde/Substrat:** schwach sauer bis neutral; frisch; durchlässig, sandig-humos; **Nährstoffbedarf:** ausgeglichen bis hoch; **Gießen:** regelmäßig; **Überwinterung:** Ruheperiode nach Laufabwurf, dabei trocken halten bei 5 °C, dunkle Überwinterung möglich; **Besonderes:** interessante Blüten und Hülsenfrüchte: Die gesamte Pflanze ist giftig.

Korallenstrauch

Eukalyptus
Eucalyptus gunnii

Wuchs: aufrecht bis ausladend baumförmig; in der Natur 3 bis 20 m hoch und bis 10 m breit, als Kübelpflanze kleiner; **Blütezeit:** Winter; **Blüte:** weiß bis cremeweiß; klein, unauffällig; **Laub:** graugrün; Jugendblätter kreisrund, stiellos; ältere Blätter lanzettlich, bis 10 cm lang; **Standort:** sonnig; **Erde/Substrat:** schwach sauer bis neutral; frisch bis feucht; durchlässig, sandig-humos; **Nährstoffbedarf:** mittel; **Gießen:** regelmäßig bis häufig, hoher Wasserbedarf im Sommer; **Besonderes:** Auffallendes Laubwerk, ein kräftiger Rückschnitt des Sprosses im Frühjahr oder ständiger Rückschnitt bewirkt, dass die Jugendform erhalten bleibt. Diese Eukalyptus-Art ist bedingt winterhart und kann in milden Regionen mit Winterschutz auch im Freiland gehalten werden. Sonst bei 5 °C überwintern; **Weitere Art:** *Eucalyptus globulus* – intensiver Eukalyptusduft von silbriggrauen Blättern.

Echter Feigenbaum
Ficus carica

Wuchs: breit strauchförmig bis ausladend; 2 bis 3 m hoch und 2 bis 4 m breit; **Blütezeit:** ganzjährig in Intervallen; **Blüte:** unscheinbar;

Frucht: gelb- bis braunviolette Früchte; **Laub:** groß, grün, sehr dekorativ; **Standort:** sonnig, warm; **Erde/Substrat:** schwach sauer bis neutral; frisch bis feucht; sandig-lehmig, sandig-humos; **Nährstoffbedarf:** hoch (bis August); **Gießen:** regelmäßig bis häufig, hoher Wasserbedarf im Sommer; **Schnitt:** junge Pflanzen für schönen verzweigten Aufbau mehrfach stutzen; **Überwinterung:** nach Laubabwurf bei 0 bis 10 °C, auch im Dunkeln; **Besonderheit:** Kann in milden Regionen im Freiland gehalten werden.

Kumquat

Fortunella japonica

Wuchs: aufrecht strauchförmig, dicht verzweigt; 1,5 bis 4 m hoch und 1 bis 2,5 m breit; **Blütezeit:** Mai bis Juli; **Blüte:** weiß; **Früchte:** goldgelbe Früchte; **Laub:** glänzend hell- bis mittelgrün; **Standort:** sonnig; **Erde/Substrat:** schwach sauer; frisch; durchlässig, sandig-humos; **Nährstoffbedarf:** ausgeglichen bis hoch; **Gießen:** regelmäßig, kein kalkhaltiges Gießwasser verwenden; **Überwinterung:** bei mindestens 5 bis 10 °C.

Zieringwer, Schmetterlingsblume

Hedychum gardnerianum

Wuchs: aufrecht, horstbildend; 1,5 bis 2,2 m hoch und 1,5 m breit; **Blütezeit:** August bis Oktober; **Blüte:** goldgelb; duftend; **Laub:** graugrün; **Standort:** sonnig, warm; **Erde/Substrat:** schwach sauer bis schwach alkalisch; frisch bis feucht; humos, sandig-lehmig; **Nährstoffbedarf:** ausgeglichen bis hoch; **Gießen:** regelmäßig bis häufig, vor Staunässe schützen; **Überwinterung:** bei 10 bis 15 °C, hell.

Chinesischer Roseneibisch

Hibiscus-Rosa-Sinensis-Hybriden

Wuchs: rundlich strauchförmig bis ausladend; 1 bis 5 m hoch und 1,5 bis 3 m breit; **Blütezeit:** ganzjährig (bei ausreichend Licht und Temperaturen von mindestens 15 °C); **Blüte:** gelb, karminrot, orange, weiß; trichterförmig; **Laub:** dunkelgrün; **Standort:** sonnig; **Erde/Substrat:** neutral; frisch; durchlässig, humos; **Nährstoffbedarf:** ausgeglichen bis hoch; **Gießen:** regelmäßig, hoher Wasserbedarf, Knospenabwurf bei Trockenheit; **Überwinterung:** bei mindestens 10 bis 13 °C.

Kreppmyrte, Lagerströmie

Lagerstroemia indica

Wuchs: aufrecht strauch- oder baumförmig; 2,5 bis 7,5 m hoch und 2,5 bis 7,5 m breit; **Blütezeit:** August bis September; **Blüte:** purpur, rosa, rot, weiß; **Laub:** dunkelgrün; **Standort:** sonnig; **Erde/Substrat:** schwach sauer bis schwach alkalisch; frisch bis feucht; sandig-humos, sandig-lehmig; **Nährstoffbedarf:** ausgeglichen bis hoch; **Gießen:** regelmäßig bis häufig; **Überwinterung:** bei mindestens 3 °C auch an dunklen Plätzen möglich; **Besonderes:** die Blüten wirken sehr exotisch.

Wandelröschen

Lantana camara

Wuchs: aufrecht buschig bis rundlich; bis 1 m hoch und breit; **Blütezeit:** Mai bis Oktober; **Blüte:** Farbvariationen in Gelb, Lachsrot, Purpur, Rot oder Weiß; Früchte: blauschwarze Beeren, giftig; **Laub:** dunkelgrün; **Standort:** sonnig; **Erde/Substrat:** schwach sauer bis neutral; frisch bis feucht; durchlässig, humos; **Nährstoffbedarf:** hoch; **Gießen:** regelmäßig bis häufig; **Überwinterung:** bei 5 bis 10 °C; **Besonderes:** lange Blütezeit, Rückschnitt vor dem Einräumen und Formschnitt im Frühjahr, Früchte gelegentlich entfernen;

Wandelröschen

Lorbeer

Echter Lorbeer

Laurus nobilis

Wuchs: aufrecht buschig bis kegelförmig; 1,5 bis 12 m (in der Natur) und bis 8 m breit; **Blütezeit:** Mai bis Juni; **Blüte:** gelbgrün; Frucht: glänzend schwarze Beeren (nur bei weiblichen Pflanzen); **Laub:** glänzend grün, schmal elliptisch; **Standort:** sonnig; **Erde/Substrat:** schwach sauer bis neutral; mäßig trocken bis frisch; durchlässig; **Nährstoffbedarf:** ausgeglichen bis hoch, Düngergaben nur bis August; **Gießen:** wenig bis regelmäßig, verträgt keine Ballentrockenheit; **Überwinterung:** bei mindestens 3 °C; **Besonderes:** Lorbeer ist gut schnittverträglich und auch für Formschnitte geeignet, frische und getrocknete Blätter werden als Küchenkraut verwendet.

Japanische Faserbanane

Musa basjoo

Wuchs: aufrecht, horstbildend; 2 bis 5 m hoch und 1,5 bis 4 m breit; **Blütezeit:** Juli bis August; **Blüte:** hängende Rispe mit rötlich gelben Tragblättern; Frucht: gelblich grüne Früchte; **Laub:** glänzend grün, sehr lang (bis 3 m) und breit (bis 60 cm); **Standort:** sonnig; **Erde/Substrat:** neutral, ausgeglichen; frisch bis feucht; durchlässig, humos; **Nährstoffbedarf:** ausgeglichen bis hoch; **Gießen:** regelmäßig bis häufig, hoher Wasserbedarf; **Besonderheiten:** auffallende Blätter (Blattschmuck) und Früchte; die Faserbanane ist bedingt frosthart und kann in milden Regionen mit ausreichendem Winterschutz auch im Freiland gehalten werden.

Brautmyrte, Gemeine Myrte

Myrthus communis

Wuchs: aufrecht buschig bis leicht überhängend; 1 bis 3 m und bis 3 m breit; **Blütezeit:** Juli bis September; **Blüte:** weiß; **Frucht:** purpurschwarze Beeren; **Laub:** glänzend dunkelgrün; **Standort:** sonnig; **Erde/Substrat:** neutral, ausgeglichen; mäßig trocken bis frisch; durchlässig; **Nährstoffbedarf:** ausgeglichen; **Gießen:** gleichmäßig, Erde darf nie austrocknen; kalkfreies Wasser verwenden; **Überwinterung:** bei 5 bis 10 °C; **Besonderes:** traditioneller Brautschmuck, abgeblühte Triebspitzen nach der Blüte entfernen, damit sich noch mehr der auffallenden Blüten bilden.

Oleander

Nerium oleander

Wuchs: locker aufrecht bis ausladend; 2 bis 6 m und bis 3 m breit;

Oleander

Blütezeit: Juli bis September; **Blüte:** weiß bis scharlachrot, rosa, blasgelb; einfach, halbgefüllt und gefüllt blühende Sorten; **Frucht:** rötlich braune Kapseln; **Laub:** dunkel- bis graugrün; **Standort:** sonnig; **Erde/Substrat:** anpassungsfähig; frisch bis feucht; fruchtbar, durchlässig; **Nährstoffbedarf:** ausgeglichen bis hoch; **Gießen:** regelmäßig bis häufig, sehr hoher Wasserbedarf im Sommer; **Überwinterung:** bei 5 bis 10 °C an einem gut gelüfteten, hellen Standort; **Besonderes:** der Klassiker für für Balkon und Terrasse, alte Blütenstände nicht entfernen, da hier im nächsten Frühjahr neue Knospen austreiben; lange Blütezeit, Oleander ist in allen Teilen giftig.

Echte Olive, Ölbaum

Olea europaea

Wuchs: rundlich aufrecht; 5 bis 10 m und 10 m breit; **Blütezeit:** Mai; **Blüte:** gelblich weiß; **Frucht:** bräunliche bis schwarzbraune Steinfrüchte; **Laub:** graugrün, unterseits silbrig grün; **Standort:**

Olivenbaum

sonnig; **Erde/Substrat:** neutral; frisch bis feucht; tiefgründig, sandig-lehmig; **Nährstoffbedarf:** ausgeglichen; **Gießen:** regelmäßig bis häufig; **Überwinterung:** bei 10 °C; **Besonderes:** vermittelt mediterrane Stimmung.

Passionsblume

Passiflora alata

Wuchs: kletternd; 2 bis 6 m und abhängig vom Klettergerüst; **Blütezeit:** Juli bis September; **Blüte:** leuchtend karmin- bis purpurrot; **Frucht:** gelbe Früchte; **Laub:** hell- bis tiefgrün; **Standort:** sonnig; **Erde/Substrat:** schwach sauer bis neutral; frisch; sandig-humos, sandig-lehmig; **Nährstoffbedarf:** ausgeglichen bis hoch; **Gießen:** regelmäßig; **Überwinterung:** bei mindestens 3 °C; **Besonderheiten:** wunderschöne Blüten und auffallende Früchte, besonders großblütige Art; lange, Ruten im zeitigen Frühjahr in Form schneiden; **Weitere Art:** *Passiflora caerulea* mit weißen bis purpurrosafarbenen Blüten.

Bleiwurz

Plumbago auriculata

Wuchs: überhängend strauchförmig bis klimmend, stark verzweigt; 1,5 bis 3 m hoch und 1 bis 2 m breit; **Blütezeit:** Juni bis September; **Blüte:** himmelblau bis violettblau, weiß; **Laub:** hell- bis mattgrün; **Standort:** sonnig; **Erde/Substrat:** neutral, ausgeglichen; frisch bis feucht; sandig-humos, sandig-lehmig; **Nährstoffbedarf:** hoch; **Gießen:** regelmäßig bis häufig; **Überwinterung:** bei mindestens 3 °C; **Besonderheit:** kräftiger Rückschnitt der Triebe im Januar fördert die Verjüngung und den Blütenflor.

Granatapfel

Punica granatum

Wuchs: aufrecht strauchförmig, dicht verzweigt; 6 bis 7 m hoch und 2 bis 5 m breit; **Blütezeit:** Juli bis September; **Blüte:** leuchtend rot, auch gelbe und weiße Sorten; **Frucht:** orangebraune Früchte; **Laub:** glänzend grün, kupferrote Blattaderung; Laubabwurf im Winter; **Standort:** sonnig; **Erde/Substrat:** schwach sauer bis neutral; mäßig trocken bis frisch; durchlässig, sandig-lehmig; **Nährstoffbedarf:** ausgeglichen; **Gießen:** wenig bis regelmäßig, gleichmäßig feucht halten bis Anfang September;

Granatapfel

Überwinterung: bei 5 bis 10 °C, auch an dunklen Plätzen möglich. **Besonderes:** Anzucht aus gekauften Früchten oder Pflanzen aus dem Fachhandel. Anfangs warm, sonnig und regengeschützt kultivieren. Ab August nicht mehr düngen. Bei zu frühem Austrieb erfolgt kein Blütenansatz. Früchte essbar.

Kartoffelwein, Weißer Schwan

Solanum jasminoides

Wuchs: klimmend; 2 bis 6 m hoch; **Blütezeit:** Juni bis September; **Blüte:** weiß; **Laub:** dunkelgrün; **Standort:** sonnig mit Hitzeschattierung; **Erde/Substrat:** neutral bis schwach alkalisch; frisch bis feucht; durchlässig, humos; **Nährstoffbedarf:** ausgeglichen bis hoch; **Gießen:** regelmäßig bis häufig; **Überwinterung:** bei mindestens 3 °C; **Besonderes:** nach der Blüte im Herbst Seitentriebe auf drei bis vier Knospen zurückschneiden.

Enzianstrauch

Enzianstrauch, Enzianblume

Solanum rantonnetii

Wuchs: aufrecht strauchförmig bis ausladend; 1 bis 2 m und genauso breit; **Blütezeit:** Juni bis September; **Blüte:** violettblau bis violett; **Laub:** mittel- bis dunkelgrün; **Standort:** sonnig mit Hitzeschattierung; **Erde/Substrat:** schwach sauer bis neutral; frisch bis feucht; durchlässig, humos; **Nährstoffbedarf:** ausgeglichen bis hoch; **Gießen:** regelmäßig bis häufig; **Überwinterung:** bei mindestens 5 bis 7 °C.

Paradiesvogelblume

Strelitzia reginae

Wuchs: aufrecht buschig, horstbildend; 1,2 bis 2 m und 0,8 bis 1 m; **Blütezeit:** Februar bis Mai (erste Blüten nach 4 bis 6 Jahren); **Blüte:** purpur bis orange mit gelbem Kelch und blauer Krone; **Laub:** grau- bis bläulich grün; **Standort:** sonnig bis halbschattig; **Erde/Substrat:** schwach sauer bis neutral; frisch bis feucht; lehmig, lehmig-humos; **Nährstoffbedarf:** hoch; **Gießen:** regelmäßig bis häufig; **Überwinterung:** bei mindestens 10 bis 13 °C; **Besonderheit:** große, dekorative, ungewöhnliche Blüten.

Tibouche, Veilchenstrauch, Prinzessinenstrauch

Tibouchina urvilleana

Wuchs: aufrecht strauchförmig bis schwach ausladend; 2 bis 5 m hoch und 1,5 bis 3 m breit; **Blütezeit:** Juli bis September; **Blüte:** violett bis purpurviolett; veilchenähnlich, samtig; **Laub:** smaragdgrün; **Standort:** sonnig; **Erde/Substrat:** schwach sauer bis neutral; frisch; durchlässig, humos; **Nährstoffbedarf:** hoch; **Gießen:** regelmäßig; **Überwinterung:** bei 10 °C; **Besonderheiten:** Jungpflanzen für buschigen Aufbau mehrmals stutzen und später abgeblühte Triebspitzen nach der Blüte entfernen. Mittlerweile gibt es auch Sorten, die etwas kompakter wachsen.

Tibouchina

Hanfpalme

Trachycarpus fortunei

Wuchs: aufrecht palmenförmig; 5 bis 10 m hoch und 1 bis 2,5 m breit; **Laub:** dunkelgrün; **Standort:** sonnig bis halbschattig; **Erde/Substrat:** schwach sauer bis neutral; frisch bis feucht; fruchtbar, durchlässig; **Nährstoffbedarf:** hoch; **Gießen:** regelmäßig bis häufig; **Besonderes:** bedingt winterhart und kann in milden Regionen mit Winterschutz auch im Freiland gehalten werden; sonst Überwinterung bei 3 bis 5 °C.

Palmlilie, Yucca

Yucca aloifolia

Wuchs: aufrecht bis strauchförmig; 2 bis 8 m hoch und 2 bis 5 m breit; **Blütezeit:** August bis September; **Blüte:** weiß bis purpur überlaufen; **Laub:** dunkelgrün, auch buntblättrige Formen; **Standort:** sonnig; **Erde/Substrat:** schwach sauer bis alkalisch; trocken bis frisch; sandig-humos, sandig-kiesig; **Nährstoffbedarf:** ausgeglichen bis hoch; **Gießen:** regelmäßig, Ballentrockenheit im Sommer vermeiden; **Überwinterung:** bei mindestens 10 bis 15 °C.

Anhang

Adressen

Eine optimale Informationsquelle in allen Pflanzenangelegenheiten bietet Ihnen das Gartenforum der Zeitschrift Mein schöner Garten: www.mein-schoener-garten.de

▸ Bezugsquellen

Gewächshaushersteller und -zubehör

Siedenburger Gewächshausbau
Auf der Welle 10
32369 Rahden
www.siedenburger.de

Luxaflor Gewächshäuser
Franz-Kleine-Str. 28
33154 Salzkotten

Hunecke Gewächshauszubehör
Krackser Str. 12
33659 Bielefeld
www.hunecke-zubehoer.de

Bio-Green (Zubehör)
Gewerbegebiet 1 a
35649 Oberweidbach

Terlinden Abt. A 10
46509 Xanten

Selfkant Wolters
Maria Lind 29
52525 Waldfeucht-Braunsrath
www.selfkant-wolters.de

Voss Gewächshäuser
Gewerbegebiet 2
55268 Nieder-Olm
www.voss-ideen.de

Krieger Gewächshäuser
Gahlenfeldstr. 5
58313 Herdecke
www.kriegergmbh.de

Landauer
Carl-Benz-Str. 32
73037 Göppingen
www.landauer-metall.de

Beckmann KG
Simoniusstr. 12
88239 Wangen/Allgäu
www.beckmann-kg.de

Princess Glashausbau
Salzburger Str. 340
A-5084 Großgmain-Wartberg
www.princess-glasbau.at

Wama Gewächshäuser
Hollertszug 27
57562 Herdorf
www.wamadirekt.de

Spezialgärtnereien/Saatgut

herb's Bioland Gärtnerei
Herbert Vinken
Stedinger Weg 16
27801 Döttlingen OT Nuttel

Saatgut Sperling
Hamburger Str. 27
21339 Lüneburg

Jelitto Staudensamen
Postfach 1264
29685 Schwarmstedt

Thompson und Morgan (Blumen- und Gemüsesaatgut)
Postfach 1069
36243 Niederaula

Saatgut Kiepenkerl
Bruno Nebelung
Postfach 1263
48348 Everswinkel

Blauetikett Bornträger (Heil- und Gewürzkräutersaatgut)
67597 Offstein

Duftgeranien Stegmeier
Unteres Dorf 7
73457 Esslingen
www.gaertnerei-stegmeier.de

Stauden- und Kräutergärtnerei
Dieter Gaissmayer
Jungviehweide 3
89257 Illertissen
www.gaissmayer.de

Raritätengärtnerei
Franz X. Treml
Eckerstr. 32
93471 Arnbruck
www.pflanzentreml.de

Ferme de Sainte Marthe (Biolog. Saatgut)
Ulla Grall
Bäreneck 4
55288 Armsheim

Susanne Kock (Tomatenraritäten)
Siegfriedstr. 5
58453 Witten

Vereine und Verbände

Bundesverband Dt. Gartenfreunde
Steinerstr. 52
53225 Bonn

Deutsche Gartenbau-Gesellschaft
Webersteig 3
78462 Konstanz

Landesverband niedersächsischer Gartenbauvereine
Bückeburger Str. 11
31655 Stadthagen

Landesverband Hessen für Obstbau, Garten und Landschaftspflege
Finkenweg 19
35606 Solms

Landesverband der Gartenbauvereine Westfalen-Lippe
Postfach 1444
48565 Steinfurt

Verband rheinischer Gartenbauvereine
Gartenstr. 11
50765 Köln

Landesverband der Gartenbauvereine Saar/Pfalz
Kaiserstr. 77
66133 Saarbrücken-Scheidt

Baden-Württembergischer Landesverband für Obstbau, Garten und Landschaft
Klopstockstr. 6
70193 Stuttgart

Bayer. Landesverband für Gartenbau und Landespflege
Herzog-Heinrich-Str. 21
80336 München

Erhaltung der Sortenvielfalt

Verein zur Erhaltung der Nutzpflanzenvielfalt (VEN) e.V.
Ursula Reinhard
Sandbachstr. 5
38162 Schandelah

Arche Noah
Obere Str. 40
A-3553 Schloß Schiltern

Pro Specie Rara
Schneebergstr. 17
CH-9000 St. Gallen

Informationsstellen und Fortbildungsstätten

Gartenakademie – Fachschule für Gartenbau
Soebrigener Str. 3 a
01326 Dresden-Pillnitz

Lennée Akademie für Gartenbau und Gartenkultur
Ministerium für Ernährung, Landwirtschaft und Forsten
Heinrich-Mann-Allee 103
14473 Potsdam

Schulungszentrum für naturgemäßen Land- und Gartenbau
Poppenbüttler Hauptstr. 46
22399 Hamburg

Hessische Gartenakademie – Lehr- und Versuchsanstalt für Gartenbau
Oberzwehrener Str. 103
34132 Kassel
Tel. 0561/40 909-0

Bildungsstätte des deutschen Gartenbaues
Gießener Str. 47
35305 Grünberg

Beratungszentrum Garten und Pflanze, Lehr- und Versuchsanstalt
Gartenstr. 11
50765 Köln-Auweiler
Tel. 0221/534 020-0

Hessische Gartenakademie, LVG Wiesbaden
Am Kloster Klarenthal 7 a
65195 Wiesbaden
Tel. 0611/946 81-0

Saarländische Gartenakademie, Landwirtschaftskammer
Lessingstr. 12
66121 Saarbrücken
Tel. 0681/665 05-0

Informationsstelle der Versuchsanstalt für Gartenbau an der FH Weihenstephan
Am Staudengarten 9
85354 Freising
Tel. 081 61/714-541

Bayer. Gartenakademie –
Bayer. Landesanstalt für Weinbau und Gartenbau
An der Steige 15
97209 Veitshöchheim
Tel. 018 04/980 114

Amtliche Pflanzenschutzberatung

Baden-Württemberg
Landesanstalt für Pflanzenschutz
Reinsburgstr. 107
70197 Stuttgart
Tel. 0711/664 244 0
Mail: poststelle@lfp.bwl.de
Fernsprech-Ansagedienst 0711/624 306

Bayern
Bayrische Gartenakademie
An der Steige 15 / Postfach 1140
97205 Veitshöchheim
Gartentelefon: 0800/980 114 7
Mail: poststelle@lwg.bayern.de

Berlin
Pflanzenschutzamt Berlin
Mohriner Allee 137
12347 Berlin
Tel. 030/700 006-0
Fernsprechansage Pflanzenschutzwarndienst: 011 54

Brandenburg
Landesamt für Ernährung, Landwirtschaft und Flurneuordnung, Dezernat Pflanzenschutz
Ringstr. 1010
15236 Frankfurt (O)/Markendorf
Tel. 0335/52 17-622

Bremen
Senator für Umweltschutz und Stadtentwicklung, Pflanzenschutzdienst
Große Weidestr. 4–16
(Postanschrift: Hanseatenhof 5)
28195 Bremen
Tel. 0421/361-257 5

Hamburg
Institut für Angewandte Botanik, Abt. Pflanzenschutz
Marseiller Str. 7
20355 Hamburg
Tel. 040/428 38-0

Hessen
Hess. Gartenakademie
Am Kloster Klarenthal 7 a
65197 Wiesbaden
Tel. 0611/946 811 7

Mecklenburg-Vorpommern
Landespflanzenschutzamt
Graf-Lippe-Str. 1
18059 Rostock
Tel. 0381/491 23-31 und -33

Niedersachsen
Lehr- und Versuchsanstalt für Gartenbau
Heisterbergallee 12
30453 Hannover
Tel. 0511/40 05-152

Nordrhein-Westfalen
Pflanzenschutzamt der Landwirtschaftskammer Rheinland
Siebengebirgstr. 200
53229 Bonn
Tel. 0228/43 42-150 und -152

Rheinland-Pfalz
Landesanstalt für Pflanzenschutz und Pflanzenbau
Essenheimer Str. 144
55128 Mainz-Bretzenheim
Gartentelefon (montags 8.00 bis 16.30 Uhr) 061 31/99 30-84
www.pflanzenschutzdienst.de

Saarland
Pflanzenschutzamt Saarbrücken
Lessingstr. 12
66121 Saarbrücken
Tel. 0681/665 05-38

Sachsen
Sächsische Landesanstalt für Landwirtschaft
Fachbereich Integrierter Pflanzenschutz, Referat 63
Alttrachau 7
01139 Dresden
Tel. 0351/853 040

Sachsen-Anhalt
Landespflanzenschutzamt
Lerchenwuhne 125
39128 Magdeburg
Tel. 0391/25 69-450 bis 453

Schleswig-Holstein
Pflanzenschutzamt
Westring 383
24118 Kiel
Tel. 0431/880-13 02

Thüringen
Thüringer Landesanstalt für Landwirtschaft, Sachgebiet Pflanzenschutz
Mittelhäuser Straße
99189 Erfurt-Kühnhausen
Tel. 036 201/817-0

Bodenuntersuchungsinstitute

Staatliche Bodenuntersuchungsanstalten

LUFA des Landes Sachsen-Anhalt
Schiepziger Str. 29
06120 Halle/Lettin

LUFA Thüringen
Naumburger Str. 98
07743 Jena

LUFA Rostock
Graf-Lippe-Str. 1
18059 Rostock

Institut für Angewandte Botanik
Abt. KVT
Marseiller Str. 7
20355 Hamburg

Hessische Landwirtschaftliche Versuchsanstalt
Landwirtschaftliches Untersuchungsamt
Am Versuchsfeld 13
34128 Kassel/Harleshausen

LUFA Westfalen-Lippe
Nevinghoff 40
48147 Münster

LUFA Bonn/Landwirtschaftskammer
Siebengebirgsstr. 200
53229 Bonn

LUFA Speyer
Bezirksverband Pfalz
Obere Langgasse 40
67346 Speyer

Landesanstalt für landwirtschaftliche Chemie
– Bodenabteilung –
Emil-Wolff-Str. 14
70599 Stuttgart

Bayerische Hauptversuchsanstalt
Abt. Bodenuntersuchung
Alte Akademie 10
85350 Freising-Weihenstephan

Österreich

Höhere Bundeslehr- und Versuchsanstalt für Gartenbau
Grünbergstr. 24
A-1131 Wien/Schönbrunn

Tiroler Landwirtschaftliche Untersuchungs- und Versuchsanstalt
– LUVA –
A-6200 Rotholz 46

Schweiz

E. Schweizer
Samen A.G.
Maienstr. 8
CH-3602 Thun

Labor Roth A.G.
Rieterstr. 102
CH-8002 Zürich

LUFA = Landwirtschaftliche Untersuchungs- und Forschungsanstalt

Private Bodenuntersuchungsstellen

Bodenuntersuchungs-Institut Koldingen
Ehlbeek 2
30938 Burgwedel

Blieskasteler Umweltlabor
Mühlgasse 25
66440 Blieskastel

Institut Dr. Jäger
Ernst-Simon-Str. 2–4
72072 Tübingen

Boden- und Wasseranalytik
Gerhard F. Pieper
Abt-Hyller-Str. 4/1
88250 Weingarten

Labor für Umweltanalytik
Dr. Rietzler
Schnorrstr. 5 a
90471 Nürnberg

Nützlinge

Flora Nützlinge
Wulkower Weg (Gärtnerei)
15518 Hangelsberg
www.landwirtschaft.freepage.de

ÖRE Bio-Protect GmbH
Kieler Str. 41
24223 Raisdorf
www.nuetzlinge.com

W. Neudorff GmbH KG
Abt. Nutzorganismen
Postfach 12 09
31857 Emmerthal
www.neudorff.de

STB-Control
Schaltenbach 1
65326 Aarbergen

Sautter & Stepper GmbH
Rosenstr. 19
72119 Ammerbuch
www.nuetzlinge.de

▸ Weiterführende Literatur

Carow, Fleischfressende Pflanzen, Kosmos, 2005

Fortmann, M. Das große Komsos Buch der Nützlinge, Kosmos 1999

Kleiner, Kakteen, Kosmos 2004

Lorey, H. Tartuffli, Alte Kartoffelsorten neu entdeckt, Landwirtschaftsverlag 2002

Mann, Asiatische Kräuter, Kosmos 2005

Mann, D. Kräutergarten, Kosmos, 2007

Müller, E. 100 Gemüsespezialitäten für Garten und Küche, Stocker 1998

Pfeifer, U. Obst- und Gemüsegarten, Kosmos 2007

Rittershausen. B. und W. Das große Kosmos Buch der Orchideen, Kosmos 2001

Schumann, E. Milicka, G. Das Kleingewächshaus, Ulmer 1996

Wolff, J. Mein schöner Bio-Garten, Kosmos 2003

Wolff, J. Mit Erfolg durchs Gartenjahr, Kosmos 2006

Wolff, J., Throll, A. Die Mein schöner Garten Enzyklopädie der Gartenpflanzen, Kosmos 2003

Register

Die halbfetten Seitenzahlen verweisen auf Abbildungen.

Impressum

221 Bilder von:
BASF, Agrarzentrum, Limburgerhof: 109 o; **Michael Bauer**, Baden-Baden: 126 u; **Bayerische Landesanstalt für Gartenbau**, Veitshöchheim: 36 u,115, 140 o li, 140 u re, 147 o li, **Beckmann Gewächshäuser**, Wangen/Allgäu:8 li, 21 u beide, 23 o, 24, 32 u, 79; **Blattwerk**, Meckenbeuren: 100; **Ursel Borstell**, Essen: 126 o, 133; **Ursula Braun-Bernhart**, Gengenbach, li, 137 oli; **Helga Buchter-Weisbrodt**, Rödersheim-Gronau: 125 u, 128 u, 135 u; **Rolf Bühl**, Stuttgart: 112 M li; **Otmar Diez**, Sulzthal; 15, 68 o, 85 o, 87 beide, 90 u, 91 o; **Gartenbildagentur**, Au/Hallertau: 37 u li, 105 o, 123 o li, 125 o, 130 li, 132 o; **Gartenschatz/ Dirk Mann**, Lawalde: 134 u li, o re, 136 u re, 136 u li, 138 o re, 146 o li, 147 o re; **Peter Himmelhuber**, Regensburg: 112 o; **Jost GmbH Metalldünger**, Iserlohn: 108 li; **Engelbert Kötter**, Walldürn-Rippberg:74 o, 111 u li, 111 o; **Krieger Gewächshäuser**, Herdecke: 2/3, 5, 8 re, 10 o, 11, 12 beide, 13 u, 16 beide, 17 u, 18, 19 beide, 20 o, 25 beide, 26, 27, 28, 29, 30, 32 o, 33, 34 beide, 36 o li, 37 o, 37 u re, 38, 39, 40, 42 beide, 43, 44, 45 o, 46 beide, 47, 48, 49 u, 50 beide, 51, 52, 53 alle drei, 54 alle drei, 56 beide, 58 beide, 60 beide, 62, 63 beide, 64 u, 66 beide, 68 u, 69 o, 70 o, 71, 73 alle drei, 76 beide, 78 o, 80 o, 81 o, 96, 99, 104, 111 u re, 120 u re, 122, 123 o re, 131 u, 149; **LfP, Landesanstalt für Pflanzenschutz**, Stuttgart:112 re; **Botanik-Bildarchiv Laux**, Biberach: 128 o, 137 ore, 138 li; **Dirk Mann**, Lawalde: 98, 110 o; **Erika Markmann**, Worth:118; **Naturbildarchiv Pforr**, Langenpreising: 59 o, 120 o, 130 re; **Wolfgang Redeleit**, Bienenbüttel: 45 u, 57, 65, 84 o, 88, 89 o, 92, 106 u; **Tierfoto Reinhard**, Heiligkreuzsteinach/Eiterbach: Vorsatz, 6, 7, 9, 10 u, 13 o, 14 o, 21 o, 22, 31, 36 o re, 67, 69 u, 70 u, 74 u, 75 beide, 77, 78 u, 82 beide, 83, 85 u, 89 u, 90 o, 93, 95 alle drei, 97 u, 108 re, 117, 119, 120 u li, 124 u li, 131 o, 140 o re, 142 o li, 142 u M, 143, 146 o re, 148 u; **Manfred Ruckszio**, Taunusstein: 86 u, 91 u, 107, re ,142 o re, 144, 148 o; **Bildarchiv Sammer**, Neuenkirchen: 86 o, 97 o, 110 u; **Siedenburger Gewächshausbau**, Rahden: 14 u, 17 o, 23 u, 49 o, 72; **Jürgen Stork**, Ohlsbach: 105 u beide, 106 o, 109 u; **Friedrich Strauß**, Au/Hallertau: 124 u re, 127 o, 127 u, 132 u, 135 o, 139; **Alice Thinschmidt**, Wien: 145; **Jürgen Wolff**, Gengenbach: 20 u, 84 u, **Xeniel-Dia**, Stuttgart: 64 o, 121, 123 u.

8 Illustrationen von
Horst Lünser, Berlin: 102, 104; **Johannes Rost**: 80/81

Umschlaggestaltung von eStudio Calamar, Spanien unter Verwendung von Fotos von Wolfgang Redeleit, Bienenbüttel (unten, oben rechts), mauritius-images / Botanica (oben mitte) und Florapress Agency, Hamburg (oben links). Rückseite: Beckmann Gewächshäuser, Wangen (mitte), Krieger Gewächshäuser, Herdecke (rechts und links).

Gedruckt auf chlorfrei gebleichtem Papier.

Dritte Auflage

ISBN 978-3-440-11905-1
Redaktion und Bildredaktion:
Dr. Folko Kullmann, Angelika Throll-Keller
Grundlayout: eStudio Calamar
Produktion: Ralf Paucke
Printed in Germany / Imprimé en Allemagne

Die Autorin: Karla Krieger ist ausgebildete Gärtnerin und Gartenbauingenieurin. Sie ist Teilhaberin der renommierten Gewächshauherstellerfirma Krieger Gewächshäuser in Herdecke und arbeitet an der Fachhochschule Köln.